本书是国家社科基金"十二五"规划项目

光明社科文库
GUANGMING DAILY PRESS:
A SOCIAL SCIENCE SERIES

·法律与社会书系·

高等学校法治机制研究

周进怡　周雄文 ∣ 著

光明日报出版社

图书在版编目（CIP）数据

高等学校法治机制研究 / 周进怡，周雄文著 . -- 北
京：光明日报出版社，2021.6

ISBN 978 - 7 - 5194 - 6049 - 5

Ⅰ . ①高… Ⅱ . ①周… ②周… Ⅲ . ①高等学校—社
会主义法制—研究—中国 Ⅳ . ①D922.164

中国版本图书馆 CIP 数据核字（2021）第 083224 号

高等学校法治机制研究

GAODENG XUEXIAO FAZHI JIZHI YANJIU

著　者：周进怡　周雄文	
责任编辑：郭思齐	责任校对：傅泉泽
封面设计：中联华文	责任印制：曹　净

出版发行：光明日报出版社

地　　址：北京市西城区永安路 106 号，100050

电　　话：010-63169890（咨询），010-63131930（邮购）

传　　真：010 - 63131930

网　　址：http：//book. gmw. cn

E - mail：guosiqi @ gmw. cn

法律顾问：北京德恒律师事务所龚柳方律师

印　　刷：三河市华东印刷有限公司

装　　订：三河市华东印刷有限公司

本书如有破损、缺页、装订错误，请与本社联系调换，电话：010-63131930

开　　本：170mm×240mm			
字　　数：245 千字		印　　张：16	
版　　次：2021 年 6 月第 1 版		印　　次：2021 年 6 月第 1 次印刷	
书　　号：ISBN 978 - 7 - 5194 - 6049 - 5			

定　　价：95.00 元

前　言

　　全面推进依法治国，是以习近平同志为核心的党中央从坚持和发展中国特色社会主义全局出发，为更好治国理政提出的重大战略任务，是解决党和国家事业发展面临的一系列重大问题，确保党和国家长治久安的根本要求。党的十八大以来，习近平同志围绕全面依法治国做了一系列重要论述。这些论述主旨高远，内涵丰富，思想深刻，针对性和指导性强，对于全面推进高校依法治校，促进高校治理体系和治理能力不断提升起到了巨大的指导作用。

　　高校作为社会公益组织，既要完成大学的使命，肩负起振兴国家和民族的任务，也要根据自身特点，依法依规构建决策权、执行权、监督权，既相互制约又相互协调的运行机制。而要实现这一目标，就必须以习近平同志关于全面依法治国一系列重要论述为指导，认真贯彻落实十八届四中全会决定和中央全面依法治国工作会议精神。本书关于高等学校法治机制研究以习近平法治思想为指导，以教育部关于进一步加强高等学校法治工作的意见为遵循，紧密结合高校实际和特点，研以致用，为深化高校内部机制改革创新提供理论参考，为实现高校依法依规办学提供法治思路和对策建议。

第一篇　高校法治机制与办学自治权

　　第一，高等学校法治机制概述。高等学校法治机制是指学校根据国家法律法规的规定，在管理和治理活动过程中所进行的各项有机联系和行为方式。高校法治并不仅仅是按照法律法规条款办事，而应有法治理念、思维、精神、文化等对法律法规所蕴含的特定价值准则、价值追求的尊奉和遵循。因此，创新法治机制是实施依法治国基本方略的具体实践，是贯彻党和国家教育方针的客观要求，是完善现代大学制度的内在前提，是办人民满意高等教育的基本保障。

第二，高等学校办学自治权解读。高等学校是独特的社会机构，它具有探求真理和传播真理的本质功能，依法依规享有自治权。因此，必须正确认识办学自主权与自治权的相互关系和自治权的性质与特点。高校办学自治权既是法律授予权也是行政管理权，其权力实质和行政行为权是一种公权力，它具有自主性、开放性、被动性和自律性等特点。高校只有具有办学自治权才能履行培养人才、发展学术、传承文化、服务社会的光荣使命与职责。

第三，高等学校办学自治权与法治机制。高校办学自治权可以分为有限自主权和完全自主权两个层次。具体而言，一是独立的财产权以及民事权和财经自主权；二是自主办学权，含有招生和推荐权、学科设置权、教学自主权、科研开发和社会服务权、交流合作自主权；三是法定的管理权，有机构设置与人事管理自主权、行政管理权、制定规划权等。所有权力和权利都须靠法治机制保障正常运行，因此，法治机制要坚持法律权威、学术自由、以人为本原则。

第二篇　创新高等学校内部法治机制

第一，完善高等学校内部领导决策机制。1949 年以来，由于受管理传统、有关法律法规和政策等因素的影响，我国高校内部决策机制中一直存在决策组织体系不够健全、决策权责界定不够具体、决策范围不够明确、决策程序不够科学、决策水平有待提升等问题。高校决策机制改革创新就是要在坚持法治理念和法治思维的前提下，明确领导体制中党委会的职责权限及其与其他决策机构之间的相互关系，依法依规理顺党委会、校长办公室、学术委员会、教职工代表大会之间的关系，将党委领导下的校长负责制贯通于各自权责之中。使党委领导、校长负责、学术主导、师生参与、民主监督各居其位，形成政治权力、行政权力、学术权力、监督权力有机配合又相互制约协调的高校内部权力运行机制。

第二，优化高等学校内部行政执行机制。目前，高校依法治校行政执行机制与法治要求不相适应产生了一些非预期效应，概括地说就是泛行政化、泛趋利化、泛集权化现象比较严重。泛行政化倾向的具体表现是组织机构和治理机制是套用政府机关级别，沿袭行政管理模式，行政权力不断挤压学术权力，造成学术失范，官本位意识严重。泛趋利化现象日益明显的集中表现是不再拘泥于自身是公益性机构的固有属性，显露出注重实惠和追求名利的倾向。有不少教师难以潜心治学，浮躁、功利倾向日益凸显。泛集权化现象比较普遍的体现的是教师和学生被客体化，丧失了主体地位，成为学校行政领导和职能部门管理的对象，学术自由、学术至上、教授治学，人才发展与成长的规律得不到应有的尊重和遵循。基于上述"三化"现象，必须全面推进依法治校执行机制的改革创新，以实现高等教育与时代发展、形势要求、价值追求和人民期盼的努力目标。

第三，加强高等学校内部学术自由发展机制。学术是高校发展的本质，构建符合学术本质要求、张扬学术自由、尊重学术创造的法治机制是高校目前最为重要的任务。为此，一是必须注重以尊重学术自由与社会责任相结合的机制改革创新，培育创新土壤，激发创新动力，凝聚创新力量。二是充分发挥学术权力在学校发展中的决策、评价、咨询作用，明确学术事务决策权的归属，明晰学术权的范围，体现学术权的价值。三是切实保障教职工的学术知情权、参与权和监督权，按照相关规程、条例细化校内规定，形成规范、严谨、管用的制度体系，确保学术自由发展氛围。

第四，创新高等学校内部考核评价机制。高校用人和评价机制的规范、公正是学校发展的关键，完善评价机制必须以教学、科研为中心，突出学术地位，实现行政权力与学术权力的相对分离，保障学术权力按照学术规律相对独立行使。因此，贯彻落实中共中央国务院印发《深化新时代教育评价改革总体方案》要求，一是必须完善学校相关考核奖励制度，结合学校和学科特点，切实完善数量、质量、效益与贡献相结合的多元考核评价指标体系。二是健全各类人员的管理考评机制，在教学、科研、管理岗位实行分类聘用、考核管理模式，完善重大贡献和突出成绩的奖励制度。三是坚持价值导向、公众满意、公正公平、合理合法原则，充分激发各类人员的积极性和创造性。

第五，强化高等学校内部监督机制。强化监督制约是防止权力滥用的关键，要形成有权必有责、用权必担责、滥权必追责的制度安排。健全重要部门、岗位的权力制约与监督机制，保证管理与决策执行的规范、廉洁、高效，使决策、执行、治理等环节都受到权力的监督，使监督制约细化、具体化、责任化。党内监督、民主监督、社会监督、法律监督、网络舆论监督等各方面，都要密切配合，大力协作，相互支持和帮助，使监督制约成为合力，确保各种权力在笼子里运行。

第六，健全高等学校内部权利救济机制。权利救济和矛盾纠纷化解机制是法治机制创新的重要内容，也是保障师生主体地位，构建自由、平等、公正、法治、平安、生态优美校园环境的客观要求。具体而言，一是要完善教师申诉或调解委员会，对于教师因职责权利、职务评聘、教学科研考核评价、相关待遇及奖惩等事项与学校及有关智能部门之间发生的纠纷应及时进行调处。二是完善相对独立的学生申诉处理机构，及时受理和处理学生权利义务方面的各种事项，且要做到程序正当、定性准确、证据充分、依据明确、处理恰当、允许申诉、学生认可。三是综合运用信访、调解、申诉、仲裁等手段处理和化解各种权益、矛盾和纠纷，注重发挥基层调解组织的作用，建立公平、公正、公开的处理程序，提高解决纠纷矛盾的效力和效率。

第三篇　理顺高等学校外部法治机制

第一，优化政府与高等学校关系的协调机制。长期以来，我国高校与政府之间责权利边界有些模糊不清，导致学校与政府关系出现一些缺位、错位和越位现象，这对于建设现代大学制度，实现"双一流"目标是一个体制机制性问题。政府与大学关系的优化协调，关键在于践行新发展理念既能最大限度地满足国家和社会对大学的需求，又能最大限度地满足大学自身生存和发展的需要。因此，通过对我国政府与高校关系间存在问题进行分析，并对影响高校与政府关系模式选择的制度环境和高等教育多元化的法理模式进行探讨，比较系统地探究我国优化政府与高校关系需要从指导思想、理念更新、路径选择、制度保障等方面优化机制，将新发展理念和法治理论引入高等教育领域，在建设现代大学制度的背景下探讨高校与政府关系方面做认真的分析与思考。

第二，加强高等学校与社会市场联系机制。高校面向社会办学是时代发展的要求，以市场为主的社会力量对高校的介入是高校发展的一种必然趋势。高等教育作为一种特殊产业，它既有为全民共同享用的公益性和公共性，也有投入与产业追求效益的商品属性。在充分体现公益性特质的前提下，高校法治价值选择与社会市场价值规范要兼顾公共消费和私人消费对立统一的双重特性，既为高校发展提供内驱力，也为社会进步提供创造力。高校赖以生存与发展的基础是它适合社会市场需要的办学特色和人才质量。这就需要高校正确定位，深化改革，认真处理学校需要与社会需要的关系，合作协调，共建共享，创新高校需要与社会需要的双赢机制。

第三，创新校企产学研紧密结合机制。高校作为人才培养和科学研究的重要基地，面向市场和国家需要，与产业界协同合作，发挥各自优势，促进技术创新和产业升级，是摆在高校面前的重大任务，也是高校持续健康发展的必然选择，因此，高校必须切实转变思想观念，提高对产学研结合重要性、紧迫性的认识，牢固树立人才培养、科学研究和社会服务三大功能全面协调发展理念，面向国家发展目标和社会需求，不断提升办学水平；必须切实完善机制，提供制度保障，形成有利于产学研结合的政策导向，优化配置资源，提高面向市场需求的科技创新能力；必须建立高校与企业的联系交流机制，切实建立多元化的产学研合作投资融资渠道，为产学研结合提供人才和资金支持。目前高校与企业人才和资金投入不足是影响产学研结合的一个重要原因，政府、金融部门要积极支持多元化产学研合作投入机制，高校要善于发现和利用各种融资渠道开展产学研结合，推动科技成果转化，进而从市场获得更多的资金支持。

第四，拓展高等学校中外合作办学机制。我国对外合作办学发展趋势好，生源逐年增多，办学特色逐步形成，但仍有问题和争议。高校既要拓展办学机制，又要着力主动地进行战略谋划和政策法规建设。一是健全对外合作办学质量保障机制。质量是办学的关键，涉及办学定位，方针明确，条件具备，特色鲜明，人才培养适应国家和社会需要，且能得到社会认可，这就需要建立统一与多样相结合的质量标准，体现办学独特价值。二是发挥政府宏观统筹调控作用。政府角色就是要以细致健全的法律规范替代自上而下的行政指令，以多元参与的综合监督完善主体单一的行政管理，以系统的统筹运行机制改进层层审批的集权现状，从外部行政机制上确保对外合作办学的健康发展。三是实施"两条腿走路"战略，推进对外教育交流与合作向纵深方向发展。"国际本土

高等学校法治机制与办学自治权

依法依规界定明晰

政治权力　行政权力　学术权力　监督权力

依法依规健全和加强校内

决策机制　执行机制　学术机制　评价机制　民主监督机制　权益救济机制　法治文化培育机制

依法依规理顺和协调校外

学校与政府的关系　学校与社会市场的关系　学校与产学研结合的关系　学校与中外合作办学的关系

实现现代大学制度和"双一流"目标

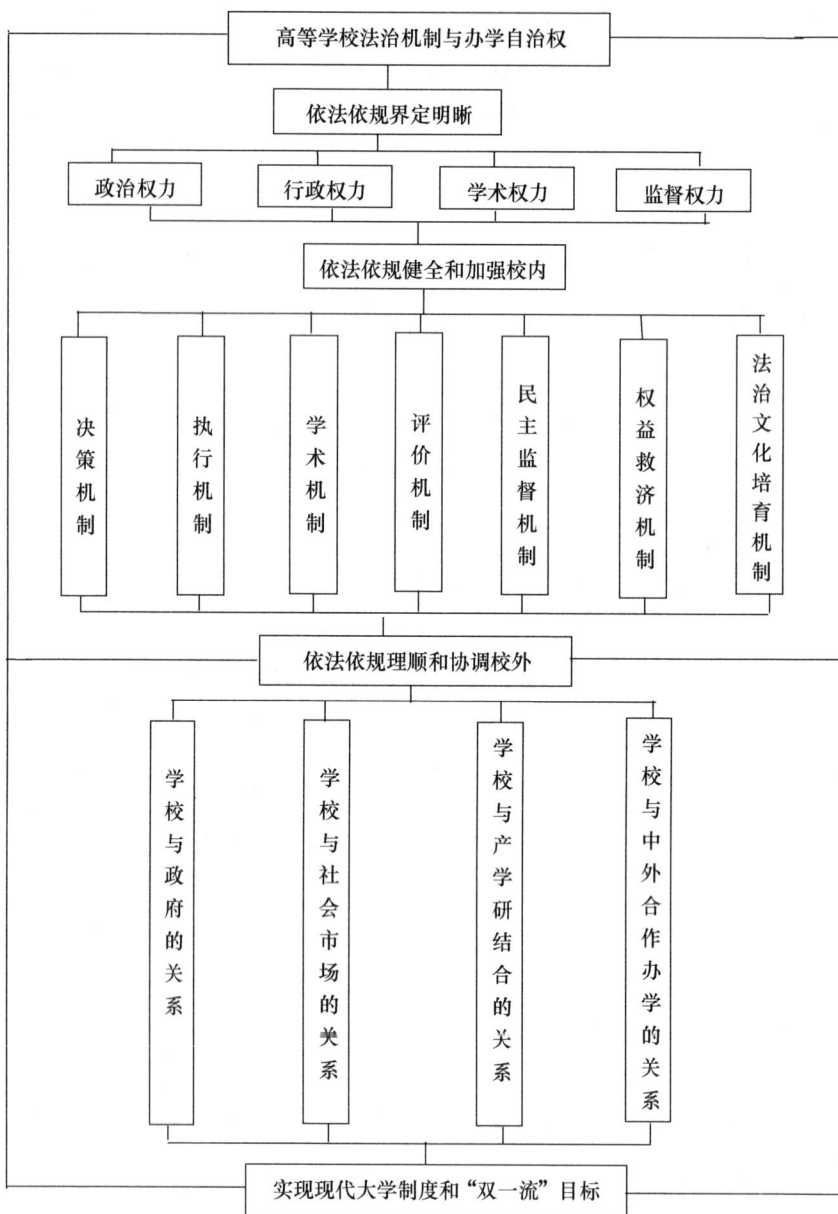

图1　本书研究内容简易图

化"和"本土国际化"是对外合作办学的发展趋势，既要引进国外优质教育资源，也要支持国内优质教育资源走出去，促进对外办学在更高层次实现优质教育资源的交流与互动。

本研究具有的创新意义如下。一是关于法治机制理念与观点有创新的研究，分别从校内与校外两个方面构建了创新完善相关机制的重要性和紧迫性。在课题研究实践过程中，适逢党的十八届四中全会做出了关于依法治国若干重大问题的决定，为课题研究提供了理论指导和研究实践遵循，使高校法治机制创新形成了高校的共识和关注、期盼的一个重要问题。如何以学习贯彻决定精神为巨大动力，助力高校深化改革发展，落实习近平总书记关于全面依法治国一系列重要论述成为课题研究不断创新理念、观点的努力目标。二是关于研究视野有创新的研究，主要是对法学、教育学方面探讨机制创新的问题。一方面是认真解读高校依法治校实践中，政治权力、行政权力、学术权力、监督权力如何平衡、协调、制约的问题，回答现状、原因及特点"是什么"问题；另一方面，必须依法依规明晰党委领导、校长负责、学术引领、民主监督等关系，解决"怎么办"的问题。唯有增强法治理念，拓展法治视野，运用法治思维和法治方法指导创新治理机制，才能提升治理体系和冶新能力，构建现代大学制度，实现"双一流"目标。

高等学校法治机制研究是由周进怡、周雄文负责完成的研究成果，课题组成员有吴四江、周凌、王记志、陈雄、姚曙明、徐慧娟、易卫中、黄素梅、刘记福、冷必元、吴克明。

高等学校法治机制研究于 2013 年 7 月被全国教育科学规划领导小组办公室列为"十二五"规划课题，得到了该办的立项资助。2017 年课题结题后，周进怡、周雄文又对研究报告进行了修改和充实。本书的出版得到了光明日报出版社的大力支持与帮助，在此表示诚挚的感谢！

周进怡　周雄文

2021 年 6 月

目　录
CONTENTS

第二篇　创新高等学校内部法治机制

第三篇　理顺高等学校外部法治机制

第一篇 01

高等学校法治机制与办学自治权

《中华人民共和国高等教育法》第2条规定："高等教育，是指在完成高级中等教育基础上实施的教育。"本篇所论高等学校法治机制是指依法依规进行规范和治理的组织管理机构和运行要求等制度体系。政府依法依规管理和服务教育，公民依法依规享受教育权利，履行职责与义务，学校依法依规办学育人，学校内部按各项规章制度有序运行，各项运行都有明确的规范，形成多维的协调一致的法治机制体系。所论办学自治权是指高等学校依法依规所享有的权利，在性质上是一种公权力。高等学校的权利和权力必须靠法治机制予以保障和规范运行。

第一章

高等学校法治机制概述

第一节　高等学校的法律定位

一、高等教育法治框架基本形成

高等学校的法律定位，是指高校在法律上的地位以及依法享有的权利和义务关系。高校作为教学科研的社会组织机构，其法律定位因高校与其他法律关系主体所形成的法律关系的不同而存在区别。1949 年以后，由于国情特点和国家建设发展需要，我国的高等教育基本是由政府统揽和提供。20 世纪 80 年代初期开始恢复民办教育，逐渐改变了教育行政部门完全垄断高等教育的局面。在国办高校占绝对垄断地位的时期，相应的法律法规并不完善，时至今日，对于国办高校和民办高校的法律定位问题仍处于探讨阶段。为了全面推进依法治校，更好地规范国办和民办高等学校的教育治理行为，促进国办高等学校健康持续有序地发展，建立现代大学制度，实现教育强国的目标，对国办和民办高等学校的法律属性予以正确界定是个十分重要的问题。

1949 年到 1978 年，国家实行的是计划经济体制，法律法规在教育行政中处于从属于行政权力的地位，"计划就是法律，法律手段本身也丧失了独立的品格，其作用是十分有限的"。基于当时的国情背景，在高等教育领域，政府集高校的举办权、办学权、管理权、监督权于一身，大到高校的办学方向、方针，小到专业的设置、教育教学计划和课程大纲的制定，全部由政府一手包办。这一时期，高校实际上是政府的附属机构。1956 年，高等教育部制定了中华人民共和国成立后第一个全面规范高等教育的法规性文件，即《中华人民共和国高等学校章程（草案）》。其中，第 5 条规定："高等学校的设立和停办，由中华人民共和国国务院决定。高等学校的系、专业、教研组、函授部、夜校部、夜分校和教学辅导站的设立和变更，由中华人民共和国高等教育部决定。"第 48 条规定："高等学校设校、院长一人，由高等教育部提请国务院任命。"这就首次以立法的形式明确规定了政府与高校的关系以及政府在高校的开办，校、院长的任命等方面的管理权限。此后的 20 多年，高等教育的改革发展主要是依据党和政府的相关政策予以遵循和执行。1980 年 2 月由第五届全国人民代表大会常务委员会第十三次会议通过的《中华人民共和国学位条例》，是中华人民共和国成立后的第一部教育行政法。该条例规定了学位授予的条件、机关、程序及违法后果等，是第一次将高等教育中单项行政内容制定法律予以规范。随后，我国相继颁布了《中华人民共和国教师法》《中华人民共和国教育法》《中华人民共和国高等教育法》等相关法律，以及《中华人民共和国学位条例实施办法》《教师资格条例》等行政法规和规章 200 余部。加上地方性法规和国务院各部委以及省级人民政府制定的一大批有关教育的政府规章，大大丰富了教育法治的内容。可以说经过 40 多年的努力，我国教育法特别是高等教育法治框架体系基本形成。

二、公办和民办高校的法律界定

我国现行法律法规对"国办学校"与"民办学校"的界定与区分，主要是依据办学主体和经费来源。一是按办学主体区分。2002 年 12 月颁布的《中华人民共和国民办教育促进法》和《民办高等学校设置暂行规定》第 2 条均规定，凡是国家机关、国有企业事业组织以外的各种社会组织或者个人，自筹资金，利用非国家财政性经费，面向社会举办学校及其他教育机构都称为民办学校，而各级政府机关举办的学校称为国办学校。二是按经费来源进行区分。凡是使用国家财政性经费举办的教育机构，无论何种办学主体，均按国办学校实施管理，而利用非国家财政性经费，面向社会举办的学校或者其他教育机构属于民办学校。我国的国办高等学校是由各级人民政府代表国家举办的教育机构，其办学经费主要来源于国家财政拨款。2018 年 12 月新修订的《中华人民共和国高等教育法》第 60 条规定："高等教育实行以举办者投入为主、受教育者合理分担培养成本、高等学校多种渠道筹措经费的机制。国务院和省、自治区、直辖市人民政府依照教育法第五十六条的规定，保证国家举办的高等教育的经费逐步增长。国家鼓励企业事业组织、社会团体及其他社会组织和个人向高等教育投入。"

国办高等学校的举办者与管理者相对分离，高校产权中财产所有权归国家，由此派生的管理权、使用权、收益权、转让权、安全权以及与学校财产相关的招生权、人事权、办事权等归高等学校，由国家委托高等学校进行日常管理。该法第 39 条规定："国家举办的高等学校实行中国共产党高等学校基层委员会领导下的校长负责制。"第 30 条规定："高等学校校长为高等学校的法人代表。"在公办高等学校，法人代表是校长，而学校的领导者是党委会或党委常委会，这是中国特色的高校内部领导体制。

1982 年全国人大通过的第四部宪法明确规定"国家鼓励集体经济组织、国家企业事业组织和其他社会力量依照法律规定举办各种教育事业"，从此，在国家的认可和支持下民办学校在各地逐步出现和发展起来。根据我国法律规定，民办学校的办学主体为非政府组织或个人，办学资金来源于非国家财政性经费，办学模式可多元化，内部管理兼具市场经营管理与高校管理体制的双重性。但对于立德树人的价值追求与国办高校是一致的。

三、高等教育法律法规解读

根据我国教育法、高等教育法和普通高等学校学生管理规定、学位条例等规定，高等学校享有招收录取学生权，学历证书和学位证书的授予权，组织实施教学活动权，对学生进行学籍管理及奖励处分、自主管理等权力。学生享有学习自由权、参与学校管理权、申诉权、起诉权、物质帮助权、获得资格评定权、隐私权、救济权、教育教学活动参与等权利。从现状来看，高等学校与学生之间存在着双重的法律关系。从公法的角度分析，高等学校与学生之间不是完全平等自愿的关系，权利义务不完全对等，高等学校经常运用自己制定的校规校纪来约束学生，属于单方面的行为。高等学校在对学生进行教育管理过程中因享有某些行政权力如学籍处理、颁发毕业证、学位证等具有行政主体的资格，与学生之间形成了行政法律关系，并受行政法和行政诉讼法的调整。从私法的角度分析，高等学校与学生之间因其平等主体地位而形成的民事法律关系，则受民法和民事诉讼法调整。如学生有权接受或拒绝高等学校提供的某些服务义务事项，在其人身、财物受到学校侵害时有权要求民事赔偿等主要涉及所有权、契约及侵权损害赔偿等。

自 2000 年中共中央组织部、人事部、教育部联合颁发了《关于深化高等学校人事制度改革的实施意见》（人发〔2000〕59 号）后，全国各地高校开始对教师实行聘任制度。聘任制下的高等学校教师虽然不再由上级教育行政部门统一管理，但只有取得高校教师资格和教师职称才能受聘于高等学校。而在教师的资格认定制度中，高等学校作为受教育部门委托的组织，对本校教师以及拟受聘教师实行资格认定，实际履行着行政部门的职责。在教师职称评审制度中，高校教师作为法律法规授权的组织具有行政主体资格。因此，在高等学校教师的聘任过程中，教师作为行政相对人与作为行政主体的高等学校之间存在着被管理与管理关系，法律地位是不平等的行政法律关系。但与此同时，根据《高等教育法》和《关于深化高等学校人事制度改革的实施意见》等规定，聘用合同中高等学校与教师之间的法律地位又是平等的法律关系，双方当事人是私法意义上的法人与公民的民事法律关系，主体地位平等是私法领域合同的必然属性，因此，我国国办高等学校在高校与教师之间存在着行政与民事双重法律关系。

我国高等学校行政管理权是高校为保证其教育目标的实现而对自身各项事务进行决定、管理、执行和监督的权力和权限。早在 1993 年中共中央、国务院颁布的《中国教育改革和发展纲要》提出："进行高等教育体制改革，主要是解决政府与高等学校、中央与地方、国家教委与中央各业务部门之间的关系，逐步建立政府宏观管理、学校面向社会自主办学的体制……在政府与学校的关系上，要按照政事分开的原则，通过立法，明确高等学校的权利和义务，使高等学校真正成为面向社会自主办学的法人实体。要从招生、专业调整、机械设置、干部任免、经费使用、职称评定、工资分配和国际合作交流等方面，分别不同情况，进一步扩大高等学校的办学自主权。学校要善于行使自己的权力，承担应负的责任，建立起主动适应经济建设和社会发展需要的自我发展、自我约束的运行机制。"这就明确地将学校的自主权定性为权力，其对应的是责任，明确表明我国国办高等学校的行政管理权属于行政权力。此外，我国教育法、高等教育法、普通高等学校学生管理规定、学位条例等赋予高等学校的招生、学籍管理、奖励处分、学业证书颁发、教师资格认定以及对教师的奖励、处分等权力，都是由国家法律所明确规定，高等学校能依法享有这些权力，具有明显的单方意志性、强制性和优益性，符合行政权的主要特征，属于行政权力。

第二节　高等学校法治机制推进历程

一、高等学校法治机制的内涵

机制，原指机器的构造和运作原理，现引申出多方面的含义，如生物学和医学在研究一种生物的功能时，常借助其内在的工作方式，包括有关生物结构组成部分的相关关系，其间发生的各种变化过程的物理、化学性质和相互联系。又如管理学中的机制是指管理组织、体系之间内在的有机联系和工作方式。高等学校法治机制是指高等学校依据国家法律法规的规定，在管理和治理活动过程中所进行的各项有机联系和行为方式。

高校法治，简言之就是要按照法律法规的要求规范高等学校的办学行为和治理行为。需要明确的是，广义上的法治并不仅仅是按照法律法规的条款或者规定进行管理和治理，法治中的"法"并不是单纯意义上的成文法律和法规制度等，而是广泛意义上的法治理念、法治思维、法治精神、法治文化，是对法律法规所蕴含的特定价值准则、价值追求的尊奉和遵从。因此，高等学校的法治是指在学习、理解、掌握相关法律法规的前提下，依据法律法规将其理念、精神贯串到学校各项活动之中，使学校的办学、管理和治理行为符合法律法规的基本理念和精神的要求。

我国目前尚未制定专门的学校法，对高等学校法治的具体内涵缺乏法定的权威界定，只是在有关教育法律法规中对其含义有一些大致相同的阐释。如1995年3月通过的《中华人民共和国高等教育法》第28条规定了学校依法行使九个方面的权利；第29条规定学校必须履行六个方面的义务；第9条规定了公民依法享有接受高等教育的权利；第10条规定了国家依法保障高等学校开展科学研究、文学艺术创作和其他文化活动的自由，同时规定在高等学校从事科学研究等活动应当遵守法律；第11条规定高等学校应当面向社会，依法自主办学，实行民主管理。

从不同的视角来理解，对高等学校法治有不同的价值指向。如从其涉及的主体看，法治既可以是指学校各级管理者以学校的各项内部事务为对象，依法管理和治理；也可以是指对学校以及教职员工和学生依法参与学校各项内部事务进行管理与治理；还可以是指国家机关、政府及教育职能部门以学校为对象依法进行管理和治理。从不同高校与类型来看，法治涵盖着不同的维度，有公办高校、民办高校、中外合办高校，有全国性高校、地方高校、行业高校；有普通高校、职业高校、特殊高校等，所有高校都有依法治校的问题。高校层次、类型的差异决定了其办学和管理、治理活动的特点各异，也使其在依法治校的具体措施、方法、途径、手段上产生一些差异。各高校无论属于何种层次、类型，都要在法律法规的框架下进行教学、科研、管理和治理活动，既要遵循与教育有关的一般法律法规，如教育法、教师法等，也要遵守高等教育法、学位条例、职业教育法、民办教育法、学生管理规定等具体法律法规。

二、正确认识高等学校法治机制的属性

进入21世纪以来，党和历届政府一再强调坚持教育为人民服务的宗旨，将其纳入以民生为重点的社会建设范畴，不断加大投入力度，切实要求办好人民满意的教育，恰恰说明此阶段的高等教育现实还有进一步发展的空间，这也是

客观事实。因为随着社会主义市场经济体制机制的不断完善，社会的民主化、法制化进程的不断加强，各个阶段的高等教育开始由国家垄断逐步走向多元化，原来作为一种纯粹公共产品的教育向进入公私之间的准公共产品过渡。根据公共产品与市场关系的不同，公共物品就可以分为不同的类别。但是从消费者角度，即按照物品的竞争性或可分性的程度，公共物品又可以分为纯公共物品和准公共物品两类。美国学者布坎南认为，公共物品是一个外延广阔的范畴，不但可以包括萨缪尔森定理的纯公共物品，也可以包括公共性程度从 0～100% 的其他一些商品或服务。如果一种公共物品的消费者群体，从部分成员一直扩大到全体社会成员的过程中，其边际成本始终为零，那么这种物品就是纯公共物品。基础科学研究、国防、立法等都属于典型的纯公共物品。如果一种公共物品的消费者群体扩大到一定数量时边际成本开始上升，而且继续扩大到某一数量时边际成本变得非常大，甚至是无穷大，那么这种公共物品就是准公共物品。公路、公园、学校、图书馆、公共交通等都属于准公共物品。

如果按照供给者的数量来划分，公共物品又可以分为垄断性公共物品和非垄断性公共物品两类。垄断性公共物品是指那些只能由一个主体来提供，而不能由多个主体来提供的公共物品，如现代国家的立法、司法、国防、外交等都属于这类公共物品；而非垄断性物品就是那些可以由多个主体提供的公共物品，如教育、公共卫生、环境保护、消防等都属于典型的非垄断性公共物品。

依据上述分析，教育应该是一种典型的非垄断性公共物品、准公共物品。一般来说，在学校规模达到饱和之前，增加一个学生，并不会影响其他学生的学习，此时不需要增加投资扩建学校，因此边际成本为零。这时教育更多表现出公共物品的特性。但如果到学校上学的人数继续增加，学校终将饱和，从而影响到其他学生的学习，这时如果限制更多的学生接受教育，便使教育在某种意义上具有了效用的可分性，如果追加投资扩建学校，会使得边际成本上升，从而导致教育具有效用的竞争性。此时教育便更多地表现出某些私人物品的特性。针对教育在不同的条件下表现出的不同特征，我们可以把教育界定为一种比较典型的准公共物品。但是，在不同的教育领域，其公共性程度又有很大的区别。例如，义务教育的公共性程度就远远高于其他教育领域，因为它是国家规定人人都必须接受的一种教育。同时，教育是一件涉及学校、家庭、社会各个方面的事情，因此教育在任何时候都不能由政府或者市场垄断。教育的这种多主体的性质决定了教育具有非垄断性。当教育开始成为事关人民群众切身利益的大问题，而且不同阶层的人民群众对教育有着不同的理解，形成了不同的利益追求，都在试图通过教育实现各自不同的目的；社会发展进入这个阶段后，如果想成功地推进教育综合改革，就需要处处以人为本，兼顾利益相关者的利益，就需要把教育视为重大的民生问题，通过教育改革与发展的民生视角，真正把人民的利益作为理解和解决教育问题的出发点和落脚点，把人民群众作为教育实践活动的重要参与者，重视他们已经表达出的或想要表达的教育舆情，并作为教育法律、法规、政策制定、修订与实践的重要参考依据，即真正倾听底层或基层人民的意愿，重视他们的各种教育利益诉求。

三、高等学校法治机制的推进历程

高等学校的法治是推进高等教育事业科学发展的加速器和维护阀。改革开放 40 多年来，我国高等教育事业取得了举世瞩目的巨大成就，广大人民群众依法享受的教育权益得到了充分保障，接受良好高等教育的机会不断扩大和改善。高等教育法治在确认、保障和发展广大人民群众的受教育权，促进教育改革发展方面发挥着十分重要的作用。进入新时代、新征程，随着高等教育的逐步国际化和全面推进依法治国战略进程的加快，这种作用越发凸显。2010 年 7 月，党中央、国务院召开了 21 世纪第一次全国教育工作会议，颁布了《国家中长期教育改革和发展规划纲要（2010—2020 年）》，强调法治建设对高等教育事业科学发展的重要作用。它针对高等教育改革和发展的新形势、新任务，明确提出"大力推进依法治校"，要求学校制定完善的学校章程及制度，依法办学，尊重教师权利，保障学生受教育权，在校内建立健全符合法治原则的教育救济制度，深入开展普法教育。国家教育规划纲要颁布实施以来，全国人大常委会于 2015 年 12 月修订了教育法、高等教育法。中共中央印发了新修订的《中国共产党普通高等学校基层组织工作条例》。中共中央办公厅印发了《关于坚持和完善普通高等学校党委领导下的校长负责制的实施意见》。国家教育体制改革领导小组办公室下发了《关于进一步扩大省级政府教育统筹权的意见》《关于进一步落实和扩大高校办学自主权、完善高校内部治理结构的意见》。教育部相继下发了有关高等学校章程建设、高等学校教职工代表大会制度、高等学校学术委员会规程、普通高等学校理事会规程、高等学校信息公开等的规章、条例，这些为完善高校治理体系，扩大办学自主权，优化权力配置，加强学生教育与管理，切实保障师生权益等提供了法律、法规依据和制度规范遵循。特别是2014年10月党的十八届四中全会通过的关于全面推进依法治国重大问题的若干问题的决定为全面推进高等学校的依法治校提供了理论基础和实践指南。高校对依法治校的战略性和紧迫性的认识有了显著提高，依法治校的理念、目的、要求，在学校法治实践中不断得到认同和深化。依法治校的举措、工作机制逐步加强和健全，对于推进各级教育行政管理和高校内部管理体制、机制改革，转变学校治理理念、方式，提高学校依法决策、民主管理和监督、保障师生合法权益的意识与水平起到了重要的推动作用。2012年11月22日教育部印发的全面推进依法治校实施纲要，是依法治国基本方略在高校领域的具体实践和基本要求。在新形势下，该实施纲要按照党的十八届四中全会决定精神，运用法治思维和法治理念，就进一步全面推进高等学校依法治校的针对性、紧迫性，切实联系实际，着力解决学校治理体系和治理能力方面所面临的社会变革与严峻挑战问题，高教系统也进行了积极探索，取得了比较丰富的成功经验和实践成果。

2020年7月28日，教育部就坚持和完善中国特色社会主义教育制度体系，推进高等学校治理体系和治理能力现代化，进一步加强高等学校法治工作，全面推进依法治教、依法办学、依法治校下发了《关于进一步加强高等学校法治工作的意见》。2021年2月26日，中共中央政治局召开会议审议修订的《中国共产党普通高等学校基层组织工作条例》，强调修订条例是深入贯彻习近平新时代中国特色社会主义思想、贯彻落实新时代党的建设总要求和新时代党的组织路径、坚持和加强对高等学校全面领导的重要举措，对于建设高质量教育体系具有重要意义。

2020年10月29日，党的十九届五中会会审议通过《中共中央关于制定国民经济和社会发展第十四个五年规划和二〇三五年远景目标的建议》，明确到

2035 年"基本建成法治国家、法治政府、法治社会"。循法而行、依法而治，
新时代全面依法治国，需要深刻把握马克思主义法治理论的精髓要义，充分汲
取中华民族自古至今的治理智慧，广泛吸纳世界法治文明的优秀成果，既要一
脉相承又要与时俱进，既要兼收并蓄又要融会贯通。习近平法治思想，在新时
代波澜壮阔的治国理政实践中应运而生，并在坚持和完善中国特色社会主义制
度、推进国家治理体系和治理能力现代化进程中创新发展，日益成熟完善。
2020 年 11 月 16 日至 17 日，党的历史上首次召开的中央全面依法治国工作会
议，将习近平法治思想明确为全面依法治国的指导思想。高举思想旗帜，推进
伟大事业。习近平法治思想为新时代全面依法治国、实现美好法治愿景提供根
本遵循，注入不竭动力，必将引领法治中国建设在新发展阶段实现更大更好发
展，不断登临新的更高境界。日月经天，江河行地。关山飞度，大道笃行。站
在新的历史起点上，在以习近平同志为核心的党中央坚强领导下，在习近平法
治思想的科学指引下，亿万人民的法治信仰日益坚定，磅礴浩荡的法治力量正
在汇聚，中国特色社会主义法治事业蓬勃发展，为民族复兴千秋伟业夯基固本！

第三节　高等学校法治机制的价值追求

一、法治机制是实施依法治国基本方略的具体实践

在高等教育领域，切实推进依法治校的各项工作，就是落实依法治国基本
方略的具体实践，使坚持法治原则，树立法治理念，运用法治方法，成为解决
目前高校改革和发展中所面临的各种挑战与问题的常态，促进高等教育健康持
续发展。高校的基本任务是培养人才，法治理念、法治思维、法律素养是人才
的基本素质。高校在办学过程中自觉依照宪法、法律、法规和校规校纪办学育
人，必须认真学习和运用法律知识，接受法律制度文化和法制精神文化的熏陶，
培养坚定的法治观念和娴熟的法律技巧。学校各级管理人员要依法依规尽职尽
责精心管理，教师要依法依规尽职尽责严谨教书育人，学生要自觉应用法学知

识分析和解决自己学习生活中所面临的各种矛盾和问题。高校的教职员工和学生都应正确认识依法治国与国家长治久安的重要性，切实按照社会主义法治理念和法治精神，营造符合法治要求的校园文化和育人环境，让师生员工在日常的工作学习生活中，潜移默化地增强法律意识，树立法治观念，弘扬法治精神，养成守法习惯。实行依法治校，既是实施依法治国基本方略的必然要求，也是高等学校培养人才的历史担当。

（一）法治机制是全面贯彻党和国家教育方针的客观要求

我国高等教育法规定，高等教育必须贯彻国家的教育方针，为社会主义现代化建设服务，与生产劳动相结合，使受教育者成为德智体等方面全面发展的社会主义建设者和接班人。邓小平同志曾深刻指出："我们国家国力的强弱，经济发展后劲的大小，越来越取决于劳动者的素质，取决于知识分子的数量和质量。一个十多亿人口的大国，教育搞上去了，人才资源的巨大优势是任何国家比不了的。"[①] 教育规划纲要强调为适应我国国情和时代要求，要建设依法治校，依法办学，自主管理，民主监督和社会参与的现代学校制度，办好人民满意的高等教育，保证教育的公正、公平，保障人民群众受教育权利的实现。提高质量是高等教育发展的核心任务，是建设高等教育强国的基本要求。实现教育规划纲要提出的目标与任务，需要各级党委、政府共同努力，在全党全社会形成高度共识和一致行动；教育需要将党的意志和主张通过国家意志反映出来，即转变为国家立法，教育人们自觉学法、守法、用法。教育行政部门和高校是教育规划纲要最重要的贯彻和实施主体，是依法办学、依法治校的组织者、执行者和实践者，使命光荣，责任重大，任务艰巨。教育是民族振兴的基石，受教育是公民最基本的发展需求，是国家最重要的民生事业。坚持教育公平是保障社会公平的重要基础，保障社会公平需要法律法规规范、治理。高校实现依法办学、依法治校，严格按照国家教育法制原则与法律、法规、条例等规定，开展教育、教学、管理、服务等活动，才能从根本上保证党和国家教育方针在高校中得以全面贯彻，保证教育规划纲要目标的实现，真正办好人民满意的高

---

① 邓小平. 邓小平文选：第 3 卷 [M]. 北京：人民出版社，1993：120.

等教育。

（二）法治机制是完善现代大学制度的内在要求

现代大学制度应该是规范性与自主性相结合，统一性与多样性相结合的制度，这种制度能够体现出以教育理想为核心的各方价值的有机结合。随着高校改革与发展的深入，学校章程的全面实施和完善，高校党委与校长的职责如何进一步明晰，学术权力与行政权力如何进一步平衡，学校与院、系的权责如何进一步地界定，教育行政部门与学校之间、举办者与学校、学校与教师、学生之间的权利义务关系如何依法合理界定和明确，等等，这些都需要依法依规予以厘清和规范。教育行政管理、学校管理中出现的许多新情况、新问题，要求更多地运用法律法规予以调整、规范和解决。建设现代大学制度，首先必须坚持大学的学术性，必须以教育规律和学术逻辑为前提，依法依章建立强有力的保障学术权力的制度，赋予学术委员会、教授委员会以部分学术事务的决定权；建设现代大学制度，必须依法依章落实高校的办学自主权，建立制度化、规范化、科学、高效的学校管理制度和运行机制，实现政府主要依靠法律手段管理高校，学校依照法律、法规和章程自主办学，创新办学理念，健全和完善学校内部管理制度，规范学校办学与管理行为，落实学校的法人地位，依法接受监督，形成依法治校的新的管理运作格局。

（三）法治机制是办人民满意高等教育的基本保障

教育是提高国民素质，促进人的全面发展的根本途径，寄托着亿万家庭对美好生活的追求和期盼。党的十八大报告和国家"十三五"规划纲要都强调，要坚持教育优先发展是改善民生的基本要求和重要保障，重申要努力办好人民满意的教育。以此引领教育工作全局，作为高等学校而言，责任重大，使命光荣。

2012年10月15日，新任中共中央总书记习近平同志在政治局常委见面会上发表了热情洋溢、感人至深的讲话，完全把"教育为人民服务"的思想融入了改善民生和社会建设的理念之中。"我们的人民热爱生活，期盼有更好的教育、更稳定的工作、更满意的收入、更可靠的社会保障、更高水平的医疗卫生服务、更舒适的居住条件、更优美的环境，期盼着孩子们能成长得更好、工作得更好、生活得更好。人民对美好生活的向往，就是我们的奋斗目标。"① 这就充分表明，一方面，人民满意不满意作为我们党执政理念的基本标准，成为今后我国依法治国，制定和衡量各项法律、法规和政策的出发点和最终归宿；另一方面，对教育事业而言，从"教育为人民服务"到"办好人民满意的教育"，再到"努力办好人民满意的教育"，更好地满足"人民对美好生活的向往"，已经正式成为今后我国教育综合改革的最终目标，最美好的愿景。"努力办好人民满意的教育"理所当然最终将作为今后我国教育事业的一种使命，一种理念，一种目标，一种可持续发展过程，成为所有教育工作者奋发进取的根本方向和行动指南。究竟如何才能真正"办好人民满意的教育"，不管是心理意愿方面，还是行动实践方面，仍然是所有教育工作者必定会面临的严峻挑战。以高等教育而言，不管是普通民众，还是高校办学者，直至高校领导者，都在不同程度地批评高校的现状，评价这些年来高等教育改革发展的形势，表达对当前高等教育的诸多不满意、不高兴。对普通民众来说，他们期盼的高等教育，心目中的理想大学、满意大学，就是"应然""必然"的价值取向和基本看法，认为培养的学生素质要高，能力要强，什么都会，这是对高等教育及高等学校的一种美好的期盼或期望；对高校举办者、高校教师、高校领导者来说，他们的理想高等教育、理想高校，实质上是表达对深化高等教育综合改革与发展的"纯洁美好和积极向上的参照系统，追求目标和基本信念"。② 应该肯定，他们无论采取何种方式评议高等教育，批评高校，提出这样那样的看法和建议，想上"理想大学"或"大学理想"，其实质是关心高等教育，关心高等学校，直接或间接表达出自身与高等教育和高等学校的一种情怀、一种期盼、一种追求，或是自身或是家庭成员能够进入理想的高校，接受优质的教育，或是通过建立理想大学，实现自身价值和追求目标的期望，其精神和理念都难能可贵、可尊可赞。

---

① 习近平与中外记者见面时的讲话［N］. 人民日报，2012-10-16（1）.
② 张学文. 教育综合改革应由"教育工具论"向"教育民生论"转型［J］. 清华大学教育研究，2013（1）.

二、高等学校必须坚持法治机制运行

长久以来，我国高校管理主要采取行政手段管理的方式、方法、手段，其规模、效益、效率等各方面都不同程度地受到一些影响与限制，不利于高等教育事业的可持续性发展。随着我国市场经济体制的建立和完善，高等教育领域发生了很大的变化，高校教育也面临更多的挑战与困境，高等教育综合改革势在必行。高等教育综合改革的一个根本思路就是改变原有的行政性命令模式，激发广大师生的积极性与主动性，实现高校内部运行机制的法治化、规范化、高效化。

这就要求高等教育必须依法依规而运行，顺应市场经济和新时代社会变革所带来的一系列新变化、新要求。事实证明，我国不断完善的高等教育法律、法规体系反映了教育改革的基本方向、要求和做法，推动了高等教育领域的法治化进程。全面实施高校法治机制就是在这一社会大背景形势下，继续巩固已有成果，推进高等教育进一步改革与发展的必然结果。其目的之一就是改变过去主要依靠行政手段管理学校的方式，改变过去主要是"领导说了算"的做法，实行依法依规治理、民主科学决策，通过依法治校实现和保障教职工直接管理学校的民主政治权利，体现教师和学生的主体地位，给学校工作注入新的生机和活力。这不仅能体现教职工在学校的主人翁地位，而且可以从制度上坚持正确的办学方向，规范办学行为，注重立德树人，极大地调动师生员工的积极性，促进高等学校事业的持续发展。实践证明，只有坚持法治机制，才可能实现公开、公平、公正，才可能保证学校管理制度化、民主化、科学化。

坚持法治机制是学校治理现代化的必由之路。依法治校是学校治理体系和治理能力的重要组成部分，也是学校实现治理体系和治理能力现代化的主要途径和必要手段。在现代大学制度建设中，学校治理体系和治理能力现代化，最主要的标志是看学校的治理活动是否符合现代大学教育发展的规律，而在实现大学教育目标的治理过程中，教育法制发挥着保障、规范和调节的作用。不依法治校，学校治理体系和治理能力现代化将永远是纸上谈兵。现代大学治理的手段和方法由过去主要依靠行政手段转变为主要依靠法律手段而辅之以必要的行政手段。学校治理的制度化和法治化，要求制度、法律、法规要贯串于学校治理的全过程，学校治理的各个部分、各个环节、各个阶段和各个治理行为都要在法律、法规的规范下进行，整个学校的治理过程表现为制度、法律、法规机制的运行过程。只有将学校治理的全过程纳入制度、法律、法规机制的运行过程中，学校治理才能从人治走向法治，从随意性走向规范性，从经验走向科学。因此，依法治校是学校治理体系和治理能力现代化的主要途径，学校治理体系和治理能力的现代化必须依靠法治机制，通过实施法治机制实现学校治理制度化和法制化。

坚持法治机制是推行素质教育，培养创新型人才的需要。进入 21 世纪以来，我国大力推行素质教育和教育创新，希望能借此培养出适应社会变革、推动社会发展的创造性人才。素质教育的全面推进及其培养目标的实现，在很大程度上依赖于学校教育和管理方式的转变，依赖于教育综合改革尤其是依法治校的进程及其程度。正如《中共中央国务院关于深化教育改革全面推进素质教育的决定》中所指出的："全面推进素质教育，根本上要靠法制，靠制度保障。"也就是说，实施法治机制将是保证素质教育顺利进行的重要保障。素质教育要求学生具有较多的创新能力和实践能力，在这种教育中只有建立起以法治为基础的教育体制和运行机制，才能规范教育活动中日益复杂的社会关系及其活动，充分实现公民的教育权利，保障素质教育的落实，加速高素质人才的培养。只有坚持法治机制，才能从根本上解决学校长期依靠"人治"和"行政"管理模式造成的管理滞后的问题，提高学校治理水平，最终实现学校治理体系和治理能力现代化。

市场经济条件下的高等教育必须面向未来、面向世界，必然呈现出大改革、大开放的特点，这在客观上要求高校在发展建设上要走出传统封闭式管理体制和教育教学运行机制，拓展国际视野，建立起法治治理模式和运行机制。在这一问题上必须深刻认识坚持法治机制的现实重要性和战略紧迫性。

坚持法治机制是高校自身发展建设的需要。高校治理方式的创新变革，要求高校各级管理者，依法决策，民主决策，科学决策，依法行政，依法办学，势必推进高校治理方式的重大变革创新，即从封闭的集权式管理向开放式的民主化治理转化。这在某种程度上不仅有利于规范办学行为，维护学校及师生的合法权益，还有利于营造高校教育法治氛围，积极推动全社会依法维护高校合法权益，依法支持高校建设，对教师依法从教和学生遵守法纪、提高自身素质都有非常重要的作用。高等教育是教育事业中的重要组成部分，是国家综合实力的重要标志。目前我国由于经济发展的不平衡，各地国民经济实力的差异较大，高等教育尚不能均衡发展，仍然面临着很多矛盾和问题。如何提高高校治理水平，充分发挥高校教育的主渠道作用，是我国社会发展走向全面建设小康社会需要解决的一个紧迫问题，可以预见，坚持法治机制将对我国高等教育事业的改革、发展、创新起到重大的推动作用。

坚持法治机制是不断提高我国综合国力的需要。教育历来是评价各国综合实力的一个重要指标，一个国家的高等教育水平决定其所培养的人才规格、质量，从而也就预示着一个国家日后的发展水平和发展潜力。高校治理的科学化、法治化程度直接影响着高校教育的质量，影响着国民的整体素质和一个国家的综合国力。科教兴国，离不开高等教育的基本作用，坚持法治机制将为我国高等教育发展带来新的契机，这也正是我国社会政治、经济、文化、科技等可持续发展的希望所在。面对新的发展机遇和挑战，我们必须强化高校的法治化治理，不断提高办学质量和效率，这是依法治校的价值定位，是我国迈入"两个一百年"奋斗目标对高等教育发展的必然抉择。

三、坚持法治机制是实现办学自治权的基本保障

高校关于加强和规范高等学校自治权的呼声，早在20世纪中期就已提出。随着改革开放的逐步深化，政府逐渐向高等学校下放了自治权，高等学校自治权不断扩大。我国教育法和高等教育法赋予了高等学校"自主办学"和"按照章程自主管理"的权利。同时也明确规定，高等学校既要依法取得自治权，又要依法行使自治权，还要依法接受对自治权的约束和监督。这样，对三方面要求和强调的都是"依法"。就高等学校来说，"依法"和"自治权"是不能拆开来讲的，只有"依法"，才能行使好自治权，也只有"依法"，才能在自治过程

中建立起正常的法律程序，符合教育法治精神。从当前高等学校办学管理的法律纠纷呈上升趋势这一现状来分析，高等学校办学走向教育法治化刻不容缓，它是落实和规范高等学校自治权必须跨越的一道门槛。以下几个实例可使我们大致了解目前高等学校行使自治权呼唤法治化的基本情况。

实例一：2016 年 7 月，湖南湘潭市刘某在高考志愿表上填写了某高等学校的"英语"和"金融学"专业，并在"其他专业是否服从调剂"栏中明确填了"不服从"，然而该校在录取时将刘某安排在"会计学"专业。刘某遂向湘潭市雨湖区法院起诉，状告校方"非法录取"。同年 5 月，北京一重点大学在招收研究生时，有一考生自己认为应该被录取，结果未取，他告到教育部，要求行政复议。教育部未予受理，他又状告教育部。

实例二：2017 年 9 月，某高等学校在收取新生李某的学杂费时与"新生入学须知"中规定的费用有差异，在寄给他的"新生入学须知"中规定的费用共计是 6680 元，而报到时却要缴 7650 元。该生家长认为学校有乱收费的行为，便向省教育厅及有关部门做了举报。省教育厅责成有关职能部门进行核查后，在有关场合通报批评了该校的错误做法。该校领导不予纠错，该生家长又向学校所在地的法院提出了诉讼。

实例三：王某系贵阳某大学机电学院的副教授，在该校 2018 年度职称评审中，申报了教授职称，并经院、校职称评审委员会正式评审表决通过，但该校在 2019 年 1 月下发的 2018 年度职称评审结果文件中却没有王某的名字。王某要求学校给个说法，学校经办部门未予说明清楚。王某认为学校这一做法侵犯了他的正当权益，就以学校"行政不作为"为由，向法院递交了起诉状。

请如此类的案例，绝大多数是高等学校管理者始料不及的。这些案件的出现，有的须由司法部门受理和判处。但作为高等学校，面对司法审查的校内管理，将如何认识和妥善处理，依法规范和行使自治权，是必须面对的现实问题。

以往的高等学校管理工作，往往只注重它的有序性和有效性，而对其合法性及对被管理者合法权益的保护有所忽视。如今依法治国、建设社会主义法治国家目标的提出，也要求高等学校依法办学，依法治校。特别是随着高等学校自治权的不断扩大，高等学校的管理必须全面纳入法治化的轨迹。随着社会主义市场经济的逐步完善，作为上层建筑的法律也必然要做相应的调整，对高等学校性质、作用的定位，也有重新审视的必要。过去，高等学校的行政色彩很浓，教师属于国家干部，普遍实行任用制，学生与学校之间一般也是行政管理关系，拿人民助学金或专业奖学金免费上学。如今，国办高等学校虽然仍是事业单位，但并没有改变其公法人的地位，高等学校的办学经费多数是来自国家财政，办学的目的仍是公益性为主，不以营利为目的。但是，高等学校的行政色彩实际上已被削弱，已与过去不可同日而语。例如，学校要向学生收取一定的学费，就得为学生提供教育质量有保障的服务；毕业生不包分配，实行用人单位与学生"双向选择"的就业方式；教师职务实行聘用制，学校与教师签订平等的劳动合同；中层管理干部实行竞聘上岗；等等。这些所体现出来的实际上是普通的民事法律关系。因此，实行教育法治，首先要从政府的教育行政部门带头做起，认真清理现有不适应形势发展的管理规章和条例，尽快依法修订反映国家基本教育教学要求的具有可操作性的行政法律法规，既要继承过去行之有效的办法和改革的成果，也要为今后的发展和改革创造良好的环境。至于具体的管理章程、条例和规定，要由省级教育行政部门或放权给各高等学校从实际出发，依法修订和完善，从而做到充分保护学校、学生、教职员工的合法权益，真正体现教育法治的价值取向。

高等学校始终围绕自治权这个话题争论不休。一方面，高等学校抱怨自治权太少，行政部门的干预太多。而另一方面，高等学校可以几乎不受约束地对教师、学生做出处罚决定。究其原因：一是对法律中有关高等学校自治权的含义理解不够全面、透彻；二是现行有关法律对高等学校自治权的规定过于笼统，缺乏具体的解释，可操作性较差；三是依法行政、依法治教的观念和行为规范还没有完全确立，随意性的"红头文件"往往与法律法规发生冲突；四是高等学校自身对依法行使自治权的重要性认识不够；五是对高校自治权的理论研究重视不够。

本书在既有研究成果的基础上，对如何正确认识和规范高等学校自治权这一问题做了比较系统深入细致的研究，并提出了如下命题：高等学校的自治权存在着深厚的历史文化传统，高等学校依法享有自治权必然要从其内涵和法理基础上进行深度阐述，在对高等学校自治权的法权力（利）范畴正确解读的基础上认识建构起我国高等学校法治机制的重要性和紧迫性。自治权包括政治权力、行政权力、学术权力、监督权力，所有权力都必须靠法治机制保障运行。秉承法治理念，依法依规在高校内部完善决策机制、优化执行机制、注重学术机制、健全评价机制、强化监督机制、保障师生权益救济机制，在高校外部理顺学校与政府的协调机制、加强与社会市场的联系机制、创新与产学研紧密结合机制、拓展对外合作办学机制，以此形成规范和治理制度体系，为逐步实现高校治理体系和治理能力现代化，构建现代法治大学目标而努力。

第二章

高等学校办学自治权解读

第一节　高等学校办学自治权的渊源

一、高等学校是独特的社会机构

"大学"是有别于"高等教育"的，其内涵已经远远超出它"学者共同学习交流场所"的本义，表明它不仅仅是一个"高深学问"之所，最重要的是它作为一个独特的社会机构所包蕴的极其丰富的精神文化内涵。① 要理解现代"大学"之要义所在，就不能不了解整个大学精神传统形成之来龙去脉，同样，回溯传统又绝对不能不提及大学的自治。因为无论是从历史发端还是从当代西方大学精神传统的基本内涵角度来看，它们都与大学独立自主、自治的传统有着直接的渊源。

公元 10 世纪以后，西欧封建社会的手工业以及商业得到了很大的发展，城市在手工业和商业的促进下得以建立，出现了市民阶层，提出了对知识的新的要求。同时，断断续续近两个世纪的十字军东征，在客观上促进了欧洲文化教育的发展。也就在此时，旧的主教座堂学校中逐步形成了当时最早的大学，当时的学者模仿行业组织的形式形成学者集团（studia generalia），从教皇、国王

---

① 林玉体. 西洋教育史 [M]. 台北：台湾文景出版社，1986：206.

或皇帝那里争取到特许状及其他特权，成为自治性组织（大学）。中世纪大学的自治权有罢课和迁校权，免税、免役和司法审判权，授予学位和承认任教资格。

欧洲最早的大学，即萨莱格大学（意大利）、波洛尼亚大学（意大利）和巴黎大学（法国）。受这三所大学的影响以后逐步建立的大学有英国的牛津大学和剑桥大学、意大利的雷吉欧大学、法国的蒙皮立大学等。中世纪大学为自治性学术团体，分两种形式：意大利波洛尼亚形成了"学生的大学"，教师由学生雇用，学生选举校长；在巴黎形成了"先生的大学"，教师管理学校并组成"教授会"（faculties），教师选学生，毕业时教师行会授予一定的学位。"教授会"是"先生的大学"自治的核心。"教授会"指某类学科的教师团体，有的大学有文科、法律、医学和神学四个教授会，每个教授会推选一名"主任"（deca-nus），作为教授会的代表，"教授会"的主任和不同地区学生组成的同乡会的顾问共同推选出大学校长。"学生的大学"是在特殊的条件下形成的，以后逐渐走向消亡；"先生的大学"逐步形成发展起来。"教授治校"作为一种传统得以广泛推广，在"先生的大学"中，学生的某些权利仍得以保留，并成为后来大学管理模式的雏形。

中世纪的大学自治具有相对的独立性，它们的学术研究和言论对当时的舆论有很大的影响，在教会的神权和世俗政权的斗争中，大学成为它们所争夺的对象。学者行会为了抵制外界控制势力，利用国家与教会之间的矛盾，保持某种独立性，以求得自身的发展。但其自治仍不能违反国家或教会的原则，而是"通过某种方面服从于国家或教会前提下的自治"[1]，因为中世纪大学培养人才仍为封建社会服务，大学本身也是封建制度的产物。

中世纪后期，大学逐步被教会垄断，上述特权还是大多被延续下来。也正是因为拥有一定的自治权力，大学才始终能够在各利益集团间维持相对的独立。而这种相对的独立，也决定了大学不可能完全沦为社会任何其他部门的附庸。中世纪大学的自治传统并没有被后世的大学完全继承下来，却成为此后大学为争取自身独立地位而利用的文化资本。在宗教信仰已经退归私人领域，国家力

---

① 滕大春. 外国教育通史：第 1 卷 [M]. 济南：山东教育出版社，1992.

量日益强大的现代社会中，传统的大学自治权力虽然受到削弱，但它仍在部分领域特别是学术领域守住了自己的营盘。罗伯特·伯达赫对现代大学的自治概念做如下界定：大学自治包括实质性自治和程序性自治两种类型。① 前者指的是大学拥有自己确定组织目标和拟订计划的权力，而后者只能有实现目标和落实计划的权力。可以肯定地说，没有 800 多年的近乎遗世独立的固执，就不可能有今天的牛津大学和剑桥大学；同样，如果没有 1819 年美国著名的达特茅斯案的裁决，也不可能有现在的达特茅斯大学，甚至，是否还存在"常青藤联盟"都很难说。我们必须承认，拥有一定大学自主、自治的权力是各个大学形成自己特色，避免面目相似、整齐划一的前提条件。而且唯其如此，大学才能在较少地受到外界非正常的直接干预下，充分发挥自己的优势，寻求更广阔的发展空间。不但如此，正是大学的自治传统，才为大学营造了一个整体自由、宽松的精神文化氛围，并培养出一代代承前启后、富有个性化色彩的英才。

当然，绝对的大学自主与自治不仅现在没有，过去也不曾有过。无论在任何历史时期，大学都要受到外部社会环境的制约，尤其是资源条件的限制。中世纪的罗马教廷、王权，近代和现代国家以及社会各界都从各自的利益需要出发，采取不同方式，不同程度地介入大学内部事务。然而，要维持外部力量与内在平衡在理论上或许是可行的，实践中却绝非易事。但不管如何，无论在任何社会发展阶段，一个明智的社会都需要有大学这样能够适当地超越，有独立、批判意识的自治机构，自觉地承担起人类文化保留、发掘、传承和创造的伟大使命。即使是传统的自治，也因为其早已溢出了制度层面而成为一种精神理论。这一精神理论不仅造就了西方大学的学术自由的传统，而且陶铸了其内部成员所特有的不轻易随波逐流、特立独行的理性精神品格，酿就了弥漫于整个大学内部的浪漫主义气息和浓厚的人文主义关怀的氛围，这就是大学自治的价值所在。

---

① 彭虹斌. 西方五国大学自治的演变及特征 [J]. 湘潭师范学院学报（社会科学版），2002（4）：103.

二、我国高等学校办学自治权的渊源

从我国的"大学自治"理念与制度回眸中可以清晰地认识到教育的自主权与教育的民主、自由，在中国古代教育活动中都或多或少地存在着，只不过当时的言语表达有些区别，从战国时代的私学特点的阐述中就反映了这点："第一，私学是与官学分离的，它是独立的专门的学术和教育团体；第二，私学不是传递官府规定的教学科目，而是以本学派的政治和学术主张教授弟子，并希望弟子们学成入仕，辅助国君、大夫，将本学派的政治理想付诸实现；第三，教育对象扩大，突破了王族、奴隶主贵族的族类限制，基本上都有着'有教无类'的原则，吸收平民入学；第四，私学大师与王官分离，不享有世官利禄的特权，属于士的行列。"① 那时的教育思想是培养"内圣外王"的理想人才，这种人才最根本的要求是要志于道，做到"富贵不能淫，贫贱不能移，威武不能屈"。但战国以后，秦一统中国，开始了漫长的封建专制统治，教育主流已消融在封建专制统治之中，着重培养封建道德修养的官吏和经史人才，适应了封建时代的经济、社会文化建设的需要。

近代和现代中国高等教育的发展，注入了西方资产阶级民主、自由观念，出现了主张教育独立、学术自由的思想，并为反对北洋军阀、外国宗教势力，开展了教育独立、争取教育主权运动。蔡元培关于教育自由的思想对中国近代高等教育发展从理论到实践都是具有影响的。他于 1922 年 3 月在《新教育》杂志上发表了教育独立议，主张教育应脱离政党和教会而独立。他任北大校长时就努力推行"教授治校""学术自由""兼容并包"的教育政策。他主张教授治校、学术独立、学术自由的思想，对中国教育界及一些教育家都有影响，比如，他两任教育部长，对北大进行卓有成效的改革等，以至于胡适任北大校长时曾明确提出要保持当年蔡元培在北大时的自由精神。

我国近代意义的高等教育起步较晚，只有 100 多年的历史，所以高等教育

---

① 舒志定. 大学学术自治与学术自由的比较阐释［J］. 山西财经大学学报（高等教育版），2002（3）：45，48.

与发达国家相比有较大差距，但我国国民经济的迅速增长，市场经济体制的建立必然要求高等教育相应地迅速发展，甚至要求高等教育超前发展。西方高等教育发达国家的历史已经证明，国家很难包办高等教育，必须允许甚至鼓励社会力量举办高等教育，必须赋予作为高等教育基本主体的高等学校以一定的自治权。中外历史上私立高等学校的产生与发展也从一个侧面说明高等学校面向社会自主办学，能够调动高等学校的办学积极性，降低教育成本，扩大教育规模，促使高等学校调整学科、专业结构，以适应经济与社会的人才需求。

1949 年以来，我国高等教育领导体制的变迁大致经历了四个阶段：从 1949 年到 1958 年的高等教育领导体制是高度集中阶段，从 1958 年到 1962 年是中央向地方下放领导权的阶段，从 1962 年到 1985 年是统一领导、分级管理阶段，以 1985 年 5 月 27 日《中共中央关于教育体制改革的决定》颁布为标志的分级办学、统一录取的招生体制被打破阶段。

高等学校自主办学是 20 世纪 80 年代中期以来我国教育改革和发展的一个重要的管理思想和基本原则，其核心在于改变高等学校从属于政府部门的地位，使之真正成为面向社会自主办学的法人实体。改革开放以来，党中央、国务院召开过五次全国教育工作会议，对高等学校自治权的扩大和落实，给予了极大的关注和推动。1985 年 5 月 15 日至 19 日，党中央、国务院在北京召开了改革开放以来第一次全国教育工作会议，讨论颁布了《中共中央关于教育体制改革的决定》，明确指出了我国原有高等教育体制的主要弊端，是"在教育事业管理权限的划分上，政府有关部门对学校主要是高等学校统得过死，使学校缺乏应有的活力"，提出要"在国家统一的教育方针和计划的指导下，扩大高等学校的自主权，加强高等学校同生产、科研和社会其他各方面的联系，使高等学校具有主动适应经济和社会发展需要的积极性和能力"，第一次明确地提出了扩大高等学校自主权的问题。从此，政府对高等学校的宏观管理职能有所加强，高等学校的自治权有所扩大。

1992 年 10 月，党的十四大确立了建立社会主义市场经济体制的改革目标，高等学校的发展进入一个新的发展阶段。在这种背景下，1993 年 2 月，中央正式颁发了《中国教育改革和发展纲要》，提出高等教育体制改革的主要内容是解决政府与高等学校、中央与地方、国家教委与中央各业务部门之间的关系，逐步建立政府宏观管理、学校面向社会自主办学的体制。1994 年 6 月 14—17 日，党中央国务院在北京召开了第二次全国教育工作会议，中心任务是部署落实纲要的实施工作。高等学校的自治权向前迈进了一大步，从"扩大高等学校的自主权"发展为"通过立法明确高等学校的权利和义务，使高等学校真正成为面向社会自主办学的法人实体"。经过几年的努力，高等教育体制改革取得了突破性进展，形成了"共建、调整、合作、合并"八字方针的改革思路。

1999 年 1 月 1 日实施的《中华人民共和国高等教育法》为学校自治权的确立和落实提供了法律保障，使高等教育有法可依。1999 年 6 月 15—18 日，中共中央国务院召开了第三次全国教育工作会议，颁布了中共中央国务院《关于深化教育改革，全面推进素质教育的决定》，指出要按照高等教育法的规定，切实落实和扩大高等学校的自治权，强调"进一步扩大高等学校的招生、专业设置等自主权"，"加强对高等学校的监督和办学质量检查，逐步形成对学校办学行为和教育质量的社会监督机制以及评价体系，完善高等学校自我约束、自我管理机制"。这是对高等学校拥有充分的自治权，逐步形成面向社会依法自主办学的新机制的充分肯定，产生了积极而又深远的影响。

2010 年 7 月 13—14 日党中央、国务院在北京召开了第四次全国教育工作会议，这是新中国进入 21 世纪之后首次召开的全国教育工作会议。会议就《国家中长期教育改革和发展规划纲要（2010—2020 年）》做了全面部署，强调全面推进我国教育事业改革发展必须坚持教育优先发展战略，把坚持教育公平作为基本教育政策，保障公民依法享有受教育的权利。要全面提高高等教育质量，优化高等教育结构，加快创建世界一流大学和高水平大学步伐。强调各级党委要把教育改革发展纳入议事日程，党政主要负责同志要熟悉教育、关心教育、重视教育。

2018 年 9 月 10—11 日，党中央、国务院在北京召开了第五次全国教育大会。会议强调新时代新要求，坚持和发展中国特色社会主义必须优先发展教育事业，加快教育现代化，建设教育强国。教育是民族振兴、社会进步的重要基石，是功在当代、利在千秋的德政工程，对提高人民综合素质、促进人的全面发展、增强中华民族创新创造活力、实现中华民族伟大复兴具有决定性意义。教育是国之大计，党之大计。强调坚持党对教育事业的全面领导，坚持把立德树人作为根本任务，坚持优先发展教育事业，坚持社会主义办学方向，坚持扎根中国大地办教育，坚持以人民为中心发展教育，坚持深化教育改革创新，坚持把服务中华民族伟大复兴作为重要使命，坚持把教师队伍建设作为基础工作。更加重视、充分发挥高校在基础研究和原始性创新、突破关键核心技术中的重要作用。要减少各类检查、评估、评价，加强对办学方向标准、质量的规范引导，为学校潜心治校办学创造良好环境。

第二节　高等学校办学自治权的内涵

一、权力与权力的特征

何谓权力？中国近现代"权力"一词是由西学东渐传递而来，在英文中是"power"，意指"能力"，是指一个人或物影响他人或他物的能力。在近现代民主政治条件下，权力是通过合法或正当方式获得的对他人的支配权力。这一概念将权力限于正当的范围以内，以区别事实上的权力。权力的基本特征有三点。一是具有合法性。权力不是与生俱来的，它的获得必须通过选举、任命、委托、授权等合法或正当的途径。二是具有支配性。即权力主体对他人的行为具有支配作用，如他人拒绝服从，权力主体可以借用强制手段。三是具有扩张性。即权力主体都拥有扩张自身权力或滥用权力的倾向。正如孟德斯鸠所言："一切有权力的人都容易滥用权力，这是万古不易的一条经验。有权力的人们使用权力一直到遇有界限的地方才休止。"①

---

① 〔英〕泰伯. 变化着的大学自治的概念 [J]. 潘莉娟，译. 黑龙江高等教育，1996（2）：102.

二、办学自主权与自治权

目前关于政府和高等学校之间关系的讨论中，最核心的问题是大学自治。高等学校能否自治，如何自治，对自治和自治权如何科学界定、求证等，都需认真探讨。纳维说过，自治有着行文和政治上的定义。显然，自治的含义是不断变化着的。我们的目的在于对中国高等学校自治内涵的重大变化做出诠释，论证近年来高等学校自治权逐步扩大的现实和必然。

"自治"在《现代汉语词典》等辞典上的定义是："自我管理自己事务的权利。""自治权"是指"对自己事务在职责范围内的支配力量"。① 在当代，这种权利被教师们更多地运用，高等学校也将触角伸向深广。作为一种互补的形式，高等学校的目的在于学校的事务由内部来控制，所以由校内组织成员来决定人事等各种安排，由教师决定教学和研究的内容及学生的合法权益的维护，这就是高等学校和师生两方面的自治。具体地说，自治是一种权力，可使高等学校在不受外界干预下决定聘用教师，招收学生，审定教什么和怎么教，掌握自己的准则，确定自己在学术上的重点以及由内部决定未来发展的模式。

高等学校自治权是指高等学校依据法律、法规的规定，针对其面临的任务和特点，为保障办学活动能够依据其自身特点和内部客观规律的要求，排除外界包括政府的非正常干预，充分发挥其功能所必须具有的独立自主地组织实施、管理教育活动及其他有关活动的资格和能力，其中，自主权是自治权的核心与关键。我国高等教育法作为高等教育的专门法律，就高等学校的法律地位和自治权做了专门的规定。其中"高等学校"是指依法设立的大学、独立设置的学院、高等专科学校、高等职业学校、成人高等学校等高等教育机构。由于"大学"在其构成中占主导地位，且国民习惯于把它们一概称为"大学"，各类高等学校在法律上来说具有一致性，本书对其在一般情境与用语中并不严格地加以区分。在此需要说明的是，我国由于历史传统和现实实际，在法律和文件上没有"高等学校自治权"的提法，而是表述为"高等学校办学自主权""高等学

---

① 现代汉语词典 [M]. 北京：商务印书馆，1993：948, 1538.

校自主权"。西方中世纪大学和近代大学所享有的自治权,虽然使得大学具有一定的独立性,但也在某种程度上反映了当时大学与社会的隔离。我们所言的高等学校自治权是个相对的概念,高等学校拥有一定的自治权,并不意味着学校可以完全摆脱政府及其主管部门的监控,成为与世隔绝的"象牙塔",而是要依法接受政府的宏观调控与监督及社会其他因素的制约。所以本书中的"高等学校自治权"的含义是包括且超过"高等学校办学自主权"的含义的。这体现了法学教育理论既源于现实又高于现实的前瞻性,力求体现一种新的大学理念与精神。当然,在法律上,我们是把它们等同来对待的。

三、自治权概念的界定

高等学校自治权是一个相对的、发展的、有多层次含义的概念。所谓相对的概念,是指它包括两层含义。一是相对于政府的"必要控制"而言。① "高等教育越卷入社会的事务中就越有必要用政治的观点来看待它,就像战争太重大,不能完全交给将军们决定一样,高等教育也相当重要,不能完全留给教授决定。"② 大学越走近社会中心,其自治的程度受限制的因素就越多。政府是对全社会各方面的活动进行协调与控制的机构,作为社会活动组成部分的高等教育,不可能完全摆脱政府的控制而追求绝对自治权。在办学上强调绝对自主权不利于办学,也不可能办学。西欧各大学最终从中世纪时期完全与社会政治经济相脱离、完全自治的"象牙之塔"中走出来,由政府实行必要的调控便是例证。1998 年以来,我国高等教育的跨越式发展也足以说明政府决策的重要。政府对办学的控制是必要的还体现在政府往往根据整个社会发展的利益与需要,根据社会可能提供的条件,制定高等教育发展的方针政策,确定高等教育的发展规划,指导高等学校的办学方向。高等教育与社会其他事业的协调平衡,需要经由政府的调控而得以实现;社会对高等教育的许多要求,也要通过政府予以表达。总之,政府的"必要控制"有利于高等教育事业的发展。二是相对"多元

① 史华楠. 我国高等学校在依法治校中存在的问题及对策 [J]. 山东科技大学学报(社科版), 2002(1): 22.
② 〔美〕约翰·布鲁贝克. 高等教育哲学 [M]. 杭州:浙江教育出版社, 1987.

控制"而言。虽然高等教育有其内在的客观规律，有其独立性的一面。但随着社会主义市场经济体制的确立，高等教育与社会各方面的联系越来越密切，社会参与、影响高等教育办学的因素也越来越多，从而形成对大学的"多元控制"。这种"多元控制"对高等学校的发展有利也有弊。尽管如此，"多元控制"仍无法替代高等学校的自我控制，高等学校必须享有相应的自治权，实践其一定程度的自主和自治。

长期以来，我国高等教育体制大都是高度集权式的形式。高等教育的外在关系主要是与政府间的单一控制为主。随着社会主义市场经济体制的建立，高等教育与社会各方面的关系也正在逐步建立与发展。因此，对高等学校自治权的探讨既要相对政府"必要控制"而言，也要相对社会"多元控制"而言。

所谓发展的概念，是指历史时期的不同、国情不同、政体的不同和文化传统不同，使得"自治权"这一概念具有多样性的特点。无论是我国还是西方国家，从"办学自主权"或"大学自治"的产生发展演变来看，不同的时期都有着不同的特定内涵。即使同一国家，大学自治权在机构上和层次上的表现也不尽相同。英国的董事会、校务会、评议会和教授会，德国的评议会，美国的董事会、教授会等，各有权限，各负其责，各具特色。

所谓多层次含义，是指高等学校自治权可分为几个不同的层次：第一层次也即最高层次表现在整个高等教育的办学活动与政府控制和多元控制之间的关系上，高等教育办学所具有的自治权；第二层次表现在一所高等学校的办学与政府控制之间的关系上，高等学校办学中享有的自主权；第三层次表现在一所高等学校的整体办学与校内各组成部分及教职员工和学生之间的关系上，校内各组成部分与教职员工和学生在办学中享有的自主权；第四层次表现在一所高等学校的整体办学与民办公助独立设置的二级学院之间的关系上，各自在办学中所享有的自主权。四层次自主权的划分既有宏观的，也有微观的；既有客观的，又有主观的，其实质是享有自治权的多主体性的反映。四个层次中最重要的是第二个层次，因为第二个层次的自主权，不仅是第一层次自主权的具体体现，也是第三、四层次自主权的可靠保障。

第三节　高等学校办学自治权的特征

一、高等学校自治权具有自主性

所谓自主性，就是高等学校在遵循国家的法制规范、接受社会的宏观调控的同时，拥有根据社会需要和自己的办学条件决定自己的发展规模、速度、结构、目标等事宜的基本权力，是决定自己发展模式的权利主体。"办学自主权是一个法律问题。"① 法律的问题必须用法律手段来解决。高等学校法人是指依法设立的，以培养具有大专以上学历的人才为目的，具有独立的财产权和自治权限的社会组织。高等学校法人作为教育法人的一种类型，其权利与义务除由有关教育法律法规予以规定外，其主要的特征即"自主性"。高等学校的自主性以高等学校享有独立的财产权和自治权为主要内容。高等学校自治权是指高等学校依法自行决定办学的事务不受任何单位、个人非法干预的权利。这种权利是高等学校作为具有独立意志的高等学校法人的前提。而独立的财产权是指高等学校依法享有对国家和其他主体投资、捐献财产的占有、使用、收益、处分的权利。它是高等学校享有自治权的物质基础。高等学校如不具备这两种权利就不能成为高等学校法人。

自主式发展是市场经济体制对高等学校运行机制的内在要求。如果说非市场经济体制下需要高等学校成为政府直接管理的部门，那么全球化的形式下则需要高等学校成为自主运作、自我调适、自求发展的办学主体。只有高等学校成为独立的办学主体并拥有发展的自主权之后，其才可能真正建立起对经济建设和社会发展的主动适应机制，培养的人才和创造的科技成果才能和社会需求紧密地结合起来，并在市场中实现或提高自己的价值，才可能在市场和社会中获取必要的发展资源从而实现自己的发展目标。所以，自主性，既是高等学校

---

① 王景斌. 依法治校论要 [J]. 东北师范大学学报（哲学社科版），2000（2）：16.

更好地为经济建设和社会发展服务的前提条件，也是其在全球化的背景下释放自己的发展潜能，实现自我发展目标和有效自治的需要。

二、高等学校自治权具有开放性

高等学校自治权的大小与社会发展进程息息相关。高等学校作为办学实体，应具有与其功能、职责、任务等相互匹配的权利，但由于国别、制度、时代观念的不同，对自治权的认识和确定有很大差异。与传统办学模式的封闭性相比，自治性的办学模式是开放性的。从严格意义上来说，任何时代、任何体制下的高等学校的办学模式都不是全封闭的，作为一个实体，必然要与政府、主管部门形成信息和资源交流关系，作为社会系统中的一个小系统，也必然和社会有着千丝万缕的联系。这里所说的"封闭"，主要指传统体制下高等学校在发展方式上与社会需求、社会资源之间的割裂。

如果说传统发展模式中的封闭性是非市场经济体制的必然产物，那么走向开放，则是全球化和市场经济体制对高等学校发展改革的必然要求。高等学校要发展，主要靠自己，靠参与竞争，到市场广阔的社会中去争取资源，意味着高等学校必须走向社会、走向世界、走向开放。

三、高等学校自治权具有被动性

高等学校无论是适应社会经济形势所需的办学，还是在自身改革和发展过程中的办学，大家都深感学校的发展严重受到自主权不充分的约束，仅仅靠高等学校自身的努力要使其真正持续发展是非常困难的。因为政府与高等学校双方关系是政府处于主导、决定性地位，高等学校处于从属、被领导地位，高等学校只能在某一方面、某一事项中产生间接作用，而政府在与高等学校发生关系时，对高等学校能产生直接、权威性的或促进或限制作用。这就决定了高等学校在争取自治权方面总是处于被动地位，所获得的自主权也只能是相对的、有限的。所以说，高等学校自治权的问题确实不能由高等学校自身的努力来解决，它只是政府对这一问题的认识程度和放权力度在高等学校的一种综合反映。

随着社会的不断发展，作为具有基础性、先导性和全局性作用的高等学校与社会相互依赖的程度必然会越来越加强，当代的高等学校绝不能再是游离于社会之外或社会边缘的一种机构组织，而将成为知识和人才支撑的中心组织，其对社会和经济的作用会越来越明显。

四、高等学校自治权具有自律性

在高等学校自治权问题上，高等学校自身所关注的是要求政府放权，学校争取尽可能多的自治权力。而外在的主体，包括政府、社会及其他利益相关体所关心的是学校能不能行使好自治权。在当今许多国家的高等教育管理改革中，扩大自治权往往是与建立责任制同时进行的，自治与责任是辩证统一的。应该说，这样做是科学的、合理的。缺乏制约、监督的权力是一种极端的权力，难以保证它的有效运用。靠人格修养，靠事后处理，大多难以避免滥用权力，其所造成的后果往往是只享有权利，不承担责任，不履行义务。所以，在一些法制健全的国家里，没有不重视权利和责任的统一的，在改革中都努力确保权力与责任同时到位。

自律问题是一个新问题，尤其是在自治权越来越大、自由度越来越广的情况下，高等学校必须提高自律意识，建立相应的自律机制和自律规范，使权力的使用受到制衡，保障权力合理而有效地得以使用。自律也是高等学校自身的学术活动，学术活动就须遵循自身的发展规律。自律与落实学校自治权、扩大学术自由有着直接、密切的关系。如果不建立起自律机制，那么高等学校就只有靠他律，也就是靠政府的控制与管理来保证其办学的正常运行。这种他律机制要逐步弱化。自律可以通过多种机制来实现。从国内外高等学校的自律机制来看，主要有这样几种：一是高教界的自律机制，即依靠高等学校联合会、大学校长协会、私立大学联合会、私立大学校长协会等高等学校之间的互助和协作组织来协调各高等学校的办学行为；二是学术界的自律机制，即依靠各种学术团体、专业协会、学会等学术性组织来协调或制约高等学校各学科、专业的办学行为和教师的学术活动；三是学校内部的自律机制，即依靠学校内部的行政系统力量和教师民主管理力量之间的制约与协调，来保证学校各项工作的正常有序运行；四是依靠学校内部管理的传统、规范和习惯等，创新法治机制就是最佳的自律机制。

第四节　高等学校办学自治权的关系

一、高等学校办学自治权与政府的关系

在社会主义市场经济的发展过程中，如何理解与处理高等学校、政府、市场这三者之间的关系正在成为高等教育理论研究的一个重要课题。在计划经济体制下，高等学校从来就是政府下属部门的直属机构，从学校管理到教学活动，高等学校不折不扣地执行着政府的计划，政府直接指导着高等学校的具体办学实践。这样一种"行政关系"显然不能适应高等学校走向市场的要求。在市场经济体制下，高等学校与政府应该确立一种必须属于法律法规所规定的新型关系，即明确高等学校的法律地位是探讨市场经济体制下高等学校与政府之间关系的关键所在。

高等学校自治权是高等学校与政府之间关系的核心问题。从国外情况看，西方国家大学与政府之间的关系主要分政府控制型、政府监督型和政府协调型三种。政府控制型也称为"大陆模式"，其主要特征是国家对高等学校有着很强的控制力和影响力，以法国为典型代表。政府监督型，又称为"英美模式"，较之于大陆模式而言，政府的影响比较微弱。大学被赋予法人地位，有较大的自治权，政府的任务则在于对高等教育系统予以监督，使用宽泛的原则加以调控。政府协调型是介于政府控制型和政府监督型之间的一种关系模式。从世界各国政府与高等学校之间关系改革的趋势看，传统上强调中央集权和严密控制的国家，一般都努力扩大高等学校的自主权，而传统上强调大学自治和教授治校的国家，则在加强政府的管理和宏观调控。我国传统上的高等教育管理体制是一种管理权力高度集中的管理模式，随着社会经济与高等教育自身发展，这种体制难以适应新的时代需要，因此，我国加强了高等教育体制改革，政府向高等

学校放权，给予高等学校一定的自治权。

当前，教育水平已成为国家综合国力的主要标志之一。为了增强国力，各国都相继加大了对教育的投入和控制，政府对公共教育的集权垄断已成为主宰各国公共教育的主要管理模式。但越来越多的实践表明，政府对公共教育尤其是高等教育的集权垄断所带来的结果是教育的低质和低效、人力和财力的巨大浪费以及对社会需求的漠视。随着政府自身的改革，政府的组织模式和管理方式也发生了变革，教育分权成为各国对高等教育体制的组织重构和创新再造所达成的共识。

我国高等教育法自 1999 年 1 月开始实施，对高等学校的法律地位及高校与政府的关系以国家法律形式做了明确规定，给予了高等学校的自治权，在我国高等教育发展史上具有里程碑意义，为使我国高等教育走上依法治教的轨道奠定了坚实基础。此后，国家又出台了一些关于扩大高等学校自主权的政策性文件，高等学校自主权的范围在不断延伸。

可见，在政府分权政策主导下赋予高等学校更多的自主权，已成为世界高等教育改革的一大热点和亮点。这种改革反映了各国政府希望赋予高等学校独立的法律地位，使其成为能够自主决策、自负其责的社会主体。以西方人喜欢用的"钟摆原理"来形容大学与政府的关系，如果说在 20 世纪政府通过各种手段控制了高等学校，在政府干预与高校自主的互动中，钟摆是向政府方向转动，那么，自 21 世纪开始，钟摆已开始向高校自主倾斜。可以预言，这一趋势将在 21 世纪持续下去。当然，这绝不是恢复大学象牙塔传统，而是在新的时代条件下赋予高等学校自主办学与法人地位的新内涵，建立新的规范，构建新的机制。

二、高等学校办学自治权与社会主体（市场）的关系

在"二战"结束以后的 20 年左右的时间里，诸多因素促成了西方发达国家高等教育发展史上的"黄金时期"。这些因素包括战后经济增长的需求与推动，民权运动高涨，教育民主化口号深入人心，人力资本理论的勃兴及战后形成的东西方两大阵营之间竞争的需要等。这一时期西方发达国家高等教育发展的显著特点是高等教育从精英教育向大众化教育发展，大学一枝独秀的局面被打破，

高等教育机构向多样化方面发展，市场调节与社会参与的功能渗透进来，并最终形成高等学校、政府、市场（社会）之间相互依存、相互促进并相互制约的运行机制。直到今天，这一机制仍无重大变化，只是完善创新，其原因是它能适应社会发展规律。这一变革和发展过程，是高等学校在市场（社会）中重新定位，面向社会，寻求活力和创新发展的过程。无疑，在这一机制创新完善的过程中，政府起了决定性的主导作用。

通过立法，规定高等教育的政治方向及其服务于本国国防建设、经济发展、社会公平的目标。通过大量投资，确定高等教育发展的战略重点，制订教育规划，协调高等教育发展总体规模、速度与布局。改革拨款方式，运用市场手段、引进竞争，迫使学校改变"为学术而学术"的象牙塔传统，而面向社会需求办学，使学校直接面对市场竞争。通过立法，对董事会的组成做出规定或政府直接参与董事会。与此同时，鼓励社会力量参与和监督高等学校的运行。这些力量包括雇主、工会、行会、学生家长等。他们以各种方式参加学校董事会、评议会、审议会，以及拨款委员会、质量评估、职业资格认可等，参与并监督学校重大政策、规划的制订和教育教学管理，以保证学校教育不脱离社会需要。

在知识经济与知识社会中，新的知识、新的技术，甚至新的思想，都可以成为商品。创新和传播新知识、新思想，在传统上被认为是大学的主要功能之一。在新的知识经济和知识社会中，这一观念将进一步得到扩展。高等学校不仅应当创造和传播新的知识，而且应当利用自己掌握的知识、技术参与市场竞争，直接创造财富，达到自身发展和为社会服务的目的，从社会的边缘走到社会的中心。在这种背景下，各国对大学的限制必将有所强化。中国的校办企业，经过40多年的实践与探索，在实行"所有权与管理权分开"后，诸多担心已被解决，并走上了健康发展的轨道。这不仅大大缓解了很多学校发展所面临的经费短缺状况，带动了学校面向社会办学，有助于培养和造就新型人才，而且开创了知识经济时代高等学校办学的新模式，指明了高等学校在知识经济时代的新的地位和功能。中国的这一实践，已经并将继续得到国际高教界的认可，为推动世界高教的改革做出新贡献。事实上，马来西亚1996年开始的大学法人化改革，泰国1998年通过的新的教育法确定的"2002年使所有公立大学成为自治法人"的目标，日本确定的 2003 年所有国立、公立大学都要成为"独立行政法人"的改革方向，都在稳定国家对高校的投资的同时，允许高等学校从事独立法人可以从事的各种活动，包括商业活动，以解决学校发展所需要的经费问题，并推动学校面向社会办学。

增加社会对高等学校的关注程度在理论上构成了对高等学校自治的规范，但要在实质上加强社会对高等学校办学的参与，还必须采取制度性措施。比如积极鼓励社会各界投资教育并切实保证投资人在学校管理中应有的权利，鼓励和动员社会参与对高等学校的监督和评估，完善社会参与学校管理的措施等。为此，我国《高等教育法》第 11 条规定"高等学校应当面向社会，依法自主办学，实行民主管理"，第 30 条规定"高等学校自批准设立之日起取得法人资格"。法人问题源于民法，我国民法通则规定了法人的定义和条件，高教法的上述规定即是与民法相衔接，确认高等学校在民法上的主体资格，以保护其民事权利，并规范其民事行为。

当然，高等学校的办学自主，不能以非职能的工作为己任。要坚决杜绝高等学校名为社会服务，实为"经济动物"。高校的公益性与社会的公共性必须兼顾统一。高等学校要依法依规自主办学，正确进行市场定位，首先面对的就是市场经济体制和利益的诱惑。专家学者普遍认为，市场经济的价值取向与高等学校行为准则的反差，使得人才培养不能完全听从市场的引导，学校的市场定位需要综合考虑市场引导和内部规律两个方面。要根据教育自身的规律进行鉴别，做出选择。符合教育内部规律的自主办学，才可以有效地抑制逐利思想。符合市场需要的同时要有利于学校健康持续发展。

三、高等学校法人关系属性的简读

高等学校的自治权，是我国教育管理体制改革的结果，它反映了政府与学校间权力配置的变化要求。高等学校扩大了自治权后，提高了遵循教育规律的主动性和适应社会的自主行为能力。但是，随着高等学校自治权的行使和决定权的行政事务范围的扩大，学校独立意志的合理与合法问题也日益凸显出来。高等学校在学校内部行使自治权而发生纠纷，作为被管理者的一方（学生或教师）能否提起诉讼，提起行政诉讼还是民事诉讼，这一问题成为法学界、教育界和审判实践中争议的焦点。我们认为，解决问题的切入点应首先明确高等学校自治权的性质，对高等学校角色的正确定位，才能使高等学校能正确处理依法治教与自治权的关系，使教学管理既遵循教学规律，又符合法律要求。

我国高等学校的性质被定位为事业法人单位。事业单位是国家为社会公益目的，由国家机关举办或者其他组织利用国有资产举办的，从事教育、科技、文化、卫生等活动的社会服务组织。而事业单位一般是被排斥在行政主体之外的。但是，为了适应瞬息万变、日益广泛的行政需要，有时国家直接通过法律将行政权的一部分授予国家行政机关以外的组织，司法实践中也往往以此为依据把教育纠纷纳入行政诉讼，在其参加的民事活动中则由其承担民事责任。

不论是在公办高等学校还是民办高等学校，学生进校以后，可以视为学生与学校签订了以招生简章为主要内容的契约，而形成了契约关系，而教师都是由校长聘任的，理所当然地是与学校存在合同关系。学校未按合同或招生简章履行义务，可视为违反了合同义务，学校应当承担违约责任。

我国《高等教育法》第30条规定："高等学校在民事活动中依法享有民事权力，承担民事责任。"在我国具有特定的含义，即它是《民法通则》第36条所规定的"具有民事权力和民事行为能力，依法享有民事权力和承担民事义务的组织"。按照法学界的解释，"从严格的意义说，法人只是民法上的一个概念。换句话说，社会组织只有在进行民事活动时，才以法人的身份出现，受民法的调整。离开民事领域，它们便是性质各异的社会组织，其活动就不由民法调整，而受其他部门法的调整"。据此，我们是否可以这样认为，高等教育法中所规定的"法人"是民法意义上的法人，意味着高等学校"在民事活动中依法享有民事权力，承担民事责任"？不难看出，在对高等学校作为法人的理解上，我国和西方国家之间存在着一定的差别。在西方大学界看来，高等学校的法律地位"不仅"指法律条文中所规定的大学的法的性格，还与包含价值观在内的大学法治本质的理解相关联。具体来说，高等学校的法律地位主要是指"在与权力关系中的大学的存在形式"。这种观点对我们理解和把握在市场经济条件下我国高等学校的法律地位是有一定的参考价值的。假如我们只将高等学校的法律地位理解为获得法人资格，这实际上对于理解高等学校与政府的关系没有太大的意义，因为这种法人仅仅适用于民法规定的范围内，而且按照民法的规定，即使是政府机构，也可以具有法人资格。（《民法通则》第 50 条第 1 款规定："有独立经费的机关从成立之日起，具有法人资格。2020 年 5 月 28 日第十三届全国人大第三次会议通过的民法典仍确认了这一提法。"）而只有从高等学校与政府关系的角度去理解高等学校的法律地位，并在法律中对政府的管理权限和高等学校的性质做出明确的规定，才能找到在市场经济体制下高等学校法人属性恰当的定位，为高等学校的发展开辟广阔的空间。

第三章

高等学校办学自治权与法治机制

第一节　高等学校办学自治权

高等学校自主办学是我国现代高等教育发展的大趋势，也是社会主义市场经济的客观要求，因而《高等教育法》第11条明确了"高等学校应当面向社会，依法自主办学，实行民主管理"。这就为高等学校自治权提供了法律依据，这不仅是我国高等教育事业的一大进步，更表明我国高等教育法制向法治化进程正在逐步加快。高等学校自治权的法定化，不仅是一个规范化的问题，同时更是一个十分严格的法权问题，因为法律具有普遍的约束力和强制力，行政权力在高等学校自治权中的支配因素将因法律的颁布和实施而有所弱化。高等学校自治权一经法律的设定，那么在实践中就带来一个如何理解和把握这个自主权的范围和权限的问题。高等教育法规定的高等学校自治权，从范围上可以分为三个方面、八项内容；从权限上可以分为有限自主权和完全自主权两个层次。从范围和权限这两个维度来理解和把握高等学校自治权，是切实实施高等教育法关于高等学校自主办学权的立法精神的关键。

一、独立的财产权

（一）民事主体地位和民事权利

民事主体地位和民事权利看似仅是规定高等学校的法律地位，但实质上体现着法律对高等学校的独立的经济地位的承认与保护，经济性是其本质属性。所以这项权利得归类为财产权的范畴。《高等教育法》第31条第1款规定："高等学校自批准设立之日起取得法人资格。高等学校的校长为高等学校的法定代表人。"法人问题源于民法，我国民法通则规定了法人的定义和条件，高教法的上述规定即是与民法衔接，确认高等学校在民事法律关系中的独立主体地位，高等学校可以以法人的身份独立自主地参加民事法律关系，并按照该条第2款的规定，"依法享有民事权利，承担民事责任"。高等学校要办学，就必须参加诸如买卖、建筑、供用水电等民事法律关系，这就要求法律确认高等学校法人的主体资格，以保护其民事权利，并规范其民事行为。

（二）财经自主权

《高等教育法》第38条规定："高等学校对举办者提供的财产、国家财政性资助、受捐赠财产依法自主管理和使用。高等学校不得将用于教学和科学研究活动的财产挪作他用。"这条规定表明高等学校的财经自主权是有限自主权。这个自主权的有限性表现在三个方面：自主管理和使用的财产权范围限于举办者提供的财产、国家财政性资助、受捐赠财产。对上述三类财产的自主管理和使用必须依据有关法律法规，按照规定应当用于教学和科学研究的财产必须专款专用，只能在教学和科研的范围内使用。高等教育法做出这样的限制有利于保证高等学校按照教育规律开展办学活动，实现该法规定的高等学校的任务。

二、自主的办学权

（一）招生和推荐权

从1985年开始，各地便实行招生工作"学校负责，招生办监督"的新招生体制。1987年5月13日，国家教委颁发了关于扩大普通高等学校录取新生工作权限的规则，对高等学校新的招生体制以部门规章的形式做了规范性的规定，高教法在此基础上做了进一步的明确，并扩大了高等学校的权限。《高等教育法》第32条规定："高等学校根据社会需求、办学条件和国家核定的办学规模，制订招生方案，自主调节系科招生比例。"这条规定表明高等学校的招生自主权，从总体上看是有限自主权，不是完全自主权。表现在高等学校办学的规模，即学校学生的总数及每年的招生数必须经过国家有关部门的审核批准，高等学校不能自行确定；高等学校的招生方案还必须根据社会需求和办学条件的实际情况来制订，不能只根据自身发展的需要制订，更不能随意制订。高等学校要求独立的招生和分配权，就是指高等学校依据有关规定，在保证高等教育质量和依照国家宏观指导的前提之下，从实际情况出发，自主确定招生办法和招生形式，打破"一考定终身"的现行招生办法，一年举办几次考试，招生规模是多少，计划内、计划外各招多少，在哪些区域招生等，考试形式是单独命题、单独考试，还是协商命题、诸校联考，或者统一命题、全国统考，这些都应该由学校或学校间在遵循国家的有关规定、参照国家既定的标准，并在省区市的统筹规划下自主确定。对于毕业生就业问题，根据近几年自主招聘与应聘情况看，已经完全可以推向市场，由就业单位和毕业生实行双向选择，高等学校只向有关单位推荐其毕业生。各学校的专业及其学生培养质量的优劣应当由市场做出公正的评价。

（二）学科设置自主权

《高等教育法》第33条规定："高等学校依法自主设置和调整学科、专业。"这条规定表明高等学校的学科设置权是一个完全的自主权。由于受多种因素的综合影响，不同地区的经济、文化发展程度是不一样的，所以，要允许高等学校根据其所在地区的不同需求，参照国家招生目录，因地制宜、因时制宜地自主设置专业，或者调整专业结构、专业范围。但是学科设置自主权作为完全自主权是在高等教育法意义上而言的，并不是说这个自主权可以适合该法规定范围之外。具体地说，高等学校的学科与专业应当按照教育部的有关规定进行设置，即原则上不能设置普通高等学校本科专业目录及专业方向以外的自创名称的学科与专业，这就是该法本条所规定的"依法"的含义之一。法律做出这样的规定，有利于保证高等学校的教学秩序。

（三）教学自主权

《高等教育法》第34条规定："高等学校根据教学的需要，自主制订教学计划、选编教材、组织实施教学活动。"这条规定表明高等学校的教学自主权是完全自主权。教学自主权包括三个方面，即制订教学计划权、选择教材权、组织实施教学活动权。这三种权利的自主行使是由高等教育自身的特点决定的，高等教育不同于基础教育，它是专业教育，高等学校只有根据各个专业的特点和社会的需要确定和调整教学计划、选择教材、组织实施教学活动，才能培养出有创新精神和实践能力的高级专门人才。但这条没有规定教学大纲的问题。对于教学大纲效力的认可问题，理论界存在争议，高等教育法采取了回避的态度，这应当说是高教法的一个缺憾。①

（四）科研开发和社会服务权

《高等教育法》第 35 条规定："高等学校根据自身条件，自主开展科学研究、技术开发和社会服务。"高等学校不仅是教学单位，而且是研究机构，科学研究历来就是高等学校的重要任务之一。高等学校根据自身条件，自主进行科研活动，有利于调动高等学校的科研积极性。技术开发和社会服务是促使科学技术向现实生产力转化的重要途径，我国将改变科学技术成果束之高阁的状况，高等教育法把技术开发和社会服务与科学研究并列规定为高等学校的权利，足见国家对高等学校技术开发和社会服务的重视。本条还规定了两个导向性条款，即"国家鼓励高等学校同企事业组织、社会团体及其他社会组织在科学研究、技术开发和推广等方面进行多种形式的合作"，"国家支持具备条件的高等学校成为国家科学研究基地"。这条规定表明高等学校的科技开发和社会服务权不仅是完的自主权，而且国家还要通过多种形式鼓励和支持高等学校开展科学研究、科技开发和社会服务。这充分表明高等学校在科教兴国和人才强国战略中所具有的重要战略地位，体现了国家对高等学校作为培养文化科技人才阵地的高度重视。

（五）交流合作自主权

《高等教育法》第 36 条规定："高等学校按照国家有关规定，自主开展与境外高等学校之间的科学技术文化交流与合作。"这条规定在权限的性质上同学科设置自主权相类似，交流合作权虽然是高等教育法意义上的完全自主权，但这个自主权是受到较多限制的。这就是说，高等学校在行使交流合作自主权时，

---

① 李葳. 关于高教改革的几个问题 [J]. 高教探索，1998（2）：43.

其活动范围不要超出我国法律的管辖范围，并且这个交流合作自主权在该法中也仅指与"境外高等学校"之间的交流与合作，不适用于同境外其他组织、团体和个人之间的交流与合作。因此，在权力使用范围的目标上有严格明确的限定。同时，在权力使用的内容上也有具体的限制，即交流合作的内容不能超出"科学技术文化"的范围。再者，高等学校在开展与境外高等学校之间的科学技术文化交流与合作时，在程序上和有关的实体内容上，还要遵循国家的有关规定，这是由这种交流合作的特殊性所决定的。

三、法定的管理权

（一）机构设置与人事管理自主权

《高等教育法》第37条规定："高等学校根据实际需要和精简、效能原则，自主确定教学、科学研究、行政职能部门等内部组织机构的设置和人员配备；按照国家有关规定，评聘教师和其他专业技术人员的职务，调整津贴及工资分配。"这实际上规定了两个方面的内容：一是关于高等学校的内部组织机构设置及人员配备，二是关于教师及其他专业技术人员的学术待遇与收入分配。按照这两方面内容的差别，似应分为两条规定，但是，由于两方面的内容在具体操作与运行过程中实质上的联系比较紧密，在立法技术上将二者合为一条也是合理的。所以这一条实质上赋予了高等学校两方面的自主权：一是机构设置权，二是校内人事管理自主权。但是这两个自主权都是有限自主权。关于机构设置权，该法本条虽然没有做出明确的限定，却规定了行使机构自主权的基本原则，即精简、效能的原则，高等学校在确定内部机构设置时，必须遵循这个基本原则，不符合这个基本原则的机构设置是违反高等教育法的。关于内部人事管理权，该法本条也规定了限制性的内容，即高等学校在评聘教师和其他专业技术人员的职务和调整校内津贴及工资分配时，不能违反国家的有关规定，权力的行使有事实上的限制范围。

（二）行政管理权

一是纪律处分权。教育部修订的《普通高等学校学生管理规定》第53条规定，对犯有错误的学生，学校可以视情节轻重分别给予警告、严重警告、记过、留校察看、开除学籍五种纪律处分。高等学校纪律处分行为与学生的受教育权紧密相连，严重的纪律处分一旦运用不当，亦能对学生名誉、荣誉构成负面影响。二是毕业证颁发权和学位授予权。按照高等教育法以及学位条例的规定，高等学校颁发学位、毕业证主要涉及对学生学习情况的证明，学术水平的评价，虽然它本身不是一种行政权力，但它的确认和形式化是行政权力所赋予的，并且它作为一种存在于教育者和受教育者之间的学术支配关系，高等学校依其所做出的行为正当与否能给学生带来很大的影响。而且，毕业证书的取得与学生将来的就业、收入及社会评价息息相关，因此高等学校行使此权力时要规范化和程序化，避免绝对性与随意性。

（三）其他有关权力（利）

制订规划权。高等学校应根据社会经济发展需要与自身办学条件，自主制订学校阶段性的发展规划。这既符合法律、政策的规定，又符合教育自身发展的规律，因为高等学校资源的潜力、规模的发展，只有学校自己才最清楚。自主筹资权。自主支配资金，除了政府直接拨款要专款专用之外，高等学校还应积极创造条件，自主向社会各界筹措教育经费，合理安排用途，不必事事申报、层层审批。除了上述权力外，高等学校办学自主权还应包括法律、法规和政策规定的其他相关权力和权利事项。

第二节　高等学校自治权性质

高等学校最重要的职能在于为国家和社会培养人才，创造、传播文化科学知识，服务社会。其教育的社会权利属性就决定了教育事务的公共性质。高等学校除了进行日常的教学和科研外，还必须有一定的管理权力来管理校务，维护日常教学科研秩序，落实国家教育政策、方针，行使教学科研管理职能。高等学校的自治权与高等学校的公共职能具有内在一致性，高等学校的自治权在本质上是一种公权力。

一、高校自治权是行政管理权

高等学校与政府的法律关系，应归属为行政法律关系。这类关系以权力服从为基本原则，以领导与被领导的行政管理为重要内容。对于政府而言，依法对高等学校进行行政管理、行政干预，施加行政影响；高等学校不履行其法定义务时，政府机关可强制其履行。对于高等学校而言，必须服从这种行政管理，同时对政府行使以批评、建议为中心内容的监督权；当政府不履行规定的义务时，高等学校只能请求其履行或通过申诉、诉讼加以解决。由此可见，高等学校与政府之间的这种法律关系具有不对等性。政府居于领导地位，对高等学校进行宏观调控，行使自己的管理职能，高等学校依法行使自己的权利。这种关系在教育法律规范中得以体现。我国高等教育法规定："国务院教育行政部门主管全国高等教育工作，管理由国务院确定的主要为全国培养人才的学校。""省、自治区、直辖市人民政府统筹协调本行政区城内的高等教育事业，管理主要为地方培养人才和国务院授权管理的高等学校。"政府主要通过制定高等学校设置标准、审批新建大学、评估和监督等履行其管理职责，对高等教育发展予以宏观管理和统筹协调，对高等教育的规模、结构、质量、效益等方面予以调控。

二、高校自治权是法律授予权

高等学校自治权产生的过程是高校基于法律法规的授权而享有自治权。《高等教育法》第 21 条规定"国家实行学业证书制度。经国家批准设立或者认可的学校及其他教育机构按照国家有关规定，颁发学历证书或者其他学业证书"。第 22 条规定"国家实行学位制度。学位授予单位依法对达到一定学术或者专业技术水平的人员授予相应的学位，颁发学位证书"。第 28 条规定，学校及其他教育机构行使下列职权：对受教育者进行学籍管理，实施奖励或处分；对受教育颁发相应的学业证书等。《中华人民共和国学位条例》第 8 条规定"学士学位，由国务院授权的高等学校授予"。可见，高等学校自治权是政府下放给高等学校并由高等学校在法律法规授权范围内独立行使的行政权，这是一种必须根据公认的合理性原则行使的公权力。

三、高校自治权是行政行为权

高等学校的自治权的内容是具体的行政行为，如各级各类高等学校的招生都纳入国家计划，学籍、学历更是行政机关严格管理的内容。高等学校在进行管理时做出的决定对学生的影响是巨大的，不颁发毕业证、学位证，或开除学籍、勒令退学等，对学生的名誉及将来的事业和发展将产生极大的影响。高等学校的这些行为，对与其地位不平等的学生而言，是具有确定力、约束力和执行力的，是典型的行政行为。尽管这类行政行为受到挑战，但目前我国是将高等学校作为法律法规授权的组织来对待的。不过，随着今后私立大学的增加，其地位是否与公立大学有所区别等相关问题，也应在法律法规中加以明确。高等学校与学生之间的法律关系也在进行调整。第一，从高等学校是一种教育机构看，高等学校与学生是教育与受教育的关系。我国教育法、高等教育法对于学校与学生在教育活动中的权利义务都分别做了规定，带有平权型法律关系的特点。第二，从高等学校是一种组织系统，学生是其组织成员的权利义务和地位区别来看，高等学校与学生又是管理与被管理关系，是隶属性的法律关系。所以，高等学校与学生间的法律关系是一种结构复杂的法律关系。① 既不是典型的民事关系，也不是典型的行政关系，而是具有特别权力因素的公法关系。

四、高校自治权是国家公权力

关于高等学校的自治权及其法律性质，众说纷纭，莫衷一是。很多学者认为，高等学校自治权是基于高等学校法人地位而必须具有的权利，持这种观点的人认为按照我国民法通则的规定，法人成立的要件是：依法成立，有必要的财产或者经费，有自己的名称、组织机构和场所，能独立承担民事责任。由此看来，高等学校一经批准设立，即具有独立的法人资格。我国高等教育法也明

---

① 姜明安. 行政法与行政诉讼法 [M]. 北京：北京大学出版社，高等教育出版社，1999：19.

确规定：“高等学校自批准设立之日起取得法人资格。高等学校的校长为高等学校的法定代表人。”“高等学校的校长全面负责本学校的教学、科研和其他行政管理工作。”但即使如此，高等学校的自治权也不完全是一种法人权利。因为从法人权利和来源来看，主要有两个：一是民法的规定，一是要约合同。我国高等学校的许多自主权如教学、科研、专业设置等权利在民法中并未做出规定。因此，如果单纯认为高等学校自治权仅仅是一种法人权利是很不全面的。实际是在很大程度上它来自政府与高等学校之间的权力再分配，即政府放权。扩大高等学校自主权正是为了减少或避免政府对高等学校具体事务的直接干预，并且这已成为世界各国高等教育体制改革的一种共同趋势。通常说来，政府行使的权力属于公权，而高等学校自治权主要是“教育权”，是国家公权的一种①。因而就其法律性质而言，公权力是其主要特征。

第三节　高等学校法治机制的行使原则

高等学校法治机制依其对高等学校管理关系调整的确定性和规范性，可分为规则、原则、基本原则三类。规则对高教管理关系的调整最为确定，最为具体，可操作性强；原则对高教管理关系调整的弹性相对较大，规范较抽象，可操作性较弱；基本原则对高教管理关系调整的弹性则更大些，规范更抽象，可操作性更弱。从调整范围来说，规则调整的范围较窄，通常只涉及某种具体的事务；原则调整的范围较广，可适应多项事务；基本原则调整范围最广，可适用于整个高教管理关系领域或绝大多数领域。高等学校法治机制实施的基本原则，是指指导和规制高等学校自治权的立法、执法以及指导、规制高等学校自治行为的实施和权责争议的处理的基础性规范。它贯串于高等学校法治机制具体规范之中，同时又高于具体规范，体现高等学校法治机制基本价值观念。它是在高等学校法治机制调控高等学校自治权的长时期中形成的，由教育法学者

---

① 刘冬梅. 对高校办学自主权的法律思考［J］. 河南师范大学学报（哲学社会科学版），
　　2000（6）：111.

高度概括出的调整自治关系的普遍性的规范。我们认为，高等学校法治机制实施的基本原则主要坚持法律权威、学术自由和以人为本三项具体内容。

一、法治机制要坚持法律权威原则

（一）法律权威的本质追求

当个人权威与法律权威发生冲突时，法律权威高于个人权威。早在 100 多年前，一代宗师戴雪就在其传世名著《宪法精义》中做出了经典性回答："英吉利人民受法律治理，唯独受法律治理"，"不但无一个人在法律之上，而且每一个人，无论为贵为贱，为贫为富，均须受命于国内所有普通法律，并需要安居于普通法院管辖权之下"。① 法律权威高于个人权威，服从法的统治而不是人的统治，一切个体及组织行为均须以法律为依据，任何人、任何组织，均不得凌驾于法律之上，法律具有至高无上的权威。在法律与权力之间，法律必须得到权力的支持，而权力又必须受法律的约束。孟德斯鸠在《论法的精神》中谈到，一切有权力的人都容易滥用权力，这是万古不易的一条经验，权力的运用一直到遇有界限的地方才休止。② 在这种常有危险的条件下，为了大多数人的利益，理性要求在一个强制制度中进行合作。自由、平等、安全、秩序、正义、效率、幸福是法律权威的基本元素，法律权威要求必须以公正为核心，以理性为支柱，法律规范和制度不会因领导人的改变而改变，不会因领导人看法和注意力的改变而改变，这是历史和现实的理性抉择，是时代与社会的必然走向，是高等学校自治权实施的核心和基石。

教育立法是现代社会对教育的一种新型间接控制的形成，这一方面意味着，教育的日益复杂化、普及化、体系化、社会化，以及现代教育不再只作为意识形态的宣传阵地，而且作为基础性、先导性、全局性事业存在的事实，促成国家和社会通过法律对教育进行规范和调整；另一方面也意味着，这种对教育的规范和控制，并不能直接命令教师具体讲什么，怎么讲。对教育的宏观调控和

---

① 〔英〕戴雪. 宪法精义 ［M］. 北京：中国大百科全书出版社，1997.
② 吕西忠. 市场经济下政府与高校间的控制与自治 ［J］. 四川师范大学学报，1998（5）：30.

对个体教学、研究自由的尊重、确认和保障，是现代教育法治的应有特征。

高等学校法治机制实施的法律权威原则，是指高等教育法律法规规定的贯彻高等学校自治始终的根本准则。我们认为，高等学校法治机制的法律权威原则必须是高教法律法规中做出了的、带有全局性的准则，必须是有关高等学校自治权法律规范制定、解释和适用中都必须遵循的准则，也即是依法治教的原则。高等教育法在很多方面做出了直接规定，即使没有直接规定，或者属于高等学校自治权范围内的，也加了"依法"的定语。法律权威原则中的"法"是从广义上去说的，既包括高等教育法，又包括教育法、职业教育法、学位法等其他法律（狭义的），还包括国务院制定的涉及高等教育的行政法规，教育部及其他有关部委制定的教育规章和规章性文件，以及省级人大及其常委会、省级政府所在地的市和国务院规定的较大的市的人大及其常委会所制定的地方性法规，民族自治地方的人民代表大会制定的自治条例和单行条例，省级政府制定的政府规章。省级政府的教育主管部门、省以下的设有立法权的地方人大及政府发布的具有规范内容的决定或命令，是否属于法的渊源（表现形式），我国法学界还有争议。实践中的做法是，如果涉及这类规范性决定或命令，先审查其合法性，合法则参照执行，但在判决或裁定中不以书面文字形式加以引用。可见，这些规范性文件在事实上是起着法的作用，所以，我们认为这类文件也是高教法的渊源，是依法治教、依法治校的依据。

（二）法律权威的具体内涵

鉴于以上关于法律权威基本价值的分析，我们看到，法律权威是一个内容广博而丰富的综合性概念。全面准确把握法律权威的内涵，有助于高等学校法治机制实施的现实意义。法律权威基本上包括以下四个方面的内涵。

1. 法律至上，即法律在高等学校具有至高无上的威严

法律具有客观性、普遍性、规范性和强制性，是一种非人格的一般规则。卢梭在分析法律规则的普遍性时揭示了法律的非人格性："法律只考虑国民共同体系抽象的行为，而绝不考虑个别的人以及个别的行为……一个人，无论是谁，擅自发号施令就绝不能成为法律，即使是主权者对于某个个别现象所发的命令

也绝不能成为一条法律，而只能是一道命令。"① 对于法律至上，首先是相对于个人而言的，无论是校领导还是普通职员，当其就自治权私人主张与法律相左时，法律优先；法律至上同时还要求，当在高等学校自治权实施中，法律规范同其他实行社会控制的社会规范如道德、政策不一致时，必须优先选择适用法律规范；在关于自治权的法律规范体系内部，鉴于法律的效力位阶的不同，宪法优于其他普通法律规范，上位法律规范优于下位法律规范，后者必须在精神实质与具体规定两方面与前者保持一致而不得与之相抵触。

2. 法律至圣，即法律神圣不可侵犯，具有最高威力

法律是反映统治阶级意志并由国家强制力保证实施的，法律一旦被侵犯，不管违法者是谁，无论是个人或机关，都要受到相应的法律制裁。对于法律至圣，只有在实行法治的前提下才能实现。在专制、独裁的社会统治形态下，当政者言出法随，法律的立、改、废完全取决于当政者的个人好恶，法律的威力等于零。在我国高等学校，领导人只有充分发扬民主，所制定的学校管理规章制度真正反映广大教职工的意志，受到广大教职工和学生的真诚拥护与遵守时，法律才在事实上具有最大威力，才是真正神圣的。

3. 法律至贵，即法律至为重要

"国无法而不治，民无法而不立"所揭示的正是这个道理。从政治统治的维护到经济秩序的调整，从对权力运行的监控到对权利实现的保障，法律都有着无可争辩、无法取代的重要作用。美国前司法部长米斯对法律的效用与法律的重要性有一段精辟的论述："法律是人类最伟大的发明。别的一切发明使人类学会驾驭自然，而法律使人类学会驾驭自己。"② 法律调整现代社会的基本目标，就是合理地调整个人与社会、个人与国家之间的相互关系，并以此为根据建立富有效率的法律调整机制，进而把整个社会生活纳入一定的轨道和秩序中。在我国高等学校的法治机制实施过程中，对于学校与学生之间、学校与政府之间、教师与学生之间、学校与其他社会各主体之间的权利义务必须由相应的法律法规予以详细规定。前些年来发生的田永诉北京科技大学拒绝颁发毕业证书、学

---

① 李龙. 依法治国方略实施问题研究 [M]. 武汉：武汉大学出版社，2002：93-95.
② 李龙. 依法治国方略实施问题研究 [M]. 武汉：武汉大学出版社，2002：96-99.

位证书案和刘燕文诉北京大学拒绝颁发博士毕业证书案，以及在校个别本科生领取结婚证等事件，高等学校在处理与各方面的关系中暴露出巨大的法律空隙和应对疑虑，在依法行使自治权过程中，只有建立起完善配套的高等学校法律体系，才可能撇开人为因素，靠强有力的制度来保障和维护高等学校和师生的合法权利，真正做到法律至贵。

4. 法律至信，即对法律的真诚信仰

人们对法律的认同与崇尚是一条沟通法律与社会的金色纽带，一部真正的法律，除了必须包含国家强制力因素外，还必须是能为人们理解并充分接受的。没有国家强制力做保证的法律，不会对践踏法律的行为做出实质性的惩罚，国家强力可以惩罚不法，却无力积极导向，它可以作为法治进程中的一个防御性堡垒，但不应频频出击。真正能确立法律权威地位，保证现行法律制度有效运行的不在于国家强力，而在于人们对现行法的态度。正如美国学者伯尔曼所言，法律只有受到信任并且要求强力制裁时才是有效的。① 以强力相威胁而产生的法律权威是虚假的强盗式权威，真正的权威只能来自人们自觉自发的认同和推崇。高等教育法律法规必须是符合高等教育规律的，能反映高等学校各主体之间根本利益的法律法规，充分保障高等学校行使自治权，唯其如此，才能被广大民众所拥护和接受，才能成为民众的真诚信仰。

法律至上、法律至圣、法律至贵、法律至信，共同构成了高等学校依法行使自治权中的法律权威的内容和要求，可以认为：法律至上表明了法律的地位，法律至圣展示了法律的威严，法律至贵说明了法律的重要，法律至信揭示了人们对法律的内心信念。

由于历史和社会的原因，长期以来，我国高等教育管理更多的是集权和"人治"，以法治教、依法治校，树立高等学校法治机制实施的法律权威原则一直有些缺位，随着法治社会的推进，高校法治机制正在逐步加强和完善。法治与人治是相对立的，但法治并不否定人的作用，也不否定政策的作用。而且，法在执行中也需要政策进行补充，执法机构和执法人员进行执法活动都需要以

---

① 刘艺. 高校被诉引起的行政法思考 [J]. 现代法学，2001（2）：93.

政策为指导，其执法行为体现政策。树立起高等学校法治机制实施的法律权威原则就在于有关高教、高等学校自主权的法律法规是高教管理行为的基本依据，其一旦被制定出来，高教行政机关不能以政策修订或改变，行政首长更不能以个人命令变更它。政策和行政首长的命令与高等学校法律法规相抵触时，执法机关应执行法律法规而不是执行政策和命令。如果高等学校自治权法律法规因形势变化而显得过时、不合理时，则应建议按法定程序修改或废止，而在其修改、废止之前，其效力仍然存在。

二、法治机制要坚持学术自由原则

学术自由和高等学校自治是两个关系密切又容易混淆的概念。19世纪前期英国的牛津大学、剑桥大学拥有极大的自治权而教师个人却没有学术自由。所以布鲁克在他的《高等教育哲学》中指出，在所论述的学术自治的各方面中，学术自由应该加以专门论述，不仅因为它不同于学术自治，而且因为两个概念在一些重要问题上相互冲突。从历史上看，大学自治的理念和制度先于学术自由而产生，在不同的时代和国家，不乏大学自治和学术自由分别存在的例子。例如，19世纪的柏林大学就是享有一定范围的学术自由却未拥有大学自治权的典型。

学术自治和学术自由已被当作治理高等教育的基本原则，成为发展高等教育的重要价值导向。但两者有着内在的联系，也有着区别。从形式上看，学术自治与学术自由是高等教育活动中相互分离的两个方面，具有不同的承载主体。学术自治，主要针对高等教育机构（比如大学）要求享有自治权；学术自由，侧重于高等教育的教师（学术）要求享有学术自由的权利。正因为二者相通的内在基础，学术自由原则成为高等学校法治机制实施的基本原则。

学术自治与学术自由能够相通，重要原因是基于求索真理成了逻辑导向。如果说学术自治原初是来自商业经济组织社会的启迪，但随着社会经济、科学文化的发展，学术自治的主张更多的是为了"学术活动"的本身，着眼于贮存、传播、扩展人类文明和思想的需要。法国高等教育法中对自治的认识是典型的观点，公共高等教育事业是中立的，不受任何政治、经济、宗教或意识形态的支配；它坚持知识的客观性，尊重观点的多样性，主要保证教育与科研能够科学地、创造性地自由发展。从学术活动过程的特征中抽象学术自治的要求，成了大学提倡学术自治基本理由的内在规定，而学术自由是学术活动最突出的特征，原因不在于学术自由本身，而是由于学术活动的目的是追求真理，促进知识发展，这一点早在高等教育乃至教育发展起始阶段就被人们认识到了。当时主要是由人们对大学性质的认识引发的，研究高深学问的大学越来越要求学者的活动必须服从真理的标准。到了洪堡改革柏林大学的时候，他们开始重视大学要开展科学研究，对大学学术自由所追求的内容的认识得到扩展。美国的约翰·S. 布鲁贝论述学术自由的合理性时认为其有三个支点，即认识的、政治的、道德的，而最为重要的是认识的。为了保证知识的准则和正确，学者的活动必须只服从真理的标准，而不承受任何外界压力。真理是行使学术自由的先决条件，还是自由是取得真理的先决条件在这里得到清晰的解决，人们不难发现学术自由的逻辑合理性得到了揭示。要做到尊重知识权威，探索真理，应让专家单独解决这一领域中的问题，他们应该是一个自治团体。无疑，提出高等学校要自治，其逻辑起点基于学术活动的基本规律，真正的自治会尊重学术自由，吸纳学术自由的基本原则，比如"学术权力""集团统治（教授统治）"和"专业权力"等，其也都被当作"官僚权力"的对立面而存在。

因此说，学术自治与学术自由并不是对立的两种学术活动方式，不能对它们做二元论的认识，两者是互相关联着的。学术自治是学术自由的依存体，决定着学术自由的性质、水平和目的。《简明大英百科全书》（中文版）认为学术自由是"指教师和学生不受法律、学校各种规定的限制，或公众压力的不合理的干扰而进行讲课、学术、探求知识及研究的自由"①。我国教师法中规定教师具有"进行教育教学活动，开展教育教学改革和实施，从事科学研究、学术交流，参加专业的学术团体，在学术活动中充分发表意见"等权利。因而要拂去学术自由的遮蔽物，必须构建学术自由域，即要探索学术能够自由进行的有效区域界限，以便在这样的空间中使学术活动能遵循它的本性而发展，也就是说，

①　简明大英百科全书（中文版）：第一卷 [M]. 台北：台湾中华书局，1988：49.

学术自由必须在实施了学术自治的条件下才有可能性。

当然，学术自由需要学术自治的保障，学术自治提供了学术自由的广度、深度，但实践学术自由的过程，也是在强化着学术自治信念，推动着学术自治理念的深入发展。历史启迪我们：学术自由的渴望首先是要争取和扩大学术自治权，这是前提，并且要不断地实践学术自治，在实践中实现学术自由，学术自由不能是虚空的理想主义和浪漫情感的抒发。不能否认，教育与政治的关系十分密切，教育要为政治服务，要强调教育的政治功能，但教育的政治功能不能成为教育唯一的功能；而且，教育政治目标的实现与教育活动所遵循的知识创新、文化传承的特殊规律是不矛盾的，所以在 20 世纪 80 年代初开始实施的教育改革的焦点就集中在扩大高等学校的自主权的问题上。

新时代新要求，改革完善高等学校自主权，强化法治机制，坚持贯彻学术自由原则也是社会经济发展的客观要求，在实际的高等教育改革中，这一客观要求已被列为改革的目标之一。而要进一步扩大自治权，充分发挥学术自由，深化高等教育管理体制改革有三条准则必须坚持。第一，学术自治与学术自由是改革的学术导向，它既包含着高等学校外部权力范围划分，也包含着高等学校内部管理权力的变革。在一段时期内比较重视前者，改变高等教育宏观管理中条块分割问题，这是非常重要的一方面，但是要调动高等学校和教职工的积极性，高等学校内部改革也极为重要。第二，坚持学术自治与学术自由并不矛盾。强调高等学校要有高度自主权，避免政教不分，并不能否认政府、社会对高等学校的管理、监督，并且行政管理与学术管理要双重兼顾，这是符合中国高等学校实际情况的。第三，学术自治与学术自由的规范方式应是法制化。立法的形式既是对学术自治与学术自由的保护，又是限制。大力加强学术自治建设，促进学术自由，重要的是加强法制建设，进行体制改革，完善机制，健全法规。

三、法治机制要坚持以人为本原则

以人为本是科学发展观的本质要求，也是习近平中国特色社会主义思想必须坚持的基本指导原则。以人为本，就是坚持不断满足人的全面需要、促进人的全面发展，其核心在于对人的充分尊重和关切，对人的潜能智慧的信任，对人的自由和全面发展的追求。高等教育作为塑造人的阵地，必须以人为本，这是现代教育的基本价值，也是现代大学精神的精髓和灵魂。因此，以人为本是高等学校法治机制实施的必然观念、实践要求和基本原则。高等学校法治机制的实施必须以人为本，围绕教育、管理和服务的具体环节展开，在观念、内容和方法上相比传统做法要有所突破和创新。

我国的高等学校是通过学校党政领导和教职工的教育活动去体现党和国家的要求，使学生的德智体美劳全面发展，把他们培养成有理想、有道德、有文化、有纪律和身心健康的社会主义事业的合格建设者和可靠接班人。只有通过法治机制有效地行使自治权，才能全面贯彻落实党和国家的教育方针和政策，立德树人，全面培养人才；才能降低教育成本，不断提高教育的社会效益、育人效益和投资效益。

现代社会已进入工业化信息社会，信息、知识、技术和创造力是信息社会最重要的资源，而这些资源的唯一来源是人，人因此成为现代社会最重要的特殊资源。人不仅有生理和物质需求，还有心理和精神需求。高等学校管理是一种文化管理，这种管理在科学管理的基础上，重视人的因素，其强调"以人为本、以人为核心"；认为人是管理的主体和根本，是一切管理活动的出发点和归宿，为追求人自身的解放和发展，实现人的价值去进行管理。

有研究认为，高等教育的作用，即文化的本质是对"人化"的设计。它设计人的精神生活、价值目标、生活方式、行为方式等，目的是把人与动物区分开来，使人成为一个真正的人，完全的人，即"大写的人"。地域不同、时代不同、组织不同，其文化形式、文化体系对人有着不同的设计。中国共产党历来重视人的因素。作为党和国家的一代伟人毛泽东早就提出"人民利益高于一切，全心全意为人民服务，全心全意为人民谋利益"的人民本位思想。[①] 邓小平的管理思想，也充分体现了人民民主的思想。他多次强调"从制度上保证党和国家政治生活的民主化、经济管理的民主化、整个社会生活的民主化，促进现代

---

① 毛泽东. 毛泽东选集：第三卷 [M]. 北京：人民出版社，1998：1095.

化建设事业的顺利发展"。① 习近平强调："人民对美好生活的向往，就是我们的奋斗目标。"②

高校在实施法治机制过程中，要求管理者具有人性观念和民主作风，要充分爱护人、关心人、尊重人、培养人；满足人在物质和精神、生理和心理上的各种需要，提高其满意程度；改善教育者的工作态度和工作情绪，提高士气；把教育者视为群众的一员，不仅通过个人竞争来激励他们的工作热情，更重要的是培养团队精神和合作精神，建立和谐的人际关系；防止个人间的竞争过度造成对团队的损害，提高集体的凝聚力和战斗力；注重内涵式管理和分权式层次管理，充分利用内部条件，提高集体的竞争实力；减少中层机构和管理人员，使管理者"有其位、谋其职、行其权、尽其绩、奖其功、惩其罚"。在使管理有章可循、照章行事，提高管理效率和管理活动的同时，培养出大批的优秀教育者和管理者。

高等学校办学的根本目的和首要任务就是为国家和社会培养人才。教师和学生双方构成了学校办学的主体，学校依靠教师去教育培养学生成为新一代劳动者。邓小平指出："一个学校能不能为无产阶级培养合格的人才，培养德、智、体全面发展、有社会主义觉悟的、有文化的劳动者，关键在于教师。"③ 学校自治管理对象包括人、财、物、时、空、信息等，其中人是首要的因素，学校自治管理要通过调动教师教书育人的主动性、积极性和创造性，去激发学生勤奋学习、实践成才的自觉性、积极性和主动性。要通过培养和造就一支素质过硬的教师队伍去保证学校能多出人才、快出人才、出好人才。学校自治管理一方面要以学生为主，凡是有利于学生全面和谐发展的事，都要去做，努力做好；凡是不利于学生长远利益的事，都要设法防止，降低其影响；凡是有损学生身心健康的事，都要坚决反对和禁止。总之，一切为了学生，为了学生一切。学校自治管理另一方面还要以教师为本，学校工作必须依靠高素质的教师，必须建设一支高素质的教师队伍。培养学生是学校办学的目的，提高教师素质好

---

① 邓小平. 邓小平文选：第 2 卷 ［M］. 北京：人民出版社，1993：336.

② 习近平与中外记者见面时的讲话 ［N］. 人民日报，2012-10-16（1）.

③ 邓小平. 邓小平文选：第 2 卷 ［M］. 北京：人民出版社，1993：108.

比是提高生产工具的先进程度，只是办学的手段。忽视人的因素，不利于调动教师的主观能动性。学生与教师共处于一个统一的系统之中，学校既要使学生成才，又要使教师成长，培养育人人才、实现教师的社会价值、依靠教师进行自治管理是学校教育的需要。

以人为本、促进人的全面发展，不仅需要思想建设，也需要制度保障。在高等学校的自治中落实以人为本，不仅要求在思想和行动上能尊重人、关心人、发展人，还要求这种理念贯彻到学校的规章制度和管理实践中去。高等学校的人性化管理，应该本着把管理工作建设成为促进师生健康成长、全面发展过程中的制度性保障因素这样的理念和思路来开展，增强管理工作的针对性和实效性。为此，必须更新管理观念和模式，探索建立适合社会经济发展要求，适合高等学校发展的管理新体制、新机制、新方法。

需要强调的是，在高等学校管理中体现以人为本的理念，强调个人价值和个性的解放，并不是单方面一味满足被管理者的自发精神需求，忽视社会发展对个人自我实现的决定意义，而是引导和帮助师生确立一定的思想追求和价值标准，使之遵循教育者期望的正确价值体系得到健康发展。也就是说，落实以人为本，不应该以降低或牺牲教育的内涵标准为代价，从而损害教育固有的严肃和高尚本质，出现教育的流俗化、肤浅化倾向，造成现代人理想、信念、信仰等精神的失落，导致个人本位主义倾向出现，因为这从根本上是与以人为本理念背道而驰的。

第二篇 **02**

创新高等学校内部法治机制

秉承法治理念，依法依规在高等学校内部完善决策机制，加强执行机制，健全学术机制，优化评价机制，强化制约监督机制，保障师生权益机制，形成政治权力、行政权力、学术权力、监督权力既相互协调配合又相互约束制约的内部运行机制，有利于规范、和谐和治理、协调各方权益，保护各种行为主体的合法权益，从以往主要依靠政策和行政手段，转变到运用法治思维和法律法规手段进行管理、服务和治理，促进高校人逐步形成尊法、学法、用法、护法的良好习惯，明确自己应当享有的权利，履行应尽的职责和义务，承担起学校、家庭和个人全面发展的教育、服务和学习责任。

第四章

完善高等学校内部领导决策机制

第一节　高等学校内部领导决策机制概述

一、决策是高等学校法治的核心

决策是人类社会发展到一定历史阶段的产物。早在我国先秦时期，便有"决策"一词，但现代管理意义上的决策起源于美国。决策就是做出决定或做出选择，包含着认知与行动两个过程。决策制定过程主要包括"识别决策问题、确认决策标准、为决策标准分配权重、开发备择方案、分析备择方案、选择备择方案、实施备择方案和评估决策结果"八个步骤。决策体制，是指关于行为主体之间相互关系、决策权力配置、运行机制及决策方法、程序规范的总称。在决策体制中，决策结构、决策方式、决策机制是三个最主要的相互关联的要素。决策结构作为决策体制的关键要素，是指参与决策的行为主体（包括个人、组织、机构）之间相互关系的组成方式。即各决策行为主体以一定的相对稳定的方式或形式组合起来就形成了决策结构。决策方式是指决策行为主体行使决策权力的方法和形式。决策机制是指相互关联的决策环节、步骤、阶段，按照一定的先后次序排列形成的规范、有序的决策流程。行为主体决策是一个多种因素相互作用、各种利益相互博弈的动态过程，决策机制实际上就是为了保障这种动态过程有序化的制度安排。如果说决策结构凸显的是决策权力的动态关系，那么决策机制则强调了决策权力的动态过程。在全面推进依法治校过程中，决策贯串于高校治理的全过程并居于核心地位。高校党委或其常委会是高校内部的最高决策机构，其决策机制是否科学合理，不仅关系到高校决策水平和管理水平的高低，而且对高校内部资源配置的合理性产生直接影响，进而影响到高校健康持续发展。因此，构建完善的科学化、民主化、法制化的决策机制，是高校科学发展、和谐发展、健康持续发展的客观需要和必然要求。

（一）知识、权力与决策

1. 知识就是力量，知识改变命运

知识的内涵是非常丰富且博大精深的。知识的程度决定决策的高度。决策，从某种意思上来说，是主体以问题为导向对其未来行为的方向、目标、原则、过程、方法等做出的分析、判断和选择，这些都需要依靠知识。要使一个决策有效地发生作用，必须具备两个因素：一是知识，二是进行决策的权力。在特定的环境中，主体拥有的知识、决策权力决定了决策者的机会集。在决策过程中，知识的作用是显而易见的，主体依据自身知识和外部知识对外部各种方案进行选择和判断。而在一个组织中，决策的过程更加复杂。因为当人处于组织中时，组织的结构、权力的结构、组织的文化、组织的任务及外部环境都会对人或群体的决策产生影响。知识在组织中的存在形式主要有组织知识和个体知识两种。个体知识为组织知识提供了丰富的来源，而由个体知识转化而来的组织知识最终也要经过个体的吸收和转化才会发挥作用。

2. 决策的权力是拥有资源的主体做出决定并采取行动的资格

在高等学校自治权中，决策权通过授予的方式获得，并和一定的责任相联系。高等学校在何时和多大程度上行使决策权以及是谁充当决策权的主体，反映了高等学校组织的结构、组织的文化和组织的环境特征，也决定了自治权实施的绩效。因为按照西蒙的观点，管理就是决策，决策贯串于管理的全过程，而组织的大部分决策就是通过组织的变化对环境的变化做出反应，以保持两者的相互适应，这种适应的程度和过程决定了组织的生死存亡。决策的质量取决于知识与权力的匹配程度和配置方式。哈耶克是最早指出知识及其分工对经济有效运行具有重要意义的思想家，他指出知识在社会中的分工需要权力的分散化。哈耶克的分析虽然限于社会经济领域，但同样可以扩展到高等学校组织内部，即组织绩效取决于决策权威与有关这种决策的重要知识的匹配。因为高等学校自治权实施的绩效取决于一系列决策的质量，而决策的质量取决于知识和权力的相互匹配。在行使自治权的组织中二者的配置方式有两种：一是将知识转移给决策者，二是将权力下放给有知识的人。

3. 发挥法律法规的依据作用

从广义的角度看，可以把高等学校自治管理看作一个不断的决策过程。而法律法规对决策过程的控制作用，则表现在这样两个方面。一是决策的权限和程序。决策过程本身必须是有组织的和有序的，对于某一个问题，谁有权做出决定，怎样做出决定，都应当由法律来规定；二是限制对目的和手段的自由选择。一个组织内的重要决策是一个非常复杂的过程，它包括确定目的和确定达到这一目的的手段等不同的方面，这些都必须受到法律的限制，以防止权力的滥用。从整体看，自治权行使活动可以看作一个决策的过程，而管理仅是这一过程的一部分。根据英国社会学家帕森斯的分析，教育运行过程可以分为技术的、管理的和机构的三个层次。通过决定目的和手段、权限和程序，法律法规与这三个层次构成了一种有分有合的关系。如果充分发挥法律法规的功能，它就能对高等学校自治管理做出重大贡献；反之，则会造成危害。

（二）决策权配置的原则

1. 决策权与决策能力匹配的原则

一项具体决策的制定者应是相应决策能力的拥有者，或者说决策者的决策能力必须能够支持决策能力，否则将导致决策的失误和组织损失。需要指出的是，由于组织中越是高层的管理者，其视野和相关的组织内外信息也就更加完备，决策经验更加丰富，其决策能力也就相对更高，因而，拥有更大的决策权是有其合理性的。但必须清楚的是决策能力的高低才是隐藏其后的真正原因，职位高低仅仅是一种表象。明确这一点要求后，我们对管理者配置决策权时要依据其能力，而不能片面地依据职位高低而定。

2. 重要决策优先配置原则

决策能力非凡和稀缺性要求重要决策优先配置是无法估量的重大价值所在。

大到国家全局利益，小到组织和个人利益。例如一个组织拥有一位决策能力非凡的决策者，对于组织的任何一项决策都是胜任的，但时间和精力约束使他不能处理全部事务，那么，如何对他配置决策权呢？事实上，决策能力的差异性，同时也使决策能力成为一种稀缺资源，由此，就产生决策权配置的优先次序问题。决策能力及其稀缺性要求重要决策优先配置。根据这一原则，组织应将高决策能力者的精力主要集中在关系组织生死存亡的重大问题和全局性事件上。在决策能力稀缺的情况下，高决策能力者的事必躬亲将是对决策能力资源的极高消费。

3. 个人决策与集体决策有机结合的原则

"谁来制定决策"的问题当中，不仅包含着选择由我、你还是他制定决策的问题，实际上，也包含着是选择由个人还是集体制定决策的问题。在有限理性条件下，一般而论，集体决策的质量要高于个人决策，但于组织中最优秀的个体而言，其又常常是处于劣势的。对一个具体决策而言，在存在优秀个体的情况下，决策权应授予该个体，但决策能力稀缺性的存在通常使组织未必能如此幸运地拥有这样的个体，在这种情况下，集体决策作用的发挥有利于弥补决策者个人决策能力的不足，使得个人决策与集体决策在有效结合的合力效能上与相应的决策权匹配，从而保证决策的正确性，避免决策失误。我们强调民主决策、科学决策、依法决策正是个人决策与集体决策有机结合原则的具体要求。

二、坚持党委领导下的校长负责制

1949 年以来，随着我国政治与经济形势的变化，我国高等教育领导体制频繁变更，先后经历了校长负责制（1950—1956 年），党委领导下的校务委员会负责制（1956—1961 年），党委领导下的以校长为首的校务委员会负责制（1961—1966 年），党委"一元化"领导制（1971—1976 年），党委领导下的校长分工负责制（1978—1985 年），试行校长负责制（1985—1989 年），党委领导下的校长负责制（1989 年至今）七个阶段，鉴于对历史实践的总结，《高等教育法》第 39 条明确规定："国家举办的高等学校实行中国共产党高等学校基层委员会领导下的校长负责制。"这是对中华人民共和国成立 70 多年高等教育领导体制改革的摸索结果，是符合当前中国高等教育现状的最好选择，是我国高等学校自治权实施的最佳机制。

（一）党委领导下的校长负责制的内涵

1. 党委依法依规统一领导

坚持党对高等学校的统一领导，这是一个重大的原则问题，任何时候都不能动摇。发挥高等学校党组织的政治核心作用，充分依靠和调动高等学校各方面的积极因素，是高等学校的政治优势，也是建设中国特色高等教育的本质要求。改革开放 40 多年来，高等教育之所以取得辉煌成就，就是坚持了在中国共产党的领导下，高举中国特色社会主义理论伟大旗帜，认真贯彻党中央提出的"尊重知识、尊重人才"，"教育要面向现代化、面向世界、面向未来"，"发展科学不抓教育不行"等一系列教育理论，把教育放在优先发展的战略地位，高等教育才有今天这样前所未有的大好局面。高等学校坚持和改善党的领导对于高等学校的改革、发展和稳定具有决定性作用。高校党委或其常委会是学校的领导核心。履行党章、高等教育法、高校基层党组织工作条例等规定的各项职责，把握学校发展方向，决定学校重大问题，监督重大决议执行，支持校长依法独立地行使职权，保证以人才培养为中心的各项任务完成，是高校党委的基本职责。

党委的统一领导，不是党委包揽学校的全部工作，也不是一切由党委说了算，而是"依法依规治校"。《高等教育法》第 39 条明确规定了高等学校党组织的领导职责，归纳起来包括四个方面：一是执行中国共产党的教育路线、方针、政策，坚持社会主义的办学方向；二是领导学校的思想政治工作和德育工作；三是讨论决定学校内部组织机构的设置和内部机构负责人的人选；四是讨论决定学校的改革、发展和基本管理制度等重大事项，保证以培养人才为中心的各项任务的完成。党委的统一领导必须是按照国家法律法规和党规党纪的规定履行相应的职责，如果党委的领导离开或背离了以上四个方面，那就不可能是一个称职的党委，高等学校依法行使自治权也必将成为空谈。

2. 校长负责制

高等学校的校长是高等学校的法定代表人，是高等学校的首席行政人员，全面负责本学校的教学、科学研究和其他行政管理工作。根据《高等教育法》第41条的规定，独立行使下列职权：拟订发展规划，制定具体规章制度和年度工作计划并组织实施；组织教学活动、科学研究和思想品德教育；拟订内部组织机构的设置方案，推荐副校长人选，任免内部组织机构的负责人；聘任与解聘教师以及内部其他工作人员，对学生进行学籍管理并实施奖励或者处分；拟订和执行年度经费预算方案，保护和管理校产，维护学校的合法权益；章程规定的其他职权。校长主持校长办公会议或者校务会议，处理上述有关事项。校长根据法律法规和党规党纪的规定，独立行使法定职权，任何人、任何组织团体均不得越权干涉。

3. 党委与校长职责的分离

我国高等学校长期变更领导体制，又加上一些传统的人为因素，党委和行政职责划分不明。有的高等学校党委人员既主管行政工作又主管党的工作，党委和行政两块牌子一套班子，行政和党委的管理范围基本一致，对一些重大问题党委的领导决定又等于行政领导班子的讨论决定，这种党政职责合一的情况与高等教育法和相关党规的规定是相悖的。出了问题互相推诿，或一言以蔽之的"经过集体讨论"，这样暴露出来的突出问题就是在党政领导意见不一致时，难以决策；或有党委领导过多干预具体行政事务，事无巨细都要由党委统一讨论决定；或有行政领导怕负责任，遇事要由党委领导表态；等等。

（二）印发《关于坚持和完善普通高等学校党委领导下的校长负责制的实施意见》

针对高等学校在实行党委领导下的校长负责制过程中反映出来的问题，中共中央办公厅已于2014年10月15日印发了《关于坚持和完善普通高等学校党委领导下的校长负责制的实施意见》（中办发〔2014〕第55号）。该实施意见根据《中国共产党章程》《高等教育法》《中国共产党普通高等学校基层组织工作条例》等有关规定，结合高校实际，就进一步坚持和完善党委领导下的校长负责制提出了如下要求。一是高校党委统一领导学校工作。高校党委是学校的领导核心，履行党章、党纪等规定的各项职责，把握学校发展方向，决定学校重大问题，监督重大决议执行，支持校长依法独立负责地行使职权，保证以人才培养为中心的各项任务完成。党委实行集体领导与个人分工负责相结合,坚持民主集中制,集体讨论决定学校重大问题和重要事项,领导班子成员按照分工履行职责,党委书记主持党委全面工作,负责组织党委重要活动,协调党委领导班子成员工作,督促检查党委决议贯彻落实,主动协调党委与校长之间的工作关系,支持校长开展工作。二是校长主持学校行政工作。校长是学校的法定代表人,在学校党委领导下,贯彻党的教育方针,组织实施学校党委有关决议,行使高等教育法等规定的各项职权,全面负责教学、科研、行政管理工作。三是健全党委与行政议事决策制度。高校应按期召开党员大会或党员代表大会,选举产生党的委员会或党的常委会。党的委员会或常委会在闭会期间领导学校工作,主持党委经常工作。校长办公会议或校务会议是学校行政议事决策机构,主要研究提出拟由党委讨论决定的重要事项方案,具体部署落实党委的有关措施,研究处理教学、科研、行政管理工作。党委会议和校长办公会(校务会议)要坚持科学决策、民主决策、依法决策,防止个人或少数人专断和议而不决、决而不行。四是完善协调运行机制。党委领导下的校长负责制是一个不可分割的有机整体,必须坚持党委的领导核心地位,保证校长依法行使职权,建立健全党委统一领导,党政分工合作、协调运行的工作机制。要合理确定领导班子成员分工,明确工作职责。领导班子成员要认真执行集体决定,按照分工积极主动开展工作。五是切实加强组织领导。要按照社会主义政治家、教育家目标要求,选好配强高校领导班子特别是党委书记和校长。加强领导班子思想政治建设和作用建设,加大教育培训力度,不断提高领导干部思想政治素质和办学治校能力,保证党的路线方针政策和学校各项决定的贯彻落实。如图2所示。

第二节　高等学校领导决策的特点

高校党委决策从属于管理决策,在本质特征上与其他类型决策无甚殊异,都属于决策的行为范畴,但从领导决策的科学性、民主性、法制性、协调制约性、服务性方面来看,它又具有比较明显的自身特点。

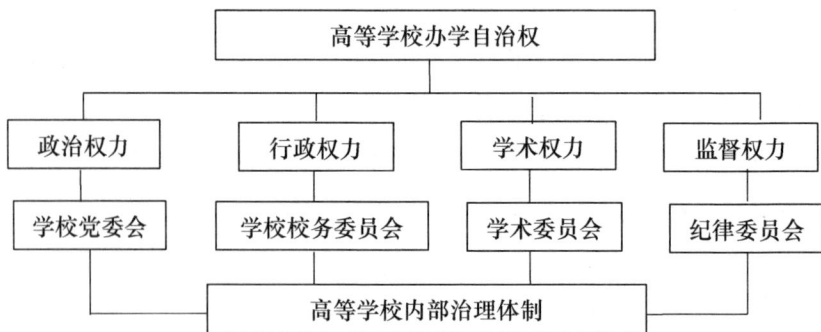

图2　高等学校内部治理体制与权力关系图

一、高校领导决策的科学性

一项决策成功与否，在很大程度上与决策的科学性密切相关，科学性是决策成功的重要前提。所谓高校领导决策的科学性，是指决策应遵循的科学原则、科学方法、科学技术和科学程序等相关要素，确保决策从过程到结果都是科学的决策机制。科学的决策机制既包括决策前应有充分的调查与论证，论证过程中应有科学的议事规则，决策者应该具备的知识、技能与方法，也包括决策、执行、监督、信息系统和咨询系统的密切配合。决策的科学性是与决策的随意性相对立的一个概念。全面推进依法治校，高校必须完善重大决策的规则和程序，健全校情院情民意反映制度，建立与师生员工利益密切相关的重大事项公示制度、听证制度，完善专家教授咨询制度，实行决策的论证制、责任制，防止决策的随意性。实践证明，高校推行公示制度、听证制度、咨询制度以及论证制、责任制等，都是决策科学化的重要体现。就决策内容而言，高校党委决策可以简单地分为三个方面。一是学习、贯彻、落实法律法规党规党纪和上级精神，体现公立高校与国家意志的密切关系，协调涉及学校与外部的关系和事务。二是涉及党务、行政事务方面的重要事项，这是贯彻落实"党委领导下的校长负责制"的关键内容，也是全面推进依法治校的重要事项。三是研究决定党务工作的重要事务。为了提高决策的科学化程度，高校党委根据议事规则和程序，对不同的决策内容一般由不同的系统、不同的机构和不同的人员来具体运作。在广泛听取意见、建议、方案的基础上，最终由党委集体研究做出决策，并形成党委决议纪要。

二、高校领导决策的民主性

民主是与科学相联系的一个概念，民主性在某种程度上是科学性的表现之一。决策的民主性要义在于决策应汇集各种渠道的信息并通过论证、听证、公示、咨询等最终做出科学的结论，从而为决策的整个过程科学性打下坚实的基础。因此，在具体操作过程中，必须了解校情、倾听民声、反映民意、集中民智、珍惜民力。对涉及学校改革发展全局的重大事项，要广泛征求教师、干部、学生的意见，充分进行协商和协调。对学术性、专业性、技术性较强的重大事项，要认真进行专家教授论证、技术咨询、决策评估。对与师生员工利益密切相关的重大事项，要实行公示、听证、征求意见等制度，扩大师生员工的参与度和知情度，积极发挥学术委员会的作用，广泛联系专家教授，建立多种形式的决策咨询机制和信息支持系统。这样就能确保决策主体的多元化，使其有参与决策的机会与途径，确保决策者在决策过程中能够自由充分地表达自己的意见，平等地参与决策，确保决策方式遵循民主集中制原则。高校是知识分子聚集地，人才济济，在全面推进依法治校的实践中，学校党委通过多种渠道、多种方法来鼓励广大师生员工和专家教授有序参与学校改革发展的决策活动，这不仅是高校内部领导体制改革的必然要求，是充分调动教职员工积极性、创造性，增强主人翁责任感、使命感的爱校情怀，也是世界一流大学办学的经验借鉴，从而为进一步实施决策的民主性奠定了坚实的基础。

三、高校领导决策的法治性

法律的生命力在于实施，法律的权威也在于实施。高校领导依法决策的科学性是指党委必须把师生参与、专家教授论证、风险评估、合法性审查、集体讨论决定确定为重大决策法定程序，确保决策制度科学、程序正当、过程公开、责任明确。这就要求高校领导必须坚持在党的领导下，在法治的轨道上全面推进依法治校工作进程，创新执法执规机制，完善执法执规程序，严格执法执规责任，建立权责统一、权威高效的依法依规治理机制，加快建设职能科学、权责法定、执法严明、公开公正、廉洁高效、守法诚信的法治大学。

高校党委是全校的领导核心，党委成员的法治理念、思维和行为是全面推进依法治校的关键。党委决策的科学性就是要"把权力关进制度的笼子里"，使决策权力制度化、法定化、程序化，从而实现权力从产生、运行、监督一直到责任承担都遵循法治原则，不偏离法治轨道。党委决策权必须依法依规而产生，高校党委决策首先要求权力来源的合法性，这是全面推进依法治校的前提。权力的正当性取决于权力来源是否合法或者是否产生于全体教职员工和学生的授权或其共同意愿。高校党委的决策权产生于法律法规和党规党纪的规定，其中大多数具体决策权力产生于种类不一、规范明晰的各种教育行政法规，如教育法、教师法、高等教育法、教师资格条例、学生管理条例等。高校领导决策权的法定化，是全面推进依法治校的前提，它保证了党委决策权力本身的正当性和合法性。因此，高校党委首先必须认真学习理解各种教育行政法律法规，明确自己的职责权限，坚持法定职责必须为、法无授权不可为的决策原则。其次，高校党委决策权限要依法依规而设定。因为高校党委的决策权力应当是有限的权力，它必然要受高校行政权力、学术权力、民主权利、监督权力的制约，形成既相互协调又相互制约的格局。正当合法的决策权、执行权、监督权应当有明确的范围与清晰的边界，这也是决策法治性的基本要求。决策权力的有限和权力分工的明晰，在一定程度上起到了阻止权力腐败和寻租的机会和可能，高校党委成员必须认清自己权力的范围和边界，正确定位，依法依规履行职责，自觉杜绝越权越位和以权谋私。

四、高校领导决策的协调制约性

高校党委决策的协调制约性是指在决策过程中各决策主体权力之间相互协调、相互配合、相互牵制、相互监督。相互协调配合是为了使决策权力行使更便利，减少决策过程中的摩擦和阻力，大家心往一处想，劲往一处使，坚持原则、顾全大局、以诚相议、开诚布公，充分发表自己的意见和主张，更好地体现民主集中制原则。制约是为了使决策权力行使不超越界限，旨在规范决策、科学决策、民主决策。党的报告和决定、决议都反复强调要坚持用制度管权、管事、管人，建立健全决策权、执行权和监督权既相互制约又相互协调的权力结构和运行机制。这是我们党对权力制约协调规律的新认识，提出了权力协调制约机制。如果仅仅强调权力协调，权力就得不到应有的控制而被滥用；如果仅仅强调制约而不讲协调，权力之间就会发生冲突。高校内部决策权、执行权、监督权的相互协调制约也应如此。一方面，为了确保高校决策权、执行权、监督权运行的合法性、合理性，权力之间应当相互协调、相互配合、相互支持，以减少阻力和摩擦；另一方面，为了防止权力的腐蚀和滥用，高校内部权力之间应当相互制约、相互监督。只有这样，高校内部党委的决策权力、行政的执行权力、学术的决策审议权力、师生员工的民主监督权力等才能依法依规而设定，分而不独、运而不乱。这是高校党委决策机制创新改革必须遵循的根本原则，也是体现高校党委决策机制创新完善的一大特点。

五、高校领导决策的服务性

高校党委决策活动对于学校事务的协调运行具有重要的引领、规范作用。作为全面推进依法治校具体实践方式之一，高校党委决策的任务是抉择优化的领导与治理方式，对政治权力、行政权力、学术权力等进行统一有效的配置与管理，以有利于实现全校师生员工的共同意志和权益诉求，促进学校健康持续发展。管理与治理在一定意义上讲就是服务。因此，党委决策应以服务于学校发展和师生员工的共同意志和权益诉求为重点，其视角应高于学校行政执行的一般事务决策，具有整体性、全面性和公开性的特点。同时，党委的决策既体现在内部管理、治理机制之中，又直接影响内部行政执行机制，间接影响内部学术机制。由于高校党委具有宪法和法律、法规、党规、党纪条例所赋予的地位与权力，因而党委所做出的决策带有一定强制性特点，对于全校的师生员工具有法律效力，并直接作用于公共服务活动。在此需要说明的是，高校党委决策与地方党委决策分属于不同的决策范畴，有各自的法律法规、党规党纪依据。地方党委是地方领导机关，通过国家权力依法依规依纪对其社会方方面面实施领导，带有很强的权力特征和引领作用；而高校属于国家事业单位的公法人，是公益性社会组织，在高校内部行使决策权力的过程中，只能依法依规依纪体现事业单位公法人的公益性的本质特征和服务特征。

第三节　创新高等学校领导决策机制

一、避免高校领导决策机制错位

高等学校决策机制应该是在坚持党委统一领导、党政分工合作、协调运行的前提下，包括党委决策、行政决策和学术决策三个方面，其中党委决策是学校最高决策，行政决策、学术决策都应服从和服务于党委决策。现行的《高等教育法》《中国共产党普通高等学校基层组织工作条例》等已有的法律法规，在对党委职责和校长职责的规定中，并没有明确党委和校长衔接依法决策、民主决策和科学决策的要求，也没有将党委和校长连接为"有机整体"，即党委职责中没有涉及校长或校长办公会议的内容，校长职责中也没有提及党委或常委会的内容，只是笼统规定"党委统一领导学校工作""发挥领导核心作用""支持校长依法独立负责地开展工作"等原则定调。2014 年 10 月 15 日中央办公厅印发《关于坚持和完善普通高等学校党委领导下的校长负责制的实施意见》中，第一次明确"健全党委与行政议事决策制度"。①"校长办公会议或校务会议是学校行政议事决策机构，主要研究提出拟由党委讨论决定的重要事项方案，具体部署落实党委决议的有关措施，研究处理教学、科研、行政管理工作。""党委会议和校长办公会议（校务会议）要坚持科学决策、民主决策、依法决策，防止个人或少数人专断和议而不决、决而不行"，规定中的"研究提出拟由党委

---

① 关于坚持和完善普通高等学校党委领导下的校长负责制的实施意见［EB/OL］. 中国政府网，2014-10-15.

讨论决定的重要事项方案"仍显笼统①。这是由于法律法规长期以来没有就党委会、校长办公会如何统一衔接及对依法决策、民主决策、科学决策做出明确规定，以及在两者"有机整体"关系上做出清晰界定而存在"错位"现象，使学校决策机制在理解和运行中出现不同的效果。

就党委决策而言，有的学校往往是党委书记决策取代党委决策，党委集体领导讨论决定的决策机制容易错位，很难起到防止个人决断的作用。由于校长决策行政事务，决策与执行难以分开，成了"议行合一"的行政化权力运行机制。有的学校党委对校长不管不问，校长负责处理几乎所有行政事务，出现校长"说了算"的局面。有的学校党委书记统管学校"人财物"的决策配置权，成了学校的实际管理者。具有法人的校长未享有相应的决策权，出现一些权责不对等的局面。无论哪种情况都会对决策权力、学术权力、民主监督权力构成挤压，出现决策机制的一些错位。2021 年 2 月 26 日中共中央政治局召开会议，就修订的《中国共产党普通高等学校基层组织工作条例》进行了审议。新修订的条例就坚持和加强党对高校全面领导做出了具体明确规定，有利于克服"决策—执行—监督"机制有些错位的问题。

二、创新高校领导决策机制的探讨

创新学校决策机制关乎全校工作大局和全面推进依法治校进程的全局。具体而言，学校党委决策机制对学校工作负有领导责任、决策责任，党员校长按规定程序进入党委会（常委会），参加党委的集体领导和决策，必须坚持党委的领导。自觉接受学校党委领导是接受党的领导的具体体现，是一个必须坚守的党性原则。校长要依法治校、依法决策、依法行政，同时必须接受党委领导，这是必须履行的法治原则。坚持党委领导，参与党委决策，依法依规依党委决定决议施行校长决策，是党委领导下的校长负责制的核心内涵，是书记和校长履行职责必须坚持的根本前提，也是必须遵守的政治纪律和必须坚持的职务操

---

① 严蔚刚，王金龙. 完善我国高校党委与行政议事决策制度的探讨 [J]. 中国高教研究，2015（2）：20-24.

守。施行依法领导、依法管理、依法保障学术自由的相互衔接，确保学校决策机制与全面推进依法治校"并轨共进"是指导健全党委与行政议事决策制度相互衔接的基本原则。

基于上述认识，完善学校党委决策的内涵就是施行依法领导，完善校长决策的内涵就是实施依法管理，完善学术委员会的内涵就是保障学术自由。这是贯彻落实党的十八届四中全会决定精神对高等学校全面推进依法治校机制创新的关键所在。有的学校存在所谓"党委领导不负责，校长负责不领导"的困惑。① 从法理学的视角看，"执政党的领导与法治原则并不矛盾"②，高等学校实施的党委领导下的校长负责制，党委是领导核心，党委的领导是党的领导在学校的实现形式。但是党委领导并不等于党委管理，必须科学区分领导体制与管理体制，正确界定党委决策与行政决策。既要有利于加强党对学校的统一领导，发挥党委决策的作用；又要有利于校长独立负责地行使行政决策权，发挥行政管理的职能，实现"党委领导"与"校长负责"的有机结合。这也是一个问题的两个方面，即"校长负责"是以"党委领导"为前提，党委和校长、党委和行政的关系是领导和被领导的关系，这是这一体制制度的规定性、统一性，也是它的本质属性。注重学术，保障学术自由，这是高等学校的本质特征。加强学校党委领导，确保校长权力行使，发挥学术委员会作用，是学校全面推进依法治校的必然要求和内在需要。

完善高校决策机制，全面推进依法治校，最重要的是立章建制，规范治理和运作。健全学校决策机制，解决好各司其职、各负其责、各行其轨的问题，根本在于立章建制。习近平同志反复强调："改革开放以来，我们党开始以全新的角度思考国家治理体系问题，强调领导制度、组织制度问题更带有根本性、全局性、稳定性和长期性。"③ 健全学校决策机制，必须建立健全管用的规章制度，构建良好的依法治校运行机制。

---

① 庚建设. 依法治校，坚持和完善党委领导下的校长负责制 [J]. 中国高等教育，2008 (6)：27-28.

② 钟秉林，赵应生，洪煜. 中国特色现代化大学制度建设 [J]. 北京师范大学学报（社会科学版），2011（4）：78.

③ 习近平. 习近平谈治国理政：第一卷 [M]. 北京：外文出版社，2015：104.

（一）完善议事决策规则

目前各个高等学校都制定了党委常委会、全委会、校长办公会（校务会议）、学术委员会的会议制度和议事规则。仅从制度建设层面分析，议事规则存在的主要问题是没有统筹考虑，缺乏衔接对应，存在错位现象，造成模糊地带。根据党委领导下的校长负责制的实施意见要求，应就会议的议事决策规则，从职能定位、出席范围、议事程序等做出修订和完善，尽可能使各个议事决策规则在内容上相互照应衔接，在表述上相互一致，在框架上相互统一。对于讨论学校依法治校的重大问题，应在调查研究广泛听取意见的基础上，提出建议方案，经领导班子成员沟通酝酿且无重大分歧后再提交会议讨论决定。对干部任免建议方案，应在党委书记、校长、分管组织工作的副书记、纪委书记等范围内进行充分酝酿。对学术专业性、技术性较强的重要事项应经过专家评估及技术、政策、法律咨询。对事关师生员工切身利益的重要事项，应通过教职工代表大会或其他民主方式，广泛听取师生员工的意见建议，集中大家的智慧。

议事决策规则必须把师生参与、专家论证、风险评估、合法性审查、集体讨论决定确定为重大问题决策的法定程序，确保决策规则的科学、程序正当、过程公开、责任明确。建立校内重大决策合法性审查机制，未经合法性审查或经审查不合法的不得提交会议讨论。

积极推进学校专家咨询制度，建立以学校法规室人员牵头，吸收专家、教授和律师参加的法律咨询机构，确保法律咨询在依法治校重大决策、推进依法治教、依法治学的工作中发挥积极作用。

（二）明确议事决策范围

各个会议议事决策范围，除在法律法规中已有明确规定外，还应根据学校实际情况，认真对已有的法律法规比较宏观、笼统、原则性规定的或宏观或综合的内容进行进一步的梳理，以便对各自议事决策的范围内容予以具体细化，明晰其政治权力、行政权力、学术权力的议事决策，权限分工，如学校党的委员会全体会议（全委会）在党员代表大会（党代会）闭会期间领导学校工作，主要对事关学校依法治校、改革发展稳定和事关师生员工切身利益及党的建设等全局性重大问题做出决议或决定，听取和审议工作报告。常委会（全委会）

主要是对依法治校、改革发展稳定、教学科研、行政管理、党的建设等方面的重要事项做出决定或决议，按照干部管理权限和有关程序推荐、提名、决定任免干部。校长办公会议或校务会议是学校行政议事决策机构，主要研究提出拟由党委讨论决定的重要事项方案，具体部署落实党委决议决定的有关措施，研究处理教学、科研、行政管理工作。学术委员会负责对教学科研、职称等学术性问题进行决策、咨询、审议和表决等。

（三）明确参会议事决策人员

党委常委（全委会）会议参会议事人员就是常委（党委），不是常委（党委）的行政领导班子成员可根据议题列席会议。校长办公室（校务会）的参会人员要根据学校实际情况而定，党委领导下的校长负责制实施意见对此规定是："会议成员一般为学校行政领导班子成员。党委书记、副书记、纪委书记等可视议题情况参加会议。"这是比较简单的原则性意见。从调查的实际做法来看大致有以下四种方案。一是校长、副校长、校长助理、其他行政班子成员，党委书记、副书记、其他常委，与决策事项相关的行政事务负责人列席。二是校长、副校长、校长助理、其他行政班子成员，与决策事项相关的行政事务负责人列席。三是校长、副校长、校长助理、其他行政班子成员，党委书记，与决策事项相关的行政事务负责人列席。四是校长、副校长、校长助理、其他行政班子成员；党委书记、副书记、其他常委，与决策事项相关的学校办公室、工会、新闻行政负责人列席。固定参会人员的范围，要坚持三方面考虑：一是从实际出发，有利于决策合法民主、科学；二是有利于学校领导班子达成共识；三是有利于提高决策效率。因此，参会人员人数应以适中为好。与会列席人员每当涉及自己负责的问题已经研究完毕后就可退席。

（四）健全议事决策体系

高校领导依法、民主、科学决策是一个有机的统一体，在治校治理实践的运行过程中，调研—论证—决策—执行—监督—反馈，环环相互衔接、相互配合、相互监督、相互制约。调研、论证是决策的前提，"没有调查论证就没有决策权"，当决策出现失误或问题，或在执行过程中被扭曲，监督系统就应及时做出反应；反馈系统则应通过相关精确的调查统计资料和相关专业人员的论证分析，对决策执行乃至监督的结果进行评估或测定，也可通过倒查机制进行系统性、全面性审查，从而不断地消除偏差和失误，以使决策获得最大或最佳收效。高校领导健全决策体系需要努力克服习惯任性的障碍，一是克服"长官意志"的任性，二是克服"等、靠、要"即等指示、靠上级、要政策的任性，三是克服软、懒、拖、散的任性。

（五）提高依法治校决策能力

高等学校在全面推进依法治校的过程中要注重解决两个方面的问题，一个是办学方向、发展动力和条件保障问题，一个是人才培养质量、服务社会水平和办学效益问题。党委决策的领导力必须坚持党对高等学校的领导，坚持马克思主义和中国特色社会主义理论体系特别是习近平新时代中国特色社会主义思想在高等学校的指导地位，坚持社会主义的人才培养方向。同时每一所高等学校又必须着眼于学校事业的发展，提出切实可行的奋斗目标、办学理念和发展思路。学校的发展动力来源于依法治校机制创新，凝聚师生，鼓舞士气，激励全校师生员工自觉投身于学校建设发展，用强有力的思想政治工作和法治思维处理好改革发展与稳定的关系，培育法治、民主、科学、进步的现代教育理念，制定和形成法治、科学的高等学校制度和民主、高效的管理模式，为学校事业发展提供重要的软环境保障，确保学校健康持续发展。

提高行政决策的执行力要调动和发挥全校师生员工的积极性和创造性，提高立德树人、教书育人、管理育人、服务育人的水平。其重点在课程体系和教育教学方法，难点在管理，体现在学生的培养质量方面。学校的科研水平集中体现于学者水平和标志性成果，直接服务于社会能力所做出的贡献。学校要通过依法治校机制创新，科学配置校内资源、挖掘学校潜能，合理利用社会资源乃至国际教育资源，不断提升办学能力和办学效益。

提高学术决策的导向力要充分发挥教授群体的积极性和创造性，确保学术决策的科学性和民主性，促进学校学术发展和教育创新特别是原始性创新，同时为培养学生的知识、能力和素质以及创新精神和创业能力提供良好的学术平台和师资保障。充分发挥学术决策在学科建设、专业发展、教师队伍建设等方面的作用，客观地反映高等学校的特点和教育规律，真正为学校党委领导决策和校长执行决策与学术决策相结合提供可靠的组织保障。

（六）确保依法治校决策成效

完善学校决策机制的目的，是确保学校党政领导班子行使决策权时坚持依法决策、民主决策、科学决策，确保决策的规范性、民主性和科学性。坚持依法决策就是依法依规推进学校治理体系、机构、职能、权限、程序、责任法定化，做到"法定职责必须为，法无授权不可为"①。坚持民主决策，就是要广泛听取师生员工意见，通过调查论证、民主生活会、教代会、联系基层、联系民主党派等制度，促进学校决策与治理的民主化、规范化。坚持科学决策，就是要不断提升理论思维、战略思维、辩证思维和法治思维，实现决策合法、合理、合情、适度、高效，经得起师生员工和历史的检验。具体而言，第一，要体现决策方法的科学性。学校领导班子在行使决策权时一定要有全局性观点，正确处理各种矛盾，平衡、协调各方面的利益关系，权衡利弊得失，兼顾局部利益与整体利益、眼前利益和长远利益的结合，针对确定型问题、风险型问题、不确定型问题、竞争型问题等不同类型问题的决策要根据学校现有的条件和情况，采取不同的决策原则和方法，以免决策失误。第二，要体现决策程序的严谨性。研究和处理问题需要慎重、严谨，在决策程序上要对问题现状、确定目标、拟订方案、论证评估、方案选定、决策实施、效果追踪等环节的相互衔接、相互联系、相互影响的决策程序进展情况，进行及时研究和总结，以便吸取经验和教训。第三，要体现决策效果的成效性。正确决策是学校领导班子的第一要务，是学校领导者领导艺术和领导水平的集中体现。其决策成效从决策的影响力、执行力、认可力等方面可以评价决策是否先进、科学、可行、高效。一般来说，只要重视调查研究、重视师生意见、重视双向思维、重视决策执行与落实等程序，决策的成效必然会是明显的。

（七）构建重大决策责任倒查机制

根据法律法规和党规党纪相关要求，建立学校重大决策终身责任追究制度及责任倒查机制很有必要，凡是对学校重大决策造成危害，或对学校决策严重

---

① 周叶中，周佑勇. 高等教育行政执法问题研究 ［M］. 武汉：武汉大学出版社，2007：130-131.

失误后依法依规应该及时做出决策但久拖不决造成重大损失，或因决策不当造成不良影响的，要严格追究责任人、负有领导责任人的相关责任。2021 年 4 月 16 日中共中央印发修订后的《中国共产党普通高等学校基层组织工作条例》以习近平新时代中国特色社会主义思想为指导，坚持以党章为根本依据，贯彻落实新时代党的建设总要求和新时代党的组织路线，为高校党委领导决策机制创新提供了基本遵循，是指导高校党委承担管党治党、办学治校主体责任，履行把方向、管大局、作决策、抓班子、带队伍、落实领导职责的纲领性文件，具有很强的针对性、规范性和指导性。

第五章

优化高等学校内部行政执行机制

第一节 高等学校内部行政执行机制现状的特征

一、高校内部行政执行机制现状概述

我国高校行政管理长期以来实行党委领导下的校长负责制,由校长负责学校的全部行政执行工作。高校内部一般采用校、院、系管理体制和运行机制,其中校级行政机构是全校行政工作的统筹部门,院、系一级是具体实施的教学、科研单位。高校行政权力主要集中在学校一级,学院、系、教研室作为学校的基层教学组织,尽管承担着大量的教学、科研、学科建设等任务,但在实际运行机制中,其对人、财、物的管理权甚小。由于一些高校存在学术权力与行政权力失衡的现状,院、系的关系常常与校部机关职能部门发生一些矛盾或纠结。1998年高等教育法颁布实施后,政府把原由政府直接行使的招生、学科与专业设置、教师聘任等很多权力下放给了高校,高校一般是按学科门类设置学院或学系,学院或学系成为学科建设的载体和一级管理组织,是介于校、系(教研室)之间的办学实体。因此,高校二级学院都承担着繁重的教学、科研、学科建设和社会服务等任务,管理着用于学科建设的资金,在人、财、物等方面享有一定的自主权和事务决策权。近年来,各高校都在积极探索治理体系与治理能力的完善和提升问题,着力推进执行体制机制改革,探索精简内设机构和管

理人员，完善学校治理规章制度，特别是在大学章程的制定、修订与加大执行力度等校务问题中注重各主体间的权益关系，力求依靠法律法规进行规范与调整。高校内部运行机制逐步得到法律法规和学校章程的确认与规范，发生相关事务事态时能及时得到法律法规的保障或救济。在高校管理者的治理观念中正逐步树立"法律至上、依法办事"的理念，"以不断营造守法护法光荣、违法为耻的校园氛围，努力使全体师生员工都能成为法律法规的忠实崇尚者、自觉遵守者、坚定捍卫者"①。客观地说，高校依法治校行政执行机制的现状不断创新，与我国改革开放、全面实施依法治国基本方略是逐步嵌入式推进的，是其不断实践的具体体现。回顾四十多年的改革历程，高校依法治校酝酿改革的启动是从以法治教、下放办学自主权、利用市场适应高校发展需求，同时引入竞争机制，强化执行责任，加大投入，不断优化办学环境和条件等方面，循序渐进地探索前行，由此推动了高校的改革发展，基本适应了时代发展的要求和人民的期待，影响深远，成绩巨大，举世瞩目。

二、高校内部执行机制不尽适应的主要原因

目前，高校行政执行机制与法治要求不尽适应的一些主要表现，概括地说就是不同程度地存在泛行政化、泛趋利化、泛集权化现象。

（一）泛行政化现象导致高校内部执行机制存在一些治理错位

高校内部行政执行机制泛行政化现象的具体表现：一是组织机构行政化。高校组织机构一般是套用政府机关行政级别，实行行政负责人负责制，一级管着一级，下级服从上级，隶属关系清晰；二是治理机制行政化。学校等同于政府行政部门，在校、院（处）、系（科）之间沿袭了行政管理与被管理关系，缺乏民主和法治精神，行政权力挤压学术权力，造成学术失范；三是存在官本位意识。学校支配的教育教学资源总量总是在不断地增加，有相当多的资源是通过行政执行机制分配的，直接导致各类资源配置中行政权力的过度影响，使

---

① 刘晓红. 关于高等教育法制建设的几点思考 [J]. 北京理工大学学报（社会科学版），2000（2）：66-67.

官本位意识在不断地得以强化。过度"服从权力"、"按领导意图办"的长官意志，容易对高校内部机制改革形成障碍和阻力。由于高校学术权力与行政权力没有明确的法规予以框定，造成配置失当，行政权力不断强化，学术权力被淡化或弱化，出现了行政权力替代学术权力的现象，特别是在地方的院校就显得更为突出一些。

（二）泛趋利化现象导致高校内部执行机制存在一些价值追求偏向

高校办学趋利化日益明显的集中表现有两个方面：一是高等教育的大众化和办学层次的多元化，使高校本身不再拘泥于自己是纯公益性事业单位的固有属性，显露出注重实惠和追求名利的倾向。我国高校内部执行机制改革是由要求学校直接从社会获取部分办学资源开始的。学校规模的不断扩大和市场机制的广泛运用，导致高校跨越式发展和低成本扩张而影响了教学、科研的情况持续出现，如有的高校曾一度经费紧缺连基本运转都有困难；有的高校用于新校区建设占地面积过大，浪费不少；有的高校想方设法托关系、找途径提升办学层次，专科升本科，本科改大学，争报硕士、博士点和重点学科、专业、实验室、建设平台等；有的注重提升学校、学科排名；有的挤压正常招生名额用于招录高收费学生，等等。如此种种追求说明一些高校办学趋利化日益明显。二是有的高校不少教师难以潜心治学，浮躁、功利倾向有些凸显。由于工具理性价值观的支配，功利主义思想侵蚀着校园文化，注重实惠，注重急功近利成为主导性价值追求，各种考核量化指标成为评价个人和衡量教学、科研、学术质量与德、能、勤、绩、廉表现的唯一标准。有的学校将教师岗位分成三六九等，师生被异化成数字符号，探究学问、追求新知和探求真理演变成应付指标任务和短期利益的目标追求，教师为"挣工分"而奋斗；学术信仰有些失范，原创性动力不足，诚实守信有些扭曲，导致学术浮躁、学术不端与学术腐败行为屡禁不止。"大学教育价值追求有些误导，立德树人、育人为本的理念没有得到应有彰显，有的学生被作为'工具人'来培养，致使学生把学习作为谋求生存的唯一手段，社会责任感和时代使命感淡漠，成为缺乏应有血性和人文精神的

'空心人'"①，德才素质不能适应时代发展要求。

（三）泛集权现象导致高校内部治理主体存在一些权责错位

大学章程的制定或修订本应解决权责这个问题，但由于多方面的复杂因素，这一问题没有得到根本性的改变。高校内部纵向层面权力主要集中在学校一级，与横向层面权力集中于政治权力、行政权力是一个问题的多个层面，其问题的实质就是行政执行机制有些集权化。大学教育过程中，本应属于教育主体的权力被掌控在校级和行政职能部门的管理执行层，教师和学生容易被客体化，丧失主体地位，成为学校行政领导和职能部门管理的对象，而非服务对象。在过度集权化机制运行下，一线教师和学生的需要没有充分满足，师生到行政职能部门办事手续烦琐；学术自由、学术至上、教授治学、人才发展与成长的规律没有完全被尊重和遵循，大学育人功能有些被弱化，教师、学生不是在做他们想做和该做的事，而是在做他人决定做的事情。比如，校、院在战略规划和教育目标的制定上，普通教师和学生很少有话语权和知情权，更不可能对战略规划和教育目标的确定发表看法、提出建议。因为战略规划和教育目标都是由行政部门和行政人员代替教师和学生决定了他们应当追求的战略规划和教育目标，一般很难使广大师生达成共识。又如，以前些年职务犯罪频发的高校基建、设备、教材采购等为例，盖什么样的大楼，用什么教材，买什么教学设备，没有征求教师学生意见，更没有经过相关程序，仅由少数几个领导、主管人员甚至经办人员说了算。即使走了程序也是有名无实，没有严格执行公开、公正、公平原则，这样一来，教师和学生的参与作用被降到最低。这种内部集权化造成的一个严重后果是有的领导和执行者知法违法、以身试法，使学校利益受到损害，学校形象受到重挫，造成的一些负面作用严重影响到校风作风建设。师生的主体权责地位得不到应有体现，缺位错位现象不同程度存在，行政管理部门和行政人员代替师生思考和决策成为常态，难以激发师生关注、参与学校治理的积极性和创造性。

---

① 别敦荣，徐梅. 去行政化改革与回归现代大学本质 [J]. 中国高教研究，2011（11）：37-38.

三、高校内部运行机制不尽适应的特征

（一）内部行政执行机制运作路径具有一定的依赖性

高校行政权力的强势地位，已经在我国高校内部沉浸了上百年的历史，具有很强的历史路径依赖性，有着悠久的历史传统。即使在民国时期，由于当时中央政府权威低下、军阀混战、南北对峙、社会动乱不安，政府无力顾及和治理大学，而像西南联大这类大学的一批学者致力于教育救国、严谨治学，倡导大学自治，才出现了一批大师。从对我国高校治理制度变迁的历史考察来看，从中华人民共和国成立之后，高校行政权力一直处于主导地位，这是因为国情所需要，"教育必须为无产阶级政治服务"是党和国家的教育方针，高校认真贯彻党和国家的教育方针是天经地义的大事，也是国家和社会经济与社会发展的客观需要。长期的计划经济体制所形成的由政府主导的高校行政治理体制，政府作为高校最主要的资金投入者，控制着高等教育的资源配置权也是非常必要的。当政府成为高校的物质资源和政策资源的提供者，就意味着高校必须按照政府要求切实承担好自己的职责。由此必然导致高校因为对政府资源的依赖而受制于政府，难免具有一定的依赖性，进而产生一些非学术性遗传因素。在实行市场经济体制下的高等教育就必须践行新发展理念，构建新发展格局，克服依赖性，增强自主性和进取性。

（二）内部行政执行机制使领导人配备具有唯上性

权力的来源决定了作为权力的主体，要向谁负责反映谁的意志以及执行谁的指示、命令。因为我国高校校级领导成员的任用，不是由全体教职员工或教授会、党员代表大会、教职工代表大会选举产生，学校在职的中层领导和相关人员参加的校级领导成员民主推荐会也只能作为上级组织的任用参考。校级领导成员的权力和职位均来自主管部门批准。校级领导成员选拔和任用机制注定了校级领导是作为政府的代表来治理学校的。校级领导实际上已成为政府派驻在学校的代表，其职权合法性机制就在于上级行政授权。高校内部行政权力的本质，决定了高校校级领导首先要遵守行政逻辑，下级服从上级，最终要对政府负责。因此，作为延伸于国家教育行政权力的高校校级领导权力，自产生之

日起就决定了自己必须遵守与政府保持一致的逻辑。面对来自政府的诸多影响，作为高校领导，特别是主要领导，必须代表学校对政府的诸多要求，通过一定的方式予以回应，以获得政府领导机关的支持和关怀，以此形成校级领导班子的形象，有利于工作的开展。这种"唯上性"的特点在目前阶段也并非完全不妥，问题是不能"异化"，公权力不能私用化。

（三）内部行政执行机制具有一定的逐利性

近年来，高校规模的扩大和政府财政投入的逐年增加，加强了高校对政府的政策资源和财力资源依赖程度，使得争取各类政策资源和财政资源成为高校领导的重要职责使命，不得不绝对服从于作为资源控制者的政府，而有的政府主管部门负责人往往利用所掌握的资源进行权力寻租，使高校不得不越来越"畏上"与"唯上"。与此同时，有的政府部门还可以通过招生指标名额的投放、学科设置、课题项目审批、成果鉴定、评奖、学费标准、科研经费、专项资助、国际合作办学等多种形式对高校施加直接或间接影响。比如，各种评估本应是提高学校办学水平和综合实力的体现，具有积极的正面意义，但有的评审过程形式化，将评审结果直接与资源分配挂钩，也会导致办学的"功利性"倾向。

第二节 优化高等学校内部行政执行机制的依据与基础

一、优化高等学校内部行政执行机制的法理依据

高校内部行政执行机制改革，主要是破解泛行政化、泛趋利化、泛集权化等突出问题。因为大学的本质特性和本真价值除育人功效外就是尊重、追求和保障学术自由权。我国《宪法》第47条规定公民有进行科学研究、文学艺术创作和其他文化活动的自由。国家对于从事教育、科学、技术、文学、艺术和其他文化事业的公民的有益于人民的创造性工作，给以鼓励和帮助。一般认为，学术自由是一种精神自由，具体包括思想自由、学术生活自由、学术研究自由、

学术研究成果的传授、交流和发表自由。所谓学术自由权是指国家依法承认和保护公民进行科学研究、文艺创作和其他文化活动，任何人包括国家机关和社会组织都不得侵犯公民在法律所允许的范围内进行科学研究、文艺创作和其他文化活动的权利。学术自由权受宪法保护诠释了尊重学术的真谛。我国《高等教育法》第 10 条规定国家依法保障高等学校中的科学研究、文学艺术创作和其他文化活动的自由。此外，其第四章对高校诸多方面的自主权进行了规定，包括自主设置和调整学科专业，自主开展科学研究、技术开发和社会服务，自主开展对外科学技术文化交流与合作，自主确定教学、科学研究、行政职能部门等内部组织机构设置和人员配备，评聘教师和其他专业技术人员的职务、调整津贴及工资分配，对举办者提供的财产、国家财政性资助、受捐赠财产依法自主管理和使用等。上述规定大致确认了我国学术自由与自主权的主体包括普通公民、高等教育机构。高校师生热爱学术，追求自由，崇尚平等，探索真理，是大学学术生活的主旋律。我国《教师法》第 7 条规定教师享有进行教育教学活动、开展教育教学改革和实验的权利，享有从事科学研究、学术交流，参加专业的学术团体，在学术活动中充分发表意见等权利，特别强调了教师的学术自由权。学术自由权是受我国宪法和法律保护所进行学术活动的权利与权益，除了鉴定真理的理性方法管束之外，有不受任何权力约束的自由。2016 年 5 月 20 日中共中央、国务院印发了国家创新驱动发展战略纲要（以下简称"战略纲要"）强调"营造宽松的科研氛围，保障科技人员的学术自由"。学术自由是学术繁荣发展的生命，学术兴则高校兴，学术衰则高校衰。学术自由是从事学术活动的人的基本精神环境，如同其必备的基本物质工作条件，这是因为高校是一个知识共同体，是师生共有的精神家园，只有坚持学术自由和学术至上，才能不断实现知识创新，弘扬学术的创造力和生命力。学术自由作为高校的核心理念，始终受师生所尊重和崇拜，一直是所有高校孜孜以求并赖以立足发展的最为宝贵的根基和灵魂。所以，无论高校治理结构的设置及有序运行，还是高校治理机制的创新与完善，其本质就是遵循法定、职责明确、有效制衡、协调运转的原则配置权力与权益。目前，高校治理中不同程度存在一些泛行政化、泛趋利化、泛集权化现象，与高校治理本身的基本特性和价值追求是格格不入的，也是与法律法规依据的要求不合的。高校属于国家事业单位的公法人，是公益性社会组织，只有在高校治理中依法依规体现事业单位公法人的公益性治理的本质特性和服务特性，才能履行好高校职责和使命担当。

二、优化高等学校内部行政执行机制的现实基础

（一）正确认识高校内部行政执行机制改革的动力基础

改革的主要动力来自高校自身发展的需要和社会改革的推动。首先，必须认清高校内部执行机制改革是高校综合改革的一个重要组成部分，应当放到国家高教战线全局的改革开放环境中去深刻认识和全面考量。改革的主要动力来自高教战线的推动和高校自身发展的需要，因而包括执行机制在内的高校内部治理机制改革应当结合高校系统的综合改革统筹进行，充分考虑高校系统的社会环境条件和学校特征与基础，除国家教育部门确定的试点高校和法律法规明确的自主办学权外，背离社会环境、滞后或者过度超前的全局性改革是难以取得成功的，这是这些年来高校内部管理机制改革的一条重要经验和启示。其次，必须认识经济社会发展是高校执行机制改革的主要推动力量。高校内部管理机制改革的推动力量可以概括为三种：国家经济体制和社会运行机制改革要求高校建立新的运行机制，高校外部对高等教育运行效率的巨大压力要求高校优化自身组织结构模式，高校自身发展的内在力量要求改变原来由外部安排的高校内部管理制度。回顾改革开放 40 多年，高校执行机制改革从下放权力、减少审批，到经费包干、自筹经费办学；从执行体制机制重大改革，到遵循规模、质量、结构、效益协调发展，政府要求高校更多地承担自身发展的责任，更多地独立获得办学资源并减少对政府的依赖，希望高校在推动社会经济发展的同时也从市场获得自身发展所需要的部分资源。这样的发展变化推动了高校从人事分配制度到组织结构模式，从教学科研业务到后勤体系的全面调整和改革。社会变革和高教领域的改革对高校行政执行机制改革创新起到了重要的引领和示范作用，且是非常巨大的推动力，这应当看作高校执行机制改革的巨大成果，也是机制创新的一个重要特征。

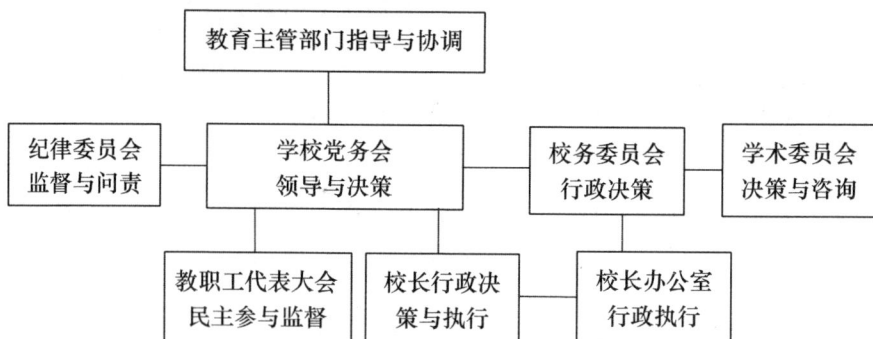

图 3　学校权力结构示意图

（二）正确认识高校内部执行机制创新的现实基础

随着改革开放的不断深入，社会政治、经济、文化教育事业的发展使高校内部执行力日渐充满生机与活力。高校对自身改革发展的一些重大事务有了一定的自主权，也坚定了改革发展的自信。但面对各种现实的复杂问题，高校如何全面推进依法治校，依法依规行使好办学自主权，促进学校健康持续发展，这是非常紧迫而又现实的难题。当前，在我国已经实现高等教育大众化的现实背景下，高校内部执行机制必须深入探索以下四个问题。一是执行主体某种程度的错位、缺位。高校内部执行机构设置与运作机制基本上等同于地方党政机关的党政机构的设置与运作，权力集中在校级决策层及其职能部门，院系主体地位比较弱化，事权和人、财、物权存在程度不一的缺位、错位，"权本位""官本位"意识比较浓厚；高校内部条块分割，各自为政，难以做到资源与信息共享；有的领导执行意识淡薄，作风浮躁，工作懈怠，不想作为和难以作为；有的观念陈旧，思想保守，缺乏担当，执行力不强等。二是执行环境有待改善、优化。高校执行机制运行中以行政权力代替学术权力的现象比比皆是，个性品质难以张扬，学术研究价值难以公正认定和保障，学术生态机制不健全，机构形同虚设；学术权力局限于某些领域的部分环节，关键方面只能提提建议，有的甚至连提建议、谈看法的渠道也不畅通；教学、科研一线政策资源枯竭，民主沟通机制弱化，教师积极性、创造性没有得到充分发挥；有些校规校纪滞后，不能适应学校改革发展，有的还与法律法规相冲突，制度法治环境需要切实加强。三是执行行为存在缺陷、不足。有的高校内部执行机制改革始终进展缓慢，其主要原因是高校领导仍固守"等、靠、要"的作风，对执行法律法规和政策不敏感，存在不同程度的懒政、怠政现象；有的高校激励机制不健全，难以使领导和教师员工形成利益共同体，深化改革举措难以凝聚共识，形成合力；有的执行主体之间协调配合不够，缺乏有效的沟通机制，执行效率低，担当责任差，服务意识淡漠。四是执行过程有待进一步规范、严谨。高校内部执行机制有时存在执行决策前缺乏细致的战略规划，没有进行周密、比较性的论证，使得决策执行失误造成不良后果；有的没有建立标准化、规范化的管理模式和评价机制，常常使得有些决策执行好与执行差都一个样，甚至出现误判错判；监督缺位，监督乏力，没有健全问责机制和责任倒逼倒查机制，常常出现"你好我好，大家都好"现象，使执行力难以得到提升和发展。

第三节　创新高等学校内部行政执行机制的探讨

一、建立完善的高校内部执法执规体系

　　建立完善的高校内部执法执规体系，使全面推进依法治校具有充分的法治依据，是当前高等教育法治建设的重要前提任务，也是高校综合改革与发展的内在需要。因此，一是要制订具体的法治法规建设规划。全国人大及其常委会应当把高等教育立法摆在重要位置上，在已实施的几部有关高等教育法律的基础上，应当再制定几部高等教育"基本法"，如学位法、中外联合办学法、学校法和外方独立办学等方面的法律。国家行政机关在制定行政法规方面应当先行一步，在法律制定尚不成熟时应制定法规，以利立法进程的推进。高教行政法规的制定要根据《中华人民共和国立法法》和国务院颁布的《规章制定程序条例》《法规规章备案条例》的规定遵循相应程序。二是要积极制定或修订相应的实施细则。凡是颁布的法律和重要的行政法规，都要通过制定相应的实施细则，来实现法律法规在高等教育活动中的落实到位，即权利被享用、义务被履行、

禁令被遵守、责任被追究。可以说，没有实施细则的法律法规，法治建设是很难实施到位的。对已实施的法律法规及其实施细则，应当根据实施情况和法治原则，对其进行必要的修订完善。三是要重视对各个层次的法规制度进行全面清理。对法规制度内部的冲突、规章制度之间的冲突、上位规定与下位规定的冲突都应给予相应的重视，要根据法治原则和实施要求进行认真严谨的核查清理。特别是校规校纪，对其与法律法规和上位规定相冲突的内容要尽快予以修改或废除。大学章程是依法治校的重要依据，对近年来制定或修订的大学章程应在实施过程中酌情依法依规加以修订完善。需要特别强调的是，高校在制定校规校纪时必须坚持合法性、客观性和公正性原则，坚持起草、论证、协商、审议、审批和发布等相互衔接的环节，拓宽师生有序参与制定和修订校规校纪的渠道、途径，健全校规校纪草案公开征求意见和师生意见采纳情况的反馈机制，广泛凝聚师生共识。国家和省级教育行政部门应完善对高校"立法"活动的批复、核准和备案制度，以确保高校依法治校程序的规范性和依据的严谨性。四是要完善畅通有效的救济途径。在我国的高教执法依据中，以往对有关程序方面的规定是相当薄弱的。因此，应该在高教执法依据中注重引入明确、严谨的程序规则，如通知、送达、听取申辩、告知权利、举行听证、明确时限等。针对不同的时限，应规定不同的程序要求，如听证有正式与非正式之分，对于重大的事项一般适用正式听证程序，而对于非重大或一般的事项则适用非正式程序。有效畅通的救济途径是高校执法依据中不可缺少的环节，针对高校执法中经常出现的侵犯学生、教师、职工权利的事件，应该设置相应的救济途径对学生、教师、职工的权利予以充分保障。如在学位法律制度中设计允许学位申请本人提起行政诉讼、申请复议和声明异议的权利等。教师如认为在职称评聘、教学科研、民主管理、工作条件、培训进修、考核奖惩、工资福利待遇、退休等方面的各项权益受到侵犯，都可以向学校或其他教育机构提出申诉，表达诉求。

二、明确高校内部执行主体的职权定位

高校内部执行主体的职权定位关乎职权法定、明确权责边界、依法依规履

职、有所为有所不为、规范事权、厘清权责、各司其职、各负其责等法治原则要求，是全面推进依法治校的基础，务必具体界定和明晰。

我国《教育法》第 28 条的规定中虽然没有明确界分学校权利的属性和职权定位，但我们可以根据行政职权的特征来界定权利中的行政执法权。首先，必须认识其定位的公益性。我国高校作为事业单位法人，在履行行政职权时除了具有权力的一般属性外，还具有"公益性"特征。公益性是指行政职权的设定与行使不是以行政主体自身的利益为目的，而是以国家和社会的公共利益为目的。"公益性"具体体现为优益性、支配性、不可自由处分性。优益是法律法规赋予行政主体在行使行政职权时有许多职权上的优先条件，并且为保障行政主体的有效行使职权，向行政主体提供各种物质保障条件。支配性是法律法规规定行政职权对行政相对人的可合理配制与调适。不可自由处分性是法律法规明确行政职权与行政职责是同一体，行政职权不得随意转移或放弃。因此，行政职权在具体的本质上具有优益性、支配性和不可自由处分性特点，都是为了有效地实现其公益性。行政职权的公益性表明，法律法规赋予社会组织以行政职权的目的，是要求行政组织运用行政职权实现对公共利益的集合、维护、分配和保障。所以界定高校权利中的行政执法权的根本标准是指高校针对具体的人或事进行管理，行使法定权力是否实现了对公共利益的集合、维护、分配和保障。因为教育是面向全体社会成员，高校行使执法权是以增进社会成员的公共利益为其追求宗旨。其次，必须认识其定位的服务性。高校始终都提供着具体的教育教学、科研、社会服务和传承人类文明的一系列服务，服务的宗旨是使培养的人才能满足和适应国家、社会的需要，而非学校自身的利益。高校行使执法权的具体表现是治理学校公共事务，促进学校公共利益，保障适应国家和社会需要。高校是国家和民族振兴的具体标志，在高等教育服务中，它作为社会组织提供服务行为，组织教育教学，开展科研，为完成教育教学、科研而聘请教师，对学生和教师进行管理、服务，以达到国家和社会发展高等教育的目的等，都是高校行使执法权的必然要求和内在需要，其目的是对学校公共利益的维护和合理分配提供服务。服务于高等教育的资源也是有限的，以招生为例，不可能使想上大学的人都能上大学，国家和学校只有通过公平公正的方式使得相对优秀的学生接受高等教育，获得高等教育资源。高校对教师、学生和员工依法依规进行管理、服务，以体现对公共利益的保障和维护，承担治校基础性任务，其职权实质是服务于国家和社会。

根据法律法规授权的规定，高校行政执法权的范围具体包括：招生权、学籍管理权、毕业证书发放权、学位证书授予权、教师职称评审授予权、对学生和教师的学习培育培训权、奖励权、对学生和教师的纪律处分权等。在高校行政执法活动所形成的行政法律关系中，行政执法相对人处于被管理地位，受行政执法权作用或约束的公民、法人或其他组织，具体包括高校、教师、学生和员工。他们的基本权利既有公民的基本权利，也有教师学生的一般权利。行政相对人的权利包括：一是自由权，二是受平等对待的权利，三是收益权，四是享有的程序性权利。行政相对人的义务总的来说主要有：遵守行政法律法规，履行行政职责，服从行政管理，执行行政决定等。全面推进依法治校的基础就需要"把权力关进制度的笼子里"，使高校各类执法主体的职权定位规范化、法定化，实现权力从产生、运行、监督一直到责任承担都遵循法治原则，不偏离法治轨道。

三、优化高校内部执行机制的学术生态环境

学术自由和平等是大学的核心价值，也是优化高等学校内部执行治理环境的关键。在追求和保障学术自由的同时，必然摆脱不了外界政治、经济、文化环境以及大学自身的诸多限制。这些限制可能源于大学自身的内在需求，也可能源于利益相关者的诉求。由此决定了自由不能泛化，学术自由应该是有限度的自由，否则，就会导致学术自由的削弱。优化高等学校内部执行机制的学术生态环境，仍以健全完善制度建设为重点，需在以下几个方面努力。第一，要在全面推进依法治校和民主管理的基础上，努力营造一个宽松和谐的学术生态环境。大学的教学科研好比一个大的林场，各种植物、动物都交叉生长在同一个扁平的空间结构中，共同形成林场的整体生态气象。大学的构成错综复杂、学科交叉、专业多样，没有哪一个学科有可能统治其他学科。这就只能根据大学的本质特性和本真价值来进行系统考量，体现其是一个多元、整合、整体性

的学术组织。整体性是指其学术生态、知识生态、常变动态，是因为人的才智和接受能力而异的多元整体性；多元性是指学术生态整体、知识整体都是由多元构成的整体；整合性是指经常不断地调节其内部多元要素之间的关系，使多元要素形成的动态结构，能产生实现目标的整体功能。因此，营造学术生态环境必须首先改革优化组织结构形态。第二，要切实执行高等学校学术委员会规程的规定。2014 年 1 月 29 日，教育部第 35 号令下发了高等学校学术委员会规程，明确学术委员会为校内最高学术机构；统筹行使学术事务的决策、审议、评定和咨询等职权；遵循学术规律，尊重学术自由、学术平等，鼓励学术创新，促进学术发展和人才培养，提高学术质量；公平、公正、公开地履行职责，保障教师、科研人员和学生在教学、科研和学术事务管理中充分发挥主体作用，为促进学校科学发展提出了具体要求。高等学校应以认真贯彻该规程为契机，切实以学术权力为中心，以服务学术为宗旨，以保障学术为条件，以提升学术水平为己任。扎实转变学校的行政理念和服务职能，进一步强化学术权力，加强教授治学，确保教授参与到学校的学术决策和重要的学术活动中，包括学校学术政策的制定，教师职称的晋升、聘任、考核，学生学位的授予，教学科研成果的评审鉴定等学术事务，使教授们有充分参与学校学术事务管理的权力。第三，要营造良好学术生态的主旋律。目前，最重要也是最需要营造的是尊重学术创造、注重学术质量、敬重学术品行的良好风气，让健康、求实、严谨、创新的学术风气成为学术生态的主旋律。同时，应借鉴国外先进做法和经验，结合我国高等学校实际，切实创新机制，完善制度，注重科技创新和前沿创新，不断提高教学、科研的前沿水平和原创水平，以更好地适应现代大学学科建设，提高学校治理体系和治理能力的现代化。

　　这里需要对"去行政化"有一个科学的理解和把握，"去行政化"并非否定加强大学行政管理。在大学权力体系中，行政权力和学术权力共生共存，相互制衡，缺一不可。既要充分发挥教授在教学、学术研究和学校管理中的作用，也要不断加强行政治理和执行力度，公正、合理地对大学的人力和物力资源进行管理统筹，优化配置，以保证大学各组织之间良性高效运转。优化高等学校内部执行环境，需要政治权利、行政权力和学术权力相互制约和密切配合。而在目前状况下，必须强调通过法治思维和法治方法，运用法治制度建设一个良好的校园学术生态，从体制机制上营造一个有利于优秀学术人才脱颖而出，鼓励学术自由和学术创新的大学生态环境就显得尤为重要和紧迫。

四、加强高校内部行政执行管理层的绩效考核

高等学校在全面推进依法治校的实践中，建立健全内部行政执行管理层的绩效考核体系，对激励各级管理人员爱岗敬业，积极进取，提高服务和管理水平具有重要导向和规范作用。各高等学校都在不断探索，努力形成科学考核的长效机制，取得了可喜的成效。高等学校绩效考核是指考评主体对照工作或绩效标准，采用科学考评的方法，考核评定对象履行工作职责，完成工作任务和发展进步情况，并将考评结果反馈给考核对象的过程。然而，在实际操作中，由于在考核的指导思想和认识定位上存在偏差和模糊，不少高等学校仍存在着不足和缺陷。如何使绩效考核能围绕学校中心工作，全面、客观、公正、准确地评价单位和个人的实绩，真正起到激励先进、改进工作、提升水平的目的，需要深入探讨。第一，要制定科学合理的考核体系，包括考核的指标、标准和方法。建立科学的指标体系是做好考核的关键，考核指标要能客观全面地反映出考核客体在考核工作期内的目标任务完成及岗位职责履行情况，客观地反映其工作态度、能力和水平。考核内容通常是从德、能、勤、绩、廉五方面进行，"德"考核政治品质和道德修养，"能"考核综合能力，"勤"考核工作态度与投入，"绩"考核工作业绩，"廉"考核生活作风和廉洁自律。科学的指标体系要把考核内容具体化、标准化，即将考核内容描述具体或量化。考核方法要坚持定性与定量有机结合，考核工作量比较适当。第二，要坚持"四结合"：即做到个人考核与单位考核相结合；重点工作与一般工作相结合；共性指标与个性指标相结合；定性描述与量化比较相结合。注意单位分类和区别职责性质确定相应考核客体。绩效考核方案要经过自下而上和自上而下的反复讨论，听取和征求各方面的意见和建议，力求使方案完善，体系清晰，内容全面，方法可行，能被普遍认同，能达到考核的预定目标。第三，要实行严密有效的考核组织形式，确保绩效考核的客观性和有序性。考核主体即参与考评的人员应有代表性，

能得到比较广泛的认可。考核客体是指被考核的人员，应实行考核主客体分离回避原则，即考核客体不能同时组织或作为考核主体参与对自己的考评；担任考核任务单位的人员不能作为本单位代表对本单位进行考评。因此，在确定考核主体、制定考核程序时必须坚持民主测评、个人总结述职、组织考核等方式，采取听汇报、看材料、提问、回答等方法，通过检查、督办、收集统计有关信息、收集各方意见、面对面交流沟通情况等途径，使各种材料汇总成为最终考核的主要依据。第四，要采用多种形式反馈考核结果。既可以向全校公布，也可以分单位分部门分层次进行公示，还可以采取个别谈话形式反馈或以分管校、处领导集体谈话方式反馈。对于需要改进和纠正的问题，尤其适宜于谈话交流的反馈方式。考核结果的有效利用能促进管理人员对绩效考核的重视，使大家的行为自觉地朝绩效提升方向发展，不断提升执政团队的执行力。绩效考核结果应充分应用于管理人员的评优评先、职务任用、聘免等，与其紧密挂钩。建立科学合理的绩效考核评价体系是一个系统工程，在建立健全过程中要始终坚持客观、公正原则，坚持利于组织目标实现和管理干部成长发展原则，坚持简单易行、操作性、规范性强的原则，精心设计，精心组织，精心考核，确保考核确有成效，执行确有提升，工作确有发展。

五、健全高校校务委员会决策执行制度

2010 年颁布的国家中长期教育改革和发展规划纲要（2010—2020 年）（以下简称规划纲要）明确指出要"探索建立符合学校特点的管理制度和配套政策，克服行政化倾向，取消实际存在的行政级别和行政化管理模式"，特别强调"健全议事规则与决策程序，依法落实党委、校长职权"。2014 年 10 月 15 日中共中央办公厅印发的关于坚持和完善普通高等学校党委领导下的校长负责制的实施意见（以下简称实施意见）明确规定"必须坚持党委的领导核心地位，保证校长依法行使职权，建立健全党委统一领导、党政分工合作、协调运行的工作机制"。全面推进依法治校，建立现代大学制度，必须按规划纲要和实施意见的要求，建立决策权、执行权和监督权既相互制约又相互协调的权力结构，健全党委统一领导，校长负责管理，教授严谨治学，加强民主监督的体制框架，形成

结构合理、决策科学、执行顺畅、监督有力、运转高效的内部权力运行机制。这是实现高等学校既定发展目标的前提和根本。简言之，就是健全高等学校校务委员会决策执行制度。实行校务委员会制度是校长治理机制的基本形式，这是我国高等学校实现党委领导下的校长负责制这一领导执行机制行政决策科学化、民主化和法治化的必然要求，也是高等教育改革发展的现实选择。校务委员会作为我国高等学校内部管理体制中一项重要的组织制度，最早可以追溯到中华人民共和国成立之初。1950 年 8 月政务院颁发的高等学校暂行规程明文规定：大学及专门院校在校（院）长领导下设校（院）务委员会，并对行使职权做了具体要求。1958 年中共中央、国务院关于教育工作的指示指出："在一切高等学校中应当实行党委领导下的校务委员会负责制。"1961 年，《中华人民共和国教育部直属高等学校工作执行工作条例（草案）》（俗称"高教 60 条"）第51 条明文规定"高等学校的领导制度，是党委领导下的以校长为首的校务委员负责制"。并对校务委员会的组成人员等内容做了较详细的说明。1966 年到1985 年，校务委员会在我国高等学校中没有被提及。1985 年中共中央颁布了关于教育体制改革的决定，规定了"学校逐步实行校长负责制，有条件的学校要设立由校长主持的、人数不多的、有威信的校务委员会，作为审议机构"。至此，校务委员会又重新设立，但组织性质由领导体制转变为指导咨询机构，职能和作用也发生了巨大变化。1998 年颁布的高等教育法规定在党委领导下的校长负责制下校长主持"校长办公会议或者校务会议"，处理校长职权有关事项。2000 年以来，许多重点大学设立了定位指导咨询作用的校务委员会。我国高等教育法和 1996 年 3 月中共中央颁布的中国共产党普通高等学校基层组织工作条例与 2010 年 8 月、2021 年 2 月修订的该条例都明确规定了"国家举办的普通高等学校实行中国共产党高等学校基层委员会领导下的校长负责制"这一具有中国特色的现代大学的领导体制。2014 年 10 月中共中央办公厅印发的实施意见明确"校长办公会议或校务会议是学校行政议事决策机构"，并就有关决策事项做出了规定。该实施意见是对党委和行政权力结构和运行机制认识的进一步深化，也是改革我国高等学校内部权力结构与运行机制的指导思想和总原则的具体细化，具有很强的针对性和指导性。在实际操作上，高等学校内部行政权力决策有三种形式：一是校务委员会制，以校长为首组成校务委员会决策，行使行政权力；二是校长办公会制，以校长为首组成校长办公会议决策，行使行政权力；三是董事会制，重大问题由董事会决策，校长行使行政权力，实施董事会议决议。这是高等学校行政系统内部三个最高的、行之有效的决策机构，都属于委员会制。然而，在社会转型时期，我国目前尚不完全具备实行董事会这种形式的条件，而校长办公会制本身又存在代表性不足的局限性，校务委员会制可以说是当前我国高等学校必然选择的最佳的行政集体决策形式。这是因为，校务委员会制是一种既定的并在一定时间和范围内得到认可的行政组织制度，委员会决策与校长个人决策并不矛盾，也不是对校长决策的简单否定，而是能够很好地弥补校长个人决策能力的不足，发挥集体智慧，体现大学本质特征。

政治权力、行政权力和学术权力是我国公立高等学校内部三种主要的权力形式，党委主要行使政治权力，以校长为首的行政系统行使行政权力，教授或学术委员会行使学术权力。高等学校要建立结构合理、配置科学、程序严密、制约有效的权力运行机制，必须遵从"党委领导、校长管理、教授治学、民主监督"这一体制框架。党委领导下的校长负责制是高等学校内部领导体制，校务委员会制度是校长管理的基本形式，两者之间并不矛盾，也不冲突。校务委员会属于行政执行机构的一部分，是高等学校内部一项重要的行政组织制度，承担高等学校内部行政决策机构职能，负责对学校改革和发展中的重要事项进行决策。涉及学校全局性和师生员工关注的重要事项，必须把师生参与、专家论证、风险评估、合法性审查、集体讨论决定作为行政法定程序，确保决策制度合法、切实可行、程序正当、过程公开、责任明确。这是校务委员会的组织性质和基本规定性，从而规定了校务委员会在人员构成上应该由党政领导、职能部门负责人、一定数量且有代表性的专家教授等组成，参与主体为行政干部。随着形势的发展和改革的深化，校务委员会的功能定位也应有所变化，须从咨询、审议层面上升到行政决策层面。根据我国高等教育法的规定和学校实际，校长的职权根据具体的内容可以分为三类。一类需要向党委汇报，如发展规划、重要的改革举措、重要的规章制度和年度工作计划等；内部组织机构设置方案、年度经费预算决算等，副校长人选的推荐和校内组织机构负责人的任免等。一类是事先经学术委员会咨询、审议的事项，再行决策。一类是由行政决策。这三类事务分别对应政治权力、学术权力和行政权力。校务委员会的定位应当是对以校长职权为中心的高等学校的重大重要事项做出执行决策。校务委员会在人员构成上须体现以下原则：一是党委对学校的统一领导体现在校务委员中，党委书记担任校务委员会主任，决策形成后由校长为首的行政系统贯彻执行，有利于调适政治权利与行政权力；二是校长为第一副主任，有利于协调各方关系，统筹执行指挥；三是办学经验或有较高学术造诣的教授、专家应有相当比例，有利于实现行政权力与学术权力之间的协调，彰显学术权力；四是校务委员会设若干名副主任，由党委副书记、委员担任，便于分工负责；五是为了加强高等学校与社会的联系，可以聘请少量的校外有关人士参加；六是实行任期制，每届任期四至五年，可以连选连聘。

第六章

注重高等学校内部学术自由发展机制

第一节　高等学校学术自由发展的法理依据

一、学术本身是心灵自由的产物

（一）学术职业的自主和神圣背后是自由理念的支撑

学者们自觉地持之以恒进行艰苦探索是为了实现自我、超越必然，通向心灵自由的价值追求，从本质上看学术本身是心灵自由的产物。只有当学术成为一种职业时，除了理性方式产生的纯学术行规之外，其也依然不接受外在的规训，学术自由是认定学术职业特性、确认学者身份特征的内在标准。

关于学术自由思想形成的源头，在理论上有三种说法：一是源于荷兰的哲学家斯宾诺莎 1670 年提出的"哲学思想自由"；二是源于古希腊的哲学家苏格拉底提出的"学者必须有权利探索一个论点到它可能引向的任何地方"的思想；三是以但丁等为代表的人生自由哲学，以路德等为代表的宗教信仰自由哲学，以密尔顿斯宾诺莎为代表的思想自由哲学，以培根等为代表的认识自由哲学等自由哲学理念影响下的产物。① 各自说法都有其合理性，只是思想的角度有些不同而已。学术是学者心灵自由的产物，也是学者们为人类学术自由发展所做

---

① 眭依凡. 大学校长的教育理念与治校［M］. 北京：人民教育出版社，2001：283.

出的贡献。

（二）学术"生而自由"，却"无往不在枷锁之中"

当学术和学术职业基于自身的神圣和高贵以及学术成果的功利化利益效应而被纳入人类社会结构中时，学术、学者总是被政治和金钱之用试图整合到一个可控的组织结构中。学术虽然自由而生，但却无往而不在枷锁之中，学术的发展过程就是一个挣脱外在枷锁的过程，我国历史上发生的"焚书坑儒"和"文字狱"自不必说，即使是尊崇自由的西方各国，出版审查和宗教审判制度也使得学术一直在专制的苦海里挣扎。1210年，巴黎禁止传授亚里士多德的自然哲学著作；1215年，巴黎大学又禁止了亚里士多德的一些著作和其他三位异教徒的著作；1510年，教皇制定出版检查法；1837年，德国发生"哥廷根七君子"事件，哥廷根大学的七位教授因为反对汉诺威国王废除宪法之举，拒绝宣誓拥护新政权而被驱逐出哥廷根大学。20世纪初，德国禁止社会民主党员在大学取得教授职位后，所有的犹太裔人、社会主义者、马克思主义者都被解除学术职位；即使是号称"自由世界"的美国，学术自由也受到了不公正的待遇，美国在20世纪30年代的经济危机期间曾要求大学教授宣誓对国家忠诚，到了50年代，麦卡锡主义盛行，忠诚宣誓被强化，许多教师、学者未经规定程序就被解聘。① 就是在学术自由已经成为普遍共识的今天，学术也可能被政治所"绑架"，比如美国在"9·11事件"后，以保卫国家安全的名义颁布了爱国者法案，即采取适当措施阻止恐怖主义法案，该法案涉及学术研究、学术成果发表、学者之间的交流、教学、学习等几乎所有方面，尤其是对于外来移民和外籍人员的学术活动设置了各种严厉的限制措施。② 中美贸易摩擦以来，美国对留美中国学者进行严格审查和限制也是出于政治的考量。

（三）学术自由权即公民发展权

从历史上分析，对学术的压制是通过制度性的安排进行的，制度性的压迫构成了对学者的人性强制，比对人体的自然形式的限制更加隐蔽，但这种压迫

---

① 王国均. 美国高等教育学术自由传统的演进 [M]. 北京：学林出版社，2008：116.
② 安宗林，李学永，大学治理的法制框架构建研究 [M]. 北京：北京大学出版社，2011：39.

性的制度总会留下缝隙，而透进的自由空气就为学术的发展提供了机会，而学者也会试图凭借个人良知而对抗压制，即使像布鲁诺一样罹于火刑也在所不惜，在薪火相传中为学术保留了生命的种子。人类发展到了今天，尊重学术自由、保护学术权利，已成为共识。当学术自由是如此重要以至于社会已经达成共识时，将其作为一种基本权利纳入法律保护框架之内，自然就顺理成章。学术自由权，就是指国家依法承认和保护公民进行科学研究、文艺创作和其他文化活动，任何人包括国家机关和社会组织都不得侵犯公民在法律所允许的范围内进行科学研究、文艺创作和其他文化活动的权利。它是公民自我完善和自我实现价值追求的途径，属于公民发展权的范畴。

二、学术自由权的法律保障

（一）学术自由权上升为各国国家宪法权

学术自由的概念产生于德国，其思想奠基者是洪堡、施莱尔·马赫和费希特等人，认为大学必须将研究提升到与知识传授同等重要的地位，而要开展学术研究就需要确立学术自由的制度保障。这一思想逐渐形成经典大学的基本理念并被欧美大学普遍认同。学术自由在最初仅仅限于学校内部，是学校自身的行为，却无法防止来自外部力量的侵害，因此需要通过国家法律的认可和保障。到了 20 世纪初期，学术自由则上升为宪法基本权利，许多国家的宪法和教育基本法开始明确保障学术自由。德国在 1919 年德国魏玛宪法中规定了"艺术、学术及其教学是自由的"；在第二次世界大战以后的基本法中明确规定"艺术与科学、研究与讲学均属自由，讲学自由不得免除对宪法之忠诚"；在 1976 年的高等学校总法中将研究自由、教学自由和学习自由定义为三大自由。1967 年美国最高法院第一修正案明确保护学术自由；明确美国宪法坚定不移地保护学术自由不但对教师，而且对所有人都具有至高无上的价值。意大利宪法第 33 条第 1 款规定"艺术与科学自由，其讲授也自由"。韩国宪法第 22 条规定"所有国民享有学问和艺术自由"。① 关于类似规定许多国家在宪法中都明确了学术自由和

---

① 周志宏. 学术自由与大学法［M］. 台北：蔚理法律出版社，1989：202.

学术自由权的保护与保障问题。

（二）学术自由权获得国际组织认可

学术自由和学术自由权的规定在一些国际性的人权文件中也做出了明确规定，这些文件包括《世界人权宣言》《世界人权公约》《欧洲人权公约》《美洲人权宣言》《非洲人权和民族全宪章》等。在联合国教科文组织的框架下，《教师地位规约》《科学研究者地位规约》《学术自由和高等教育机构自治利马宣言》《欧洲大学博洛尼亚宪章》《学术自由和学术社会责任达累斯萨拉姆宣言》《知性自由和社会责任坎帕拉宣言》《学术自由和大学声明》《学术自由波兹南宣言》《学术自由、大学自治和社会责任宣言》等许多文件中都有相关规定，保障和保护学术自由、研究自由与学术自由权。

（三）学术自由权受我国宪法和法律保障

我国《宪法》第47条明文规定："中华人民共和国公民有进行科学研究、文学艺术创作和其他文化活动的自由。国家对于从事教育、科学、技术、文学、艺术和其他文化事业的公民的有益于人民的创造性工作，给予鼓励和帮助。"我国《高等教育法》第10条规定："国家依法保障高等学校中的科学研究、文学艺术创作和其他文化活动的自由。"我国教师法对教师的学术自由权利做出了相关规定。著作权法则细化为具体的法律保护制度。显然，学术自由和保护学术自由权已经成为我国公民共同遵循的普遍法治原则与法律准则。对于高等学校来说，作为社会的学术中心，高校遵循研究学术和传播学术相统一的办学宗旨，有着独特的社会功能和运行逻辑，有自身的规律和价值，有某种相应的特殊管理模式和自我运行、自我约束的机制。因此，其制度机制设计和关于涉及主体的权利义务配置，应该围绕传承文化、创新学术来进行，只有心灵是自由的，服从于个人良知和公认的价值标准而不受外力的强制约束时，才会有真理的发现和文明的延续，学术不可能在一个噤若寒蝉、充满猜忌和不被信任的环境里得到发展。

作为基本权的学术自由权，其功能面向是通过基本权的主观权利与客观法功能来达到宪法确认此种权利的目的。学术自由权首先体现为一种向国家主张的主观公权利，从消极角度看，学术自由是防御性的，以阻御来自国家公权力的侵害；从积极方面看，学术自由是可以请求给付的，学术研究者享有国家提供财力和机构支持的自由。基本权利还具有构建客观法秩序的功能，其条款作为一种宪法基本价值判断，成为指导行政、立法、司法的行为准则，从而建构一个完整和谐的宪法价值秩序，所有国家行为都应该围绕实现基本权利的目的而开展，行政、立法、司法者均不得任意废弃或侵害该制度的本质、内容或宪法所保障的地位。基本权利的客观功能并不是独立于主观功能之外的，而在于"补强"主观权利的保护不足，强调国家不仅应尊重公民的自由，还应该采取多种防范措施，以构建并确保公民行使自由的客观条件，达到保护公民权利的目的。

三、精神自由是学术自由的本质

我国《宪法》第 47 条虽然对学术自由做出了规定，但对其具体的内容无论是理论还是司法实践都没有进行明确具体的界定。我们认为，就其本质而言，学术自由是一种精神自由，具体包括以下几个方面。

学术思想自由。思想自由是信仰自由、学术研究自由等内在精神自由的核心和基础，它是一种绝对的自由。因为思想自由并非独立思索的自由，人的内心思索无法形成法律调整的对象，表达出来的个人独立思考的观点、看法应该受到法律保护。学术思想自由是指个人思考表达出来的观点、看法禁止国家和社会组织的干预，且受国家法律保护。"禁止人的思想是绝对不可能的，因为人的思想有超越一切的力量，监狱、刑罚、痛苦、穷困乃至杀死都不能钳制思想、禁止思想。"①

学术研究自由。学术研究就是探寻真理。"只要就其内容和形式，被认为是严谨且有计划地尝试对真理加以探究的活动，而以有条理、有系统及可检验的方法，达到获取新知识的目的，即为研究。"② 学术研究自由，只要研究的对象、范围和方法不碍于伦理、法律则不受限制；而有关胚胎研究、克隆人、冷

---

① 李大钊. 向着新的理想社会 [M]. 上海：上海远东出版社，1995：190.
② 许育典. 宪法 [M]. 台北：元照出版公司，2006：222.

冻人等研究，因涉及人性、家庭伦理、自然法则、道德与技术风险还应该受到现有道德底线的限制，都可以探究与尝试。

学术研究成果的传授、交流与发表自由。学术研究成果的表达，通过具体的学术活动如讲学、研究、发表、交流等方式表达出来。人的思想也是社会性活动的产物，思想自由必须附带有言论自由、著作自由、出版自由、传播自由以及平等讨论自由，其中讲学、交流自由对大学来说更具实际意义，它是指通过讲授、交流的方式将其研究成果予以传播的自由，"每一个涉及自我熟悉或外来陌生知识及专业的传授活动，而这些活动足以引导对学术的判断、思考与工作而加以批判，皆可纳入"。①

我国《高等教育法》除在第 10 条规定国家依法保障高等学校中的科学研究、文化艺术创作和其他文化活动的自由外，还在第 4 章对高等学校诸多方面的权利进行了规定，大致确认了我国学术自由权的主体包括普通公民、高等教育机构。我国《教师法》第 7 条规定教师享有进行教育教学活动、开展教育教学改革和实验的权利，享有从事科学研究、学术交流，参加专业的学术团体，在学术活动中充分发表意见等权利，特别强调了保护教师的学术自由权。

第二节　高等学校学术自由的传承和特点

一、高校学术自由的传承背景

（一）高校是学术自由的专门机构

高校就其本质属性来说是一个传承、传播和创新人类学术与文化的专门机构。现代大学制度的学术文化渊源是中世纪的基督教文化。随着民族国家的不断出现，高校学术自由的民族属性与文化特征日益彰显，高校成为民族国家学术自由和文化精神的象征，是坚守学术自由、文化与精神的堡垒。中国大学承

---

① 许育典. 宪法［M］. 台北：元照出版公司，2006：225.

担着中国学术与文化的传承、传播、启蒙与创新的责任。中国近代社会经历了"数千年未有之变局",在社会转型和学术、文化断裂剧变的历史时期,中国大学在移植、融合西方大学模式的发展历程中面临着多种学术自由与文化困境。正如加拿大学者许美德教授所说,20世纪是中国大学的一个学术自由与文化冲突的世纪。西方学术自由与强势文化的影响加剧了中国学术自由与传统文化内部的冲突,在经历了一个多世纪的吐故纳新之后,中国的学术自由与传统文化有了充分的自信。这种自信积淀着中华民族最深沉的精神追求,代表着中华民族独特的精神标识,是激励全体各族人民奋勇前进的强大精神力量。这种自信,源自于中华民族五千多年文明历史所孕育的中华优秀传统文化、铸造的革命精神,以及勇于创新、尊重学术、弘扬传统、坚守自由的理想信念,根植于中国特色社会主义伟大实践。

(二)中西方学术文化冲突形成的价值取向

中西方学术与文化的冲突成为理解中国学术与文化发展的主线,受全球化、市场化、行政化等因素的影响,引起中国大学学术与文化内涵的人文精神思考。伴随着大学学术价值追求方式的差异,西方大学强调的专业化发展方向与中国传统的理论与实践紧密结合的学术追求价值模式,以及"治国平天下"为成果的"学以致用"价值理念的冲突,形成了中国大学学术与文化教育范式的"道器之争"。①

亨廷顿在《文明的冲突与世界秩序的重建》一书中展示了世界文明谱系的冲突,在全球化进程中,学术文化的世界性与民族性随着资本主义扩张表现为外来学术文化与本土学术文化的冲突。大学学术文化扎根于民族学术文化之中,大学学术的自由发展、传播与社会文化的传统和价值追求相联系,使大学能够从根本上与学术文化相沟通,肇始于欧洲的大学学术文化也就成为资本主义学术文化的一种表现方式。非西方国家的大学学术文化是移植西方大学学术文化的产物,许美德教授认为19世纪是欧洲大学的凯旋时期,欧洲大学的模式逐渐随着帝国主义和殖民主义的扩张,遍布世界的大部分地方。但是,在西方大学

---

① 安宗林,李学永. 大学治理的法制框架构建研究 [M]. 北京:北京大学出版社,2011:55-56.

制度凯旋的同时，其也遭到了本土学术文化的抵制。许美德教授分析了西方大学学术文化在亚洲传播的路径及其所遇到的冲突。在印度，大学学术自由与学术自治文化受到了限制，与其说是为了使印度大学能够服务于英国殖民需要，倒不如说是印度的佛教学术文化及种姓制度文化塑造了印度大学学术文化。同样，在日本大学学术深受法国和德国影响，具有明显的西方色彩，但是其思想根基还是儒家的国家观和学术特权观，这些意识形态一千多年以来一直是亚洲思想观念中的主流部分，以致儒家的权威与法国的集权式学术管理模式的结合成为亚洲大学学术制度的主流。在朝鲜、泰国、越南等国家都有类似的大学学术制度，体现出与西方不同的大学学术文化。

（三）中华民族学术文化的广泛认同

京师大学堂的创立就是中西方学术文化冲突的产物。中国近代大学经历了移植日本、效仿欧洲到模仿美国的模式转换。中华人民共和国成立后，从学习苏联到自主创新，之后在改革开放过程中又重新学习借鉴欧美模式，在大学学术文化模式的不断转换中，中西学术文化冲突始终是一条主线，在百余年的发展历程中，中国大学学术文化最为显著的矛盾和冲突就是：既要期望获得西方科学技术可能带来的经济和社会利益，同时又要维护本国的学术文化传统，以保持自己的国家和民族特色。在"西学东渐"以及现代化发展进程中，中国先后尝试了不同的现代化模式，但结果却总是与现代化失之交臂，"百年的变革始终在抄袭外国和回归传统之间摇摆，时断时续，杂乱无章，在理论和实践上都没有找到中国特色的发展模式"。① 中西学术文化的碰撞、互动，更加激起中国大学在学术文化选择方面对民族学术文化的认同。中国是一个具有五千多年历史的文明古国，有着非常丰富的学术文化与教育遗产，这种遗产有很多已成为中国历朝历代独特的学术文化遗传基因，每一种外来学术文化都不可避免地要经过这种学术文化基因的过滤选择，才能"洋为中用"。经过民族学术文化遗传基因过滤后的中国大学学术文化，不是一个全盘西化的学术文化，而是一个适合本国实际、学以致用的学术文化，其优势在于中国传统大学精神、理念得以

---

① 李秉忠. 权利视野下的西欧中世纪大学 [J]. 比较教育研究，2006（7）：81-82.

延续传承，体现出近现代中国大学学术文化立足本土、吸收借鉴先进学术文化返本开新的学术文化生命力与凝聚力特征。

二、高校学术自由的现状文化特征

（一）学术自由度的单向性

我们在充分肯定自信的同时，认真思考进入 21 世纪以来，受西方资本主义学术文化全球扩张的巨大影响，中国大学学术文化过于追求功能性需求和工具性价值，注重实效性效益，大学日益注重服务社会与适应社会，导致工具合理性和价值合理性的张力和冲突。中西学术文化的冲突在很长一段时间内仍将存在这是客观现实，我们只能通过"交流互鉴、取长补短，才能保持旺盛生命活力。文明交流互鉴应该是对等的、平等的，应该是多元的、多向的，而不应该是强制的、强迫的，不应该是单一的、单向的。我们应该以海纳百川的宽广胸怀打破文化交往的壁垒，以兼收并蓄的态度汲取其他文明的养分，促进亚洲文明在交流互鉴中共同前进"。① 真正实现"洋为中用"。学术自由、自主办学、追求真理、传承文化是大学作为学术组织应有的品格和精神，是师生员工共同的价值所在，是大学的立校之本。然而，大学不断强化行政文化所带来的巨大影响，正如 C. P. 斯诺的《两种文化》描述的大学中"科学文化"与"人文文化"相互分裂对垒而导致学术文化冲突现象，是科学学科与人文学科知识分子之间因学科文化的巨大差异相互压制和敌视，不仅造成了人类生活整体学术文化的断裂，而且为争夺学科霸权而引起的学术文化冲突一度让大学改革有些迷茫，由此形成了单向性的大学学术文化。马尔库塞把单向性学术文化的出现归因于科学技术的扩张、操纵和控制。② 大学学术文化的单向性的实质在于科学技术占领了学术文化领域，科学文化超越人文文化，大学学术文化蜕变为科学文化，并把这种文化作为一种方法手段来实现对人的思想意识研究的操纵和控制，进一步剥夺人们的批判否定能力和自由思想。大学学术文化的本质应该是

---

① 习近平. 习近平谈治国理政：第三卷 [M]. 北京：外文出版社，2020：469-470.
② 眭依凡. 大学校长的教育理念与治校 [M]. 北京：人民教育出版社，2001：283.

多元的，每一种学术文化都有其生存土壤，发展价值，凝聚着一个国家、一个民族的非凡智慧和精神追求。单向性的学术文化容易造成大学本体的一些错位，认识其错位原因，其实质就是大学自我反思、自我认同的深思考，也是大学培育发展法治文化和制度文化之所需。

（二）学术自由发展的价值性

以往我国大学的管理权一直掌握在政府及其所授权的大学行政组织和有关管理人员手中，政府基本控制着大学管理权和高等教育资源配置权。由于近些年来践行新发展理念，政府着力推行"放管服"改革，依法依规逐步对大学的办学资源，对大学运行及其学术活动进行有效调控和规范，从学科、专业的调整与设置，到经费预算、招生计划安排等具体事务，都由学校自行决定，不要按照政府和行政组织的指令行事。使大学以往存在的"畏上"与"唯上"的价值追求有了一定的转变，大学学术的自由、自觉、自主精神正在逐步得到尊重，大学追求真理、追求创新、追求学术自由的正能量价值与精神正逐步弘扬。习近平总书记强调的"坚持不忘本来、吸收外来、面向未来，既向内看、深入研究关系国计民生的重大课题，又向外看、积极探索关系人类前途命运的重大问题；既向前看、准确判中国特色社会主义发展趋势，又向后看、善于继承和弘扬中华民族优秀传统精华"。① 正在逐步成为高校学术自由发展的基本遵循和价值追求。

（三）学术评价的导向性

前些年由于受市场经济的一些冲突，大学在融入社会的过程中，由于学术研究过分地强调工具理性，而忽视其价值理性，使功利主义思想侵蚀着大学学术研究和学术文化，急功近利的现象成为比较主导性的价值追求，各种量化指标成为评价和衡量学术质量的重要标准，甚至唯一标准。如果大学只关注表层的发展绩效和近期的利益与需要，就会失去对大学发展目标的正确定位、使命指向以及长远的人文关怀等本真意义的价值追求，导致学术浮躁、学术不端与学术腐败行为的发生。值得欣慰的是这种现状已引起党和政府的高度关注。在

---

① 习近平. 习近平谈治国理政：第二卷［M］. 北京：外文出版社，2017：339.

党的十九届五中全会召开前夕，习近平总书记就科技创新工作开门问策，与来自高校、科研院所和企业的科学家代表座谈并发表重要讲话，强调要加快改革，激发科技创新活力，赋予高校、科研机构更大自主权，坚决破除唯论文、唯职称、唯学历、唯帽子、唯奖励的人才评价方式，建立健全科学评价体系和激励优秀人才成长发展机制。2020 年 10 月 13 日，中共中央国务院印发的《深化新时代教育评价改革总体方案》就是指导大学深化评价改革、弘扬优秀学术自由追求、创新文化的纲领性文件，必将产生巨大激励作用。

第三节　正确认识现代大学的学术本质

一、现代大学是一个特殊的学术共同体

大学是历史积淀的产物，如前所述，在大学演变转型的过程中，其学术本质也经历了一个逐步演进的过程。现代大学既有其现代性的创新开拓，也有其传统性的弘扬坚守，在新的时代和新的环境下，传统中富有生命力和创新力的元素得到了继承和弘扬，富有时代精神的现代学术特征和原创性成果更成为现代大学的共识。"大学是一个由学者与学生组成的、致力于寻求真理之事业的共同体。"① 这是大学区别于其他社会机构的特点之一。学生对教学科研的需求，是大学产生的原动力。"没有学生，可能会有研究院、学术研究中心，但绝不会有大学。"② 在大学的发展历程中，作为知识的传播者与创造者，教师始终是守护大学文化、保障大学学术事业发展的决定力量。从早期的大学到今天的大学，教师与学生作为一对相互依存的主体，在人类文明的传播与创新中履行了各自的学术使命。

大学因教育而存在，师生因教育而结成共同体。师生是教育的主体，本质

---

① 高平叔. 蔡元培教育论著选 [M]. 北京：人民教育出版社，1991：72.
② 金自宁. 大学自主权：国家行政还是社团自治 [J]. 清华法学，2007（2）：33.

上也是大学的主体，享有对教育的决定权和大学的经营权。在现代大学的发展过程中，大学出现了更多的非学术性事务。为了使大学更好协调运转，行政管理被从学术事务中分离出来，出现了专门从事行政管理的部门和人员。尤其是当现代大学从社会的边缘走向中心，办学规模不断扩大，功能日益多样化，行政事务愈加繁杂，庞大的行政管理部门和管理队伍发挥着越来越大的影响，行政与学术共同组成大学的双驾马车。由此，现代大学从由最初师生结成的传统组织发展成为学术组织与行政组织并存的二维结构体系，同时呈现出学术属性和行政科层属性的特征。但大学本质上是"围绕学科和行政单位组织的矩形组织。作为从事高深专门知识加工和传播的高校，学科知识是组织形式，是大学结构的基础，是学科而不是行政单位把学者组织在一起"。① 因此，以学术为主的行政与学术和谐共治，成为现代大学不断前进与发展的内在要求。高等教育的大众化、普及化，使大学向着"多元化巨型大学"发展，传统的部分与整体紧密相连的有机体成为一个"不一致的机构"，它有多个目标、多个权力中心、多个灵魂，它不再是一个有机体，而是"一座城市或一个城邦"。② 大学成为学生、教师、行政管理者、家长、校友等利益相关者的组织，各利益主体之间形成相互联系、相互约束的关系。在多重关系的影响下，现代大学便出现了行政化和商业化的风险，其作为特殊的学术组织的特征需要通过坚守来维系。在现代大学的办学实践中，坚守便能保持大学作为学术组织的逻辑发挥防火墙的作用，隔离或消减行政化和商业化的影响，维护学术共同体的价值。

二、现代大学的核心功能在于培养全面而自由发展的人才

大学因人类文明社会培养高级人才的需要而产生，是世界各国各个历史时期不曾缺少的社会组织。《学记》记载，"古之教者，家有塾，党有庠，术有序，国有学。"我国古代大学主要以儒学为基础，培养博古晓今、知类通达、化民成俗的治国之才。正所谓"大学之道，在明明德，在亲民，在止于至善"。③ 我国

---

① 许育典. 宪法 [M]. 台北：元照出版公司，2006：173.
② 许育典. 宪法 [M]. 台北：元照出版公司，2006：176.
③ 周志宏. 学术自由与大学法 [M]. 台北：蔚理法律出版社，1989：93.

早期大学在救亡图存的使命下将培养中体西用的人才作为唯一的功能。欧美国家早期的大学，不论是以学生为主的大学，还是以教师为主的大学，培养服务宗教的学生几乎是其全部功能。18 世纪后期、19 世纪初期，德国大学引入科学研究，"由科学达致修养"，丰富了人才培养的手段，拓展了人才培养的属性，使心智的修养成为科学研究的使命，开创了现代大学教育的新纪元。当知识传授不再是大学人才培养的唯一目的和途径的时候，人的全面而自由的发展不仅是可能的，而且是必要的。曾任德国柏林大学校长的哲学家黑格尔指出："社会和国家的目的在于使人类的潜能以及一切个人的能力在一切方面和一切方向都可以得到发展和表现。"但人的全面而自由的发展是有条件的。马克思认为，在人类发展的早期阶段，"无论个人还是社会，都不能想象会有自由而充分的发展"。只有"在共产主义社会里，任何人都没有特定的活动范围，每个人都可以在任何部门内发展，社会调节着生产，因而使我有可能随我自己的心愿今天干这事，明天干那事，上午打猎，下午捕鱼，傍晚从事畜牧，晚饭后从事批判，但并不因此就使我成为一个猎人、渔夫、牧人和批判者"。① 显然，19 世纪的先哲们所预言的全面而自由的发展不但是人类发展的最高境界，而且是世界现代大学的核心功能之所在。

　　大学是维新的，培养全面而自由发展的人才是现代大学从社会变革和自身变革中获得的新功能。正因为如此，现代大学教育在新的时代焕发出更加旺盛的生命力，成为经济社会发展和道德文明进步不可或缺的动力源泉。尽管今天的社会离马克思理想的社会还有很大差距，但现代大工业的繁荣和极为丰富的社会物质生产已经开始为培养全面而自由发展的人才创造条件，所以现代大学成为造就全面而自由发展人才的摇篮不是偶然的，而是历史发展到现代的必然结果。20 世纪以来，欧美国家的大学教育改革，从本质上讲，不论是教育体制改革还是教育内容方法改革，都是为了更好地适应培养全面而自由发展人才的需要。长期以来，在工具理性的影响下，我国现代大学对人的全面而自由发展没有给予应有的重视。改革开放以来，随着思想解放运动的不断深入和社会生

---

① 马克思，恩格斯. 马克思恩格斯选集：第 4 卷［M］. 北京：人民出版社，1995：473.

产力水平的极大提高，培养全面而自由发展的人才越来越受到我国大学的关注。尽管如此，在我国大学，工具理性的影响仍然无处不在，不论是人才培养还是所培养的人，在很大程度上仍然是求生存的工具、适应经济的工具、追求职业的工具。由于众多因素的制约，人的全面而自由发展还没有成为我国大学的核心功能。

三、现代大学的永恒价值在于学术文化的传承与创新

尽管大学因人才培养的需要而产生，但大学的价值并不只是表现在人才培养上。在培养人才的同时，大学维系了人类文化的代际传承，正因为如此，大学实现了其永恒存在。"大学的存在时间超过了任何形式的政府，任何传统、法律的变革和科学思想，因为它满足了人们的永恒需要。"① 这种永恒的需要是人们对知识的渴求，它既是个人的需要，有时也是社会团体的需要，同时还是人类社会存在和延续的需要。

19世纪的德国现代大学不仅发展了人才培养的功能，而且铸就了大学新的社会使命——科学研究。现代大学在培养新型人才的同时，为社会和人类贡献了新的知识。发展知识能力的获得使现代大学的存在价值有了新的内涵，"大学的无形产品——知识，可以说是我们文化中唯一最强大的因素，它影响各种职业，甚至社会阶段、地区和国家的兴衰"。② 19世纪中后期，美国大学走出象牙塔，突破了大学与社会格格不入的传统，倡导直接为社会服务，在更广泛的范围传播和应用知识，彰显了大学的文化辐射力。20世纪中期以来，欧美国家的大学在践行人才培养、科学研究和社会服务使命的同时，将文化传承与创新嵌入各种功能的中心，保持永恒价值与功利价值之间适度的张力，使其自身既适应了现代社会的多元化需求，又服务于人类社会永续发展的目的。

我国大学长期保持人才培养的功能。改革开放以来，大学的科学研究和社会服务功能也得到了很大开发，其文化传承与创新的价值开始得到体现。但应

---

① 〔美〕伯顿·R. 克拉克. 高等教育系统——学样组织的跨国研究 [M]. 王承绪，等译. 杭州：杭州大学出版社，1994：113.

② 不列颠百科全书 [M]. 北京：中国大百科全书出版社，1999：138.

该看到，不论是在人才培养中，还是在科学研究和社会服务中，我国大学所受到的制约还很多，在很多时候，工具价值和功利价值成为主导大学运行的力量。尽管并不缺少对文化传承与创新的要求，但却都不是为了其自身的目的，而是为了其他工具性和功利性的目的。究其原因，我国大学不但自身缺少一种赖以坚守的内在传统，而且过于行政化使得其不能抗拒来自权力和权力部门的一些干预。

四、自由与独立彰显现代大学精神

大学担负着人才培养、科学研究和社会服务的使命，而这些使命都是通过师生在学科专业领域所开展的学术活动实现的。与社会其他活动不同，大学的学术活动有其自身的逻辑，即按照学术本身的需要自由而独立地运行并实现自身的价值。不过，这种逻辑并非大学与生俱来的，而是现代大学的发明。不论是培养治国之才的我国古代大学，还是培养宗教人才的欧美国家大学，由于分别受到政治和宗教的强势影响，只能以政治和宗教目的为其目的，学术活动主要依附于政治和宗教势力，根据其需要而开展，所以它们并没有形成自身的逻辑。欧洲国家大学的世俗化和德国现代大学科学研究功能的发展，使学术活动摆脱了宗教的羁绊，开始遵循其自身的逻辑运行，大学本身由此确立了新的理念和精神。从此，大学不再是宗教的附庸，而成为具有独立价值的学术组织。随着学术逻辑的张扬，大学逐步建立了与政府、教会和其他社会组织之间的新型关系，获得了本质上的独立性。

随着高等教育从精英化走向大众化和普及化，社会对大学的要求的影响不断扩大，大学的社会功能从来没有如此多样而强大，大学与社会之间的关系也变得日益复杂多样且变动不居。毫无疑问，大学的自由与独立精神越来越多地受到来自社会的影响，自由与控制、独立与依附成为现代大学所面临的两大现实挑战。欧美国家大学依靠其深厚的学术文化传统，在自由与控制、独立与依附的博弈中，在保障自由与独立的内在品格的同时，主动面向社会，建立起与社会的良性互动关系，成为社会经济发展和文明进步的动力源泉。

我国现代大学从一开始就不具有自由和独立的品格，这不单是由于政府控制的结果，而且还因为我国大学自身缺乏与生俱来的深厚的学术基础，学术的逻辑在我国现代大学创建之时未能得到培植，在后来的发展中又未能受到应有重视。所以，长期以来，在社会的关系上，我国大学鲜有主体意识，常常处于被动地位，在行政化体制下，更难以获得自由与独立的精神。近些年来，我国大学学术价值开始得到尊重，学术活动的功能也在逐步发生变化，承载过多学术以外的要求明显减少，我们党和政府正在为学术繁荣和学术自由发展营造良好的学术生态环境，且成效越来越明显。

第四节 加强高等学校学术自由发展机制

一、弘扬追求学术本位的价值机制

我国高校与社会无缝对接，高校所面临的社会影响无所不在，既有来自社会权力部门的控制和干预，也有来自经济部门的利益交换和博弈，还有自身所开发的各种营利性计划或项目。因此，在我国高校的运行中，工具价值、功利价值和学术价值的博弈贯串始终，但由于行政化和功利化严重，学术价值难以发挥主导作用。强调去行政化和功利化改革就是要根据高校的组织属性，依法依规营造良好的学术自由发展的学术生态环境，使学术使命成为高校的最高价值追求，使高校在学术价值与工具价值、经济价值的博弈关系中，能够将学术价值置于中心位置，重构各种价值冲突的合理张力，捍卫现代大学的学术品质和学术精神。

弘扬追求学术本位的价值机制，这是现代大学发展的必然要求，也是高校实行综合改革的根本要求。弘扬追求学术本位的价值机制，我国高校应当进行深刻的变革，要在学术活动及相关活动中，始终坚持以学术价值为决策的最高准则。高校决策和工作部门应自觉地以是否有利于学术自由发展，是否符合学术的内在要求为准则，研究、讨论和决策有关问题；始终坚持以学术发展的要求配置和使用教育资源。资源的流向反映高校的价值选择，资源的使用决定高校价值的实现。高校资源配置和使用应当最大限度地为学术目的服务，始终坚持以学术标准评价高校发展。高校的办学成就和师生员工工作绩效的评价只能看学术的成长和质量，以及为之服务的情况，不能以学术以外的标准来评判，始终坚持以学术价值观为核心的高校文化。营造一个尊重学术、敬畏学术、追求学术、服务学术的高校氛围，使学术成为高校文化的核心，学术发展与繁荣成为全体师生员工的共同愿景。

二、弘扬担当学术组织的功能机制

我国高校是开放的社会组织，在担负学术组织基本功能的同时，还承担了重要的政治和经济功能。由于高校持续发展所需，一些高校往往重外部责任胜于内部责任，重非学术责任胜于学术责任，重经济责任胜于社会责任，因为外部责任、非学术责任和经济责任主要是由高校的上级主管部门和高校内部党政部门所确定的，具有"不容置疑"的权威性。高校经常举办各种非学术活动，执行各种非学术任务，参与社会相关活动，承担维护社会秩序和社会稳定的责任，而这些非学术活动和承担责任也是通过高校党政部门要求实施的。另外，由于上级主管部门的要求或默许，加上高校内部党政部门的决定和鼓励，有的高校还承担发展经济产业的责任，一些高校教职工在担任教学科研和行政工作外，还创办和经营实体产业，直接参与社会经济活动。不仅如此，由于行政化和市场化，高校在履行学术责任时，也融入了很多行政的和经济的要求，使学术责任偏离了其自身的目的。高校负重办学，承担了许多不应由高校承担的责任。因此重塑担当学术组织的功能机制必须改革高校的行政化和市场化倾向，消除行政化和市场化的影响，使高校轻装前进，发挥学术组织功能机制的作用，更好地履行其作为学术组织的责任。具体而言，一是科学地区分高校学术功能与政治经济功能的关系。现代高校具有政治、经济功能，但这种功能更多的是通过学术功能来实现的，而不是通过直接的社会经济活动实现的。也就是说，高校并不应当直接承担社会、经济责任，高校的政治、经济功能具有间接性，是学术功能的衍生产品。二是全面履行学术责任。我国高校应当专注于人才培养、科学研究和社会服务等方面的学术功能，遵循学术发展的要求，最大限度地发展学术、繁荣学术。三是在学术责任中实现高校的现实价值与永恒价值的统一。不论是人才培养还是科学研究和社会服务，都具有现实性和永恒性，顾及一点而不及其余，都不可能充分发挥学术组织功能机制的作用，完成好现代大学的使命。

三、弘扬尊重学术创新的导向机制

在深化改革开放的背景下，我国高校既具有独立性又享有充分的自由，这是构建现代大学制度的必然选择。否则，只能在工具理性的引导下，以类似于社会政治或政府组织、经济组织的方式办学。实际上，这种办学不但难以全面、充分地履行学术组织的使命，也不可能为政治、经济部门提供必要的服务。切实改革行政化市场化倾向，还大学作为学术组织的本来面目，使其按照学术规律和自由逻辑办学，是我国建设现代化大学制度不可忽视的重要任务。

弘扬尊重学术自由创新导向作用，我国高校应当强化主体意识，以学术自由发展为终极目的，改革行政化市场化管理体制，淡化行政化市场化倾向，加强专业权力，健全教授治学组织机制和运行规范，培育强大的学术文化与精神，为学术自由发展创造优良的环境和条件。具体而言，一是探索高校法人治理体制。根据大学的社会法人地位要求，遵循学术组织的使命，建立相对独立于外部党政组织的法人治理结构，改善权力配置结构，赋予并保障师生参与治理的权利。二是建立服务于学术发展的高校运行机制。优化高校资源配置，转变高校行政职能，建立健全学术活动的服务和支持体系，使学术发展成为办学的出发点和落脚点。三是健全教授治学的组织机制。高校的各种学术活动都具有专业性，必须依靠具有专门知识和修养的专家、学者才能得到适当处理。在高校的各级各类管理组织机构中，应建立健全教授参与制度，为充分发挥教授的学术修养和专业智慧的作用创造有利的条件。四是大力培育高校学术文化。长期处于政治和行政文化强势、学术文化薄弱的环境，是不利于高校重塑尊重学术自由创新的要求引领的，我国高校应当从调整价值追求入手，树立学术至上的价值观，培育丰富而深厚的学术文化，用学术文化浸润每一个人、每一件事，使学术价值成为每一个师生员工的自觉意识，并以其指导自身的行为。

第七章

创新高等学校内部考核评价机制

第一节 高等学校绩效考核评价机制概述

一、工作绩效考核评价的要求

教职员工的工作绩效是指高校教师、管理人员依据学校工作目标和任务，在履行法律法规赋予的学校教学、科研、管理、服务和行使职责过程中的业绩和效果。工作绩效是教职员工的工作能力和管理水平在学校工作中的综合反映，对教职员工个人来说，工作绩效是组织和群众评价、使用自己的重要依据。对单位和组织来说，工作绩效是依法治教和依法治校运行过程中的集中展示，是集体智慧和整体合力的具体体现。因此，树立正确的工作绩效观念，提高教职员工的工作能力，科学、公正地评价工作绩效，是学校治理体系与治理能力不断提升的重要环节。

（一）工作绩效考评的内涵

工作绩效是指考评机构或人员对教职员工工作绩效表现的考核与评价活动。其内涵是对教职员工在教学、科研、管理、服务过程中，所进行的投入、付出、结果，以及它们所反映出的效益、效率、效果等维度、满意度设置绩效指标和标准，并在日常的实际工作中围绕绩效指标逐项总结、收集、归纳、提炼趋向于既定目标、任务完成情况的信息，从而通过与绩效标准的比较，确定个人及单位的绩效表现情况，进而对其工作绩效进行评定和划分等级，做出评定结果。工作绩效的本质既是对集体绩效所承担的集体责任和个人责任，或者说是集体贡献和个人贡献，也是对集体、个人工作绩效在一定期限内的总结和认可评价。工作绩效考评对激励教职员工勤奋进取、求真务实，提高教育、科研、管理和服务水平，实现学校的工作目标，完成既定的工作任务具有重要意义。

（二）工作绩效考评的意义

1. 公正考评有利于形成正确的用人导向

工作绩效是教师、干部德才素质在实践中的综合反映，一个教师干部要创造优秀的工作绩效，不仅要有过硬的思想道德素质和作风，还要有过硬的教学、科研、管理、服务能力和水平。坚持看绩效、用人才，是德才兼备原则的深化和具体化，是学校办学的本质要求，也是人才强校战略与人事制度综合改革的客观要求。坚持看绩效、用人才，必须正确运用绩效考核结果，把绩效作为选人、用人的重要依据。习近平同志反复强调"我们党选拔任用干部的标准就是德才兼备，而法治观念、法治素养是干部德才的重要内容。用人导向最重要、最根本，也最管用。要抓紧对领导干部推进法治建设，实绩考核制度设计，对考核结果运用做出规定。还要制定具体规定，讲清楚党政主要负责人在推行法治建设方面要履行的具体职责，让大家明白需要做什么、怎么做"。① 中央印发的干部任用条例也把注重实绩列为选拔任用干部的重要原则加以强调。落实这些要求，就是要大力选拔任用那些政治上靠得住、工作上有本事、专业上有造诣、教学上很投入、事业上敢担当、发展上有成效的教师、干部，那些肯干事、能干事、干成事的教师、干部，那些教学、科研、管理、服务绩效突出，求实、务实、踏实、老实、扎实干事的教师、干部。

坚持看绩效、用人才，必须客观、公正、全面、历史地评价人才的绩效。特别是对那些长期在教学、科研、管理、服务第一线辛勤耕耘的人要高看一眼；对那些不图名利、无私奉献、严谨治学的人要多加留意；对于那些热爱本职、服务师生、扎实干事的人绝不能亏待。一些教师、干部的工作业绩和成效可能

---

① 习近平. 习近平关于全面依法治国论述摘编［M］. 北京：中央文献出版社，2015：127.

一时一段不被大家所认识，甚至不被大家所理解；而一些人的短期行为的不端可能在短期内难以看出和认识，有的问题暴露需要较长的时间。这就需要确定一条原则，那就是对那些虽然已经成为历史，但被实践发展证明确属突出成绩和贡献的，必须作为用人、选人、评价人的重要依据予以鼓励；而对曾经被视为突出成绩，但被实践发展证明是虚假绩效或造成重大损失的，必须加以认定和问责，已经因此得到提拔任用的人，必须坚决撤下来，以显风清气正的用人导向。

2. 公正考评有利于激励教职员工奋发进取

古人说："国家大事，唯赏与罚。赏当其劳，无功者自退；罚当其罪，为恶者畏惧。"① 建立严明的考核奖惩机制，对于引导教职员工奋发进取、爱岗敬业十分重要。对绩效突出的优秀教师、干部，就是要大张旗鼓地给予表扬和奖励；对于绩效方面存在严重问题的教师、干部，就是要进行严肃问责、严肃处理。通过健全激励机制，使奋发进取、乐于奉献、求真务实的教师、干部得到褒奖，使投机取巧、弄虚作假、好大喜功的教师、干部受到惩戒。

习近平同志在论述树立正确的人才政绩观时，强调要建立完善人才激励奖惩机制。一是建立国家激励体系，研究建立适合各类人才特点的激励奖惩机制，并在设立国家功勋奖励制度中，把为经济社会发展做出杰出贡献的优秀教师纳入奖励范围。二是研究建立综合体现工作职责、能力、业绩、功勋等因素，职务与职级相结合，专业技术人员工资制度，适当拉开不同职务和职级之间的收入差距，对担任同一职务、职级时间较长、工作出色、业绩突出的人员，提高职级方面的待遇，发挥职级的激励作用。三是制定相关政策，鼓励、支持教学、科研、管理、服务一线的人员热爱本职岗位，为创造突出绩效付出不懈的努力。对那些因工作需要长期在教学、科研一线扎实工作、无私奉献、表现出色、绩效突出的教师和科研人员予以鼓励。有奖就有罚，奖罚要严明，对于在绩效和德才方面出现问题的人员，该批评教育的要批评教育，该问责的要问责，该处理的要处理，该辞退的要辞退，绝不能姑息迁就。要完善机制、健全制度，对

---

① 周远清. 建设高等教育强国，应对全面建设小康社会 [J]. 清华大学教育研究，2003 (10)：11.

那些平庸无为的人员要及时进行调整，对那些不负责任造成重大决策失误或重大事故的人员要严肃追责，对那些缺乏师德、作风不好、考核不合格、不称职的人员要及时给予查处。

3. 公正考评有利于提升教学、科研和管理服务水平

提高工作效率、降低治理成本，对高校的各级教学、科研、管理、服务工作来说，一是提高各级领导决策和执行的效率；二是提高办学资源支出效益，用尽可能少的办学资源支出实现学校工作的目标。一个时期以来，有的高校由于校舍机构过于庞大臃肿，组织运行过程中造成的人力、物力、财力浪费不少，部门与部门之间的过分强调组织职能上的分割，自然造成资源整合方面的困难和障碍。各系统纵向独立运作，各部门横向独享资源，都强调自己的作用和职能，其结果必然产生条块分割，造成资源浪费与资源紧缺并存的普遍现象。尤其值得注意的是，有的高校在校区治理、实验室改造、设备购置、资源调配使用等方面，存在不同程度的奢华之风，教职员工对此反响强烈。建立科学的工作绩效考评体系，可以对决策的制定、执行及效果进行全面考核，对办学资源支出过程和结果进行考核与评价，从而了解各级领导决策的科学性与准确性，履行职能的效率与效果，管理服务责任的"缺位""错位"与"越位"情况，并有的放矢地加以调整，从而加快部门、院系职能职责的转变，提高学校治理工作效能和治理水平。

4. 公正考评有利于培养和提高管理服务人员的素质能力

目前高校管理服务人员绩效不佳，很重要一个原因是理念陈旧、思维任性、方法落后、缺乏创新，不适应依法治校的新要求、新变化。公正评价工作绩效，就会比较客观准确地发现各级管理服务者在这方面的具体问题，并针对带有普遍性的问题，及时提出整改培训的要求，制定治理体系与治理能力提升计划，实行按需施教、按需提升要求，提高整改培训效益。当前管理服务人员培训必须加强以提升治理能力为重点，增强各级管理人员创造绩效的本领。重点是增强学习习近平新时代中国特色社会主义思想的自觉性，因为习近平新时代中国特色社会主义思想同邓小平理论、"三个代表"重要思想、科学发展观是坚持、发展和继承、创新的关系，是马克思主义中国化的最新成果，是建设中国特色

社会主义的理论指南和行动遵循，坚持习近平中国特色社会主义思想，就是坚持马克思主义。同时，要认真学习党章党规，学习法律法规，学习党的相关时事政策和科技知识、管理知识、教育学知识，增强管理服务人员加强治理服务学校的能力和素质。

二、工作绩效考核的法理依据

自从有了教育活动便就有了教职员工的考核评价，但是作为一种系统的教职员工考核评价制度并不是随着教育活动自发产生的，而是直至 20 世纪才开始在世界各国逐步建立起来。改革开放以来，国家为加强对教育工作的管理和教育质量的检查，逐步开展教育评价活动。1984 年我国正式加入了"国际教育成就评价协会"（IEA），这是有组织、有领导地广泛开展教育评价活动的标志。教育评价是评价者对教育活动或行为主客体价值关系、价值实现过程、结果及其意义的一种认识活动过程，其核心内容是揭示教育活动或行为中的客体对主体的需要、目标的价值意义。教职员工评价属于教育评价的范畴，并且是教育评价中一个非常重要的内容。所谓教职员工评价，是指教职员工评价主体在正确的教育价值的指导下，根据学校的教育目标和教职员工所应承担的任务，按照规定的程序，运用科学的方法和手段，借助现代技术广泛收集评价信息，对被评价教职员工个体的工作质量进行价值和事实判断，通过评价过程的反馈、调控的作用，发挥教职员工评价的导向、激励、改进的功能。教职员工评价改革是目前教育评价改革的重要组成部分，中国教育改革和发展纲要第一次提出建立各级各类教育评估体系，这当中也包括了教职员工的评价。纲要指出，"振兴民族的希望在教育，振兴教育的希望在教师。"2016 年 3 月 21 日中央印发了关于深化人才发展体制机制改革的意见，就创新人才考核评价机制提出了明确具体要求。贯彻落实意见精神，切实实施教职员工考核评价工作，对提高教职员工素质、改进教职员工工作至关重要。

三、工作绩效考核评价的发展阶段

改革开放以来，我国高校教职员工考核及评价方式大体经历了以下三个发展阶段。

（一）起始探索阶段

20世纪90年代以前，我国对高校教职员工的考核评价尚处于起步阶段，普遍实行例行考核制度。1986年中央职称改革工作领导小组转发了国家教育委员会制定的《高等学校教师职务试行条例》（职改字〔1986〕第11号），对教师的职责、任职条件以及考核提出了明确要求，该条例第19条规定，学校对被聘任或任命职务的教师的业务水平和能力、工作态度和成绩，应进行定期及不定期考核。考核成绩记入考绩档案，作为提职、调薪、奖惩和能否续聘或继续任命的依据。这一阶段以定性考核评价为主，与工资晋升挂钩，定量考核部分主要是上课时数多少，并与课时津贴适当挂钩，一般是每年年终考核。

（二）依法依规规范阶段

20世纪90年代，我国对高校教职员工的考核评价逐步走向制度化，陆续出台了许多法律法规。1991年国家教委、人事部颁发了关于高等学校继续做好教师职务评聘工作的意见，该意见要求高校建立和完善教师考核制度，将平时考核与定期考核结合起来、定性考核与定量考核结合起来，努力做到全面、公正、客观、实事求是。同时，要求各地高教行政部门、有关部委及高等学校在评审教师职务任职资格时，根据高等学校教师职务试行条例继续采用评审与考核结合的办法，既要评审教师的学术水平，更要考核教师任现职期间履行职责所取得的工作实绩。1993至1998年，全国人大及其常委会先后通过并颁布了教师法、教育法和高等教育法，以法律的形式明确规定了高校应当对教师的思想政治表现、职业道德、业务水平和工作实绩进行考核，考核结果作为聘任或者解聘、晋升、奖励或者处分的依据。这标志着我国高校教师的考核评价已从一种工作方法上升为一种法律制度。1999年，教育部相继出台了关于当前深化高等学校人事分配制度改革的若干意见和关于新时期加强高等学校教师队伍建设的意见，实行了一系列的高校人事制度改革，强化高校教师考核评价制度，要求各地高校积极探索并制定科学、有效、可行的教师考核办法和指标体系，使教师考核工作制度化、规范化、科学化。同时将教师考核评价的重点放在了"师德"和"实绩"两个环节，实行师德"一票否决制"。这一阶段，在延续原来考核评价办法的同时，各地高校陆续推行了以岗位聘任为核心内容的聘任制改革，通过按需设岗、按岗确定岗位津贴、目标考核等一系列举措，打破了多年来待遇只与职称挂钩而与岗位无关的大锅饭体制，进一步强化了考核评价结果与岗位津贴的关系，将教职员工的教学工作（包括上课、指导毕业实习、指导研究生等）、科研工作（包括科研经费、发表论文、取得专利、获奖等）进行全面的量化，量化考核的结果与教职员工得到的津贴完全挂钩。

（三）需要深化改革阶段

进入 21 世纪以后，我国高校考核评价制度面临许多新情况、新问题、新挑战。随着岗位聘任制度改革的全面展开，各地高校出现了一系列新的问题和矛盾，日益强化的量化考核所带来的负面作用也越来越受到各方的质疑。这种质疑包括高校教学质量的下降、教职员工创造性成果的减少、教职员工疲于应付考核、教职员工与学校管理部门产生对立情绪、重科研轻教学的倾向愈演愈烈等。尽管我国在 20 世纪 90 年代连续出台了许多规定，但这些规定仅仅是口号式的几条，原则性过强，适用性、操作性较差，关于高校教职员工考核评价的具体标准及制度等迄今缺乏可直接予以适用的具有操作性的法律法规依据，各高校都是根据人事部门的原则性规定或者参考外校的做法，来设计本校考核评价制度，这就导致目前的高校考核评价制度缺乏统一规范与严谨科学。

2020 年 10 月，中共中央国务院印发了《深化新时代教育评价改革总体方案》，该方案就以下几方面做出了原则性要求和规定：推进高校分类评价，引导不同类型高校科学定位，办出特色和水平；改进学科评估，强化人才培养中心地位，突出学科特色、质量和贡献；署名认定，突出培养相应专业能力和实践应用能力；制定"双一流"建设成效评价办法，突出培养一流人才、产出一流成果、主动服务国家需求，引导高校争创世界一流。为高校考核评价指明了方向，是落实全国教育大会精神任务、指导教育评价改革的纲领性文件，是新时代深化教育评价改革的根本遵循，对于我们全面贯彻党的教育方针，坚持社会主义办学方向，落实立德树人的根本任务，全面深化高等教育改革，系统推进高等教育评价改革，努力培养担当民族复兴大任的时代新人，培养德智体美劳全面发展的社会主义建设者和接班人，对于引导全党全社会树立科学的教育发展观、人才成长观、选人用人观，破除"五唯"顽瘴痼疾，扭转不科学的教育评价导向，建立科学的、符合时代要求的高校教育评价制度和机制，具有重要的指导意义。

第二节　高等学校绩效考核评价工作的问题

我国高校目前实际执行的教职员工考核评价体系主要体现的是以奖惩性为目的的评价方式，将考核评价结果作为教职员工受聘任教、受聘任职、晋升工资、实施奖惩的依据。这种考评评价制度注重对教职员工工作效能的考核与鉴定，在一定程度上发挥了评价对教职员工的管理和监督职能，但也暴露出明显的缺陷与不足，具体表现在以下几个方面。

一、考核评价目的存在狭隘性

我国现有的教职员工考核评价制度以奖励和惩处为最终目的，过分强调评价的鉴定和选拔功能。这种制度通过对教职员工工作表现的考核评价，为人事决策提供依据，据此作为竞聘解聘、升职降级、加薪减薪、表扬批评、奖励惩罚等结论或鉴定信息意见。这是一种面向以往的评价，主要着眼于教职员工以往已具备的素质、已承担的责任和已取得的工作成绩，以教职员工是否符合学校要求作为晋级、聘任、加薪、解聘或降级的标准，以实现高校对教职员工的管理目的。目前，不少高校考评定位目的主要是为年终计发酬金评定等级，使绩效考评成为年终"分红算账"。受这种考核狭隘目的的驱使，目前的高校教职员工评价机制单纯运用利益驱动机制来考核评价教职员工的资格和能力，诱导教职工向"钱"看，而不是向"前"看，这不仅仅使教职员工产生畏惧心理，形成心理压力，而且还会扭曲教职工的价值观。这种评价方式无法发挥高校教职员工评价制度应有的导向、激励、调控等主要功能，不利于调动教职员工的积极性。

二、考核评价模式注重单一性

选择和确定什么样的绩效考评指标是考核中一个重要的同时也是比较难以解决的问题。许多高校在制定绩效指标时，仅仅停留在德、能、勤、绩、廉等一些笼统的概念上，指标没有科学的量化和细化，教职员工不知道在日常工作中如何去努力，做到什么程度才能达到要求和标准，考核者对考核对象的业绩也很难准确地做出判断和评价。目前各高校普遍采用量化考核的评价模式，将教职员工发表论文或著作的数量、科研项目数量和经费额度、上课学时数、带研究生的人数等折算成分数予以量化，并以此基数作为考核的主要依据，广泛运用于津贴分配、职称评审、岗位聘任等。现行的考核评价模式过分注重量化指标，指标分类过细，并将考核结果与职务晋升和薪酬直接挂钩，这导致教职工疲于应付各种细化的指标任务，无暇进行创造性的工作，同时由于各种利益的驱使，一些教职工专注于单兵作战，缺乏团队合作精神。据 2017 年 10 月 13日 SCI 的统计，尽管中国在 2010—2016 年发表论文总数为世界第 2 位，引用总数为第 2 位，但平均每篇论文仅被引用 4.35 次，在 146 个国家中排名第 62 位。从有关资料看，我国发表论文的质量与世界水平仍有较大的差距。

高校是文化、知识和人才的聚集地，是培养德、智、体、美、劳全面发展的社会主义建设人才的摇篮，是构建社会主义和谐社会的前沿阵地。高校作为传播知识、传承文明的重要阵地，其所带来的社会效益显得尤为重要。就此意义而言，一名高校教职工所肩负的社会责任要远远高于其承担的教学、科研任务本身。高校教职工除了教学、科研之外，还负有育人的职责，教学效果的好坏、科研成果的优劣、育人所达到的社会效应并非都可以通过量化的方式加以评判。采用量化的考核评价模式虽然客观性较强，便于统计，达到了表面的客观公正，但由于该种模式无法对质量尤其是将来的社会效益做出评价，因而也就无法科学公正地评价高校教职工业绩所达到的社会效果。无论是科学研究还是教书育人，任何一项富有成效和深层次的研究，都需要经过长期不懈的努力，有时甚至会耗尽一名教职工一生的心血，方才获得细微的成效，而这种对社会甚至是全人类均有重大影响和意义的研究往往因其无法在一两年的短期内初见成效，而无法采用目前的量化模式予以评价，或者说当前的量化考核评价模式是根本无法测量的，这就导致我国高校教职工基于现实的考虑急功近利，只求数量上的扩张而不求质量上的精良。为了追求单纯的数量而牺牲质量，这与高校和高校教职工所肩负的社会责任完全是背道而驰的。

三、考核评价方法缺乏互动性

高校教职工考核评价在方法上，主要采用专家评价、同行评价、领导（小组）评价等，一般以"他评"为主，是一种自上而下、单向的、鉴定性的评价。许多高校教职工评价一般按下列程序进行。首先，由被评价教师在一定范围内阐述自己所承担的工作任务、工作特点及其取得的工作业绩，指出工作中遇到的困难和存在的问题。然后，由评价者对照评价标准对被评价教职工评价打分、划分评价等级，参与评价或打分人员并不完全了解被考核对象的实际表现情况。最后，由相关职能部门根据评价等级决定被评价教职工的工作优劣、续聘条件及升降、工资津贴的分配和奖惩。这种评价方法带有一定的强制性，评价标准和体系均由高校制定，按照学校制定的统一标准，对每一位教职工的工作状况进行评价，这种方法制定出来的评价标准往往只注重评价指标的统一性而忽视了教职工个体的差异性。教职工被动参与，很少有机会对评价的目标、内容、方法进行实质性的思考和修改，不可能真正参与评价信息的收集。评价者与教职工之间没有机会进行交流和探讨。评价结果也是单向的，缺乏与教职工的沟通、讨论和反馈，在整个评价体系中高校教职工始终处于一种被动的状态。由于目前的评价方法在评价者与被评价者之间缺少应有的互动，因而无法调动评价主体与评价客体的积极性和主动性。

四、考核评价结果有失公正性

在实施高校教职工考核评价中，无论是评价者还是被评价者均存在着重结果轻过程的倾向，考核评价原本仅仅是促进高等教育事业和教职工自身发展的一种手段，以评促教应是其最终的目的。但是现有的评价制度却发生了本末倒置，考核评价由手段转变成了教职工追求的终极目的。在考核评价过程中存在着严重的功利主义倾向。教职工更多的是看重评价的结果，因为好的评价结果就意味着可以聘任到好的岗位并获得较高的待遇，只要聘上了理想的岗位，便想要大功告成、坐享其成。与此同时，当前的考核评价制度还存在着重静态比较、轻动态发展的现象，高校在对教职工进行考核评价时采用的方法多是横向比较，把不同年龄、不同职称、不同学科的教师放在一起，用同一个标准进行考核评价，缺少对教师个人基础和发展潜力的考核，更缺少对创新能力的评价。由于高等教育是一项创造性的活动，教职工作为一个个体存在着差异，因此对教职工的考核评价应更加注重每个教师的持续发展。

现行的教职工考核评价制度轻视教职工的自由权和自主权，迫使教职工的一切工作安排，包括教学任务（甚至是教学内容的选择、教学时数的分配、讲解的方式等）、科研成果、育人工作等都始终如一地围绕考核评价的"指挥棒"进行，这使教职工根本无暇顾及本学科领域的前沿问题，也无力开展真正的教学科研，不利于教职工的专业发展及整个教师职业的专业化。现行高校教职工评价制度已经越来越受到各界人士的异议和热议，确有深化改革的必要。

第三节　完善高等学校教师考核评价机制

一、完善教师考核评价机制的重要性

（一）完善考评机制激发教师内生动力

高校的发展目标是要成为国家或地区创新体系的发动机，所以学校主要是要构建卓越的创新培养体系、卓越的科学技术创新体系、卓越的文化传承创新体系和卓越的社会服务支撑体系。而这些体系的建设、创新与发展必须依靠教师。依靠教师促进学校发展最根本的是靠机制与制度激励。推进机制或制度激励最关键的目的是希望学校的发展逐渐从外部资源的驱动变成一种内生动力的驱动。完善教师的考评机制就是要激励教师从以往的学校要发展，变成每个人

去追求自己梦想的发展。因此，学校要注重以下几个方面的效果。一是重视师德建设。良好的师德风尚是学校高素质教师队伍建设的基础，是教师队伍建设的重中之重，在完善教师考评体系时，必须注重师德建设，完善有利于师德建设的长效机制，在关键问题上实行师德一票否决制，形成有利于师德建设的政策环境和法治环境。二是重视学术兴趣的培养。高水平的研究成果多数是研究者出于对研究内容的爱好和兴趣所产生的执着追求而致，而非利益的驱使。学术兴趣是可以在有效机制的长期引导下培养出来的，是教师在求真务实、矢志不移地追求科学真理的实践中形成的，所以教师考评系统的完善应在理念上明确地倡导教师把科学研究作为自己的兴趣和爱好，培养教师崇尚科学的价值观和献身科学的奉献精神，鼓励教师全身心地投入探索性、创新性的科学研究中，并将其作为自己毕生的追求与努力。三是重视创新精神的形成与提升。学校在考核中坚持"鼓励探索、支持创新、宽容个性、允许失败"的原则，鼓励教师在理论研究和实践上创新，引导教师面向国家和地区、行业战略需求解决重大科技问题取得标志性成果，面向国际学术前沿开展研究获取创新性成果。同时，注重引导教师尊重科学发展的一般规律，充分认识到人才成长的长期性和创新性成果产生的规律，脚踏实地，扎扎实实，避免浮躁心理，克服急于求成、急功近利的思想。四是重视特色拔尖人才的成长与发展。特色拔尖人才是创新成果产生和优势学科形成的基础。"全才"首先应是"专才"。学校在考核中要注意克服求全要求的思想，努力建立有利于特色拔尖人才成长的机制，引导部分教师在一两个方面做精而深的突破，鼓励教师在学术和业务上向精、深方向发展，向特长、特色、拔尖的单项突出方面发展，逐步形成以特色拔尖人才支撑优势学科，以优势学科发展学校特色的良性互动格局。五是重视和培养团结协作意识的提高。在岗位职责、任务及考核的环节上，学校都有比较明确的定位，把教师至于团（梯）队中，使之在团（梯）队建设中找准自己的位置，在团（梯）队共同的事业发展中提升自己的能力和水平，实现自己的价值，并由此产生责任感、事业成就感和获得感，对团（梯）队的组织整体有依赖感、归属感和自豪感。六是重视自由、民主、共享学术氛围的营造与形成。科学考评体系的完善要有助于推动学术民主、学术自由、学术共享的校园文化建设，要坚持学术面前相互尊重、人人平等的思想，鼓励教师通过辩论、讨论、论坛等形式产生新的思想和理念，积极开展多种形式的学术交流和学术探讨，从而在学术上真正形成百花齐放、百家争鸣的氛围和良好的学术生态环境。

（二）完善考评机制营造良好学术环境

第一，要与建立宽松的环境相结合。考评体系的完善要尊重人才成长及成果产生的规律，克服急功近利的思想，从教师队伍建设的长远角度出发，给教师创造一个宽松的制度环境、政策环境，既要给教师提出明确目标要求，又要给教师充分的时间完成工作目标，不能要求教师每年都出标志性成果。考评体系的完善还要有利于建立宽松和谐的人文环境，体现理解和宽容人才个性思想，扬人才之特长、避人才个性之短，允许人才在一定范围内保持自己的个性，充分发挥人才的积极性和创造性。第二，要实行符合教师成长发展规律的规定。要充分重视高水平成果在推动国民经济发展和提升学校整体水平中的重要作用，通过建立数量与质量相结合、以水平和质量为主的成果评价体系，引导教师注重成果的长期影响，鼓励教师产生高水平的研究成果，而不是简单追求成果的数量。考核内容应"宜粗不宜细"，考核指标不宜过于注重数量。第三，要实行符合智力劳动特点和规律的政策，不能简单套用针对行政人员的规定。学校在考评体系完善时，在考核内容上只提些基本要求，不必面面俱到，在考核指标上只对代表教师学术水平的几个方面提出数量上的要求，不必全部量化，明确以水平和质量为主的成果评价导向。第四，要实现分类和差异考评办法。学校对特殊部位（人）实行特殊考核。对于重点发展建设的特殊部位（人），结合不同的建设目标和培养目标，实行不同于其他部位（人）的考核政策。对重点建设的团（梯）队采取有利于高水平人才成长、创新性成果产生和有利于促进团（梯）队建设的考核政策；对学校重点培养的专注于探索性、创新性研究的青年教师，采取有利于培养年轻人学术兴趣和爱好的更加宽松的考核政策。学校对新教师、老教师、不同职级的教师要实施分类考核。学科的差异和岗位的不同，使教师的考核很难用同一种标准进行，考评体系的完善须与岗位要求相结合。对新教师可以实行每年一次考核；有经验的教师实行两年、三年或四年一次的考核；对不同职级的教师也可实行不定期限的考核。因此，根据学科类型、水平及不同岗位的职责、特点分类完善考核指标、考核重点、考核标准，是实现分类考核与管理的需要，符合实事求是的原则，也是构建科学考评体系的基础。千篇一律的简单化考核是考核流于形式，达不到考核目的的主要根源。

二、合理选择灵活多样的考核方式

采取灵活多样的考核方式，正确评价教师的工作业绩，强化教师履行岗位职责的意识，不断激发教师的积极性、主动性和创造性，为优秀拔尖人才成长、创新性成果产生及学科梯队建设提供有效的政策保障，是考核要达到的主要目的。因此，学校可以根据教师岗位聘任的期限在考核实际操作中采取以下考核方式。

（一）定性考核与定量考核相结合

定性考核以师德及教学科研的基本要求为主要内容，主要以群众参与和组织评价为主要手段；定量考核以水平和业绩为主要内容，主要以岗位所要求的业绩量化指标为依据。

（二）过程考核与阶段考核相结合

过程考核包括日常考核和年度考核，阶段考核包括年度考核、聘期考核，两种考核相互交叉并以阶段考核为主。其中，日常考核、年度考核以完成教学任务的质量效果及师德的表现情况为主，对聘期要求的标志性成果不做硬性要求，避免教师产生急功近利的倾向；聘期考核主要考核聘期目标中标志性成果完成情况。

（三）个人考核与整体考核相结合

学校对重点建设的团（梯）队采取个人考核与团（梯）队考核相结合、以团（梯）队整体考核和带头人考核为主的方式，主要考核标志性成果完成情况和带头人在其中的作用，而团（梯）队成员一般由带头人依据学校相关政策和成员在团（梯）队中的作用考核，这样更有利于发挥人才专长，激发个人和团（梯）队两方面的积极性。

（四）考核重点与考核对象相结合

学校在全面考核的基础上，对于不同类型及不同的考核对象，考核重点也应各有侧重。年度考核重点考核教师教学科研工作完成情况及教学质量效果。聘期考核重点考核教师"聘任合同书"中聘期工作目标完成情况。对基础课教师重点考核教学工作量与教学效果、教学方法改革创新与教学方法研究，其中教授还要考核其在梯队建设方面的工作。对于非基础课教师，在保证教学质量的前提下，重点考核科学研究工作内容的先进性和创新性，其中教授还要考核其学术研究方向的稳定性、学术研究内容的系统性、所在学科的发展水平以及学科梯队建设情况；而其他职务的教师还需要考核其在梯队中的作用发挥情况。对重点建设团（梯）队的带头人，主要考核其在取得标志性成果中发挥的核心作用；在把握学科发展方向、开辟新研究领域、开展前瞻性研究中的引领作用；在团（梯）队建设中的主导、凝聚作用。对于团（梯）队成员则根据其作用、贡献由带头人根据学校相关政策考核。对学校重点培养、专注于探索性研究的青年教师，在聘期目标上不做硬性要求，考核只需汇报研究的进展情况，给予宽松的研究探索空间。

（五）一般标准考核与特殊标准考核相结合

"一般标准"是指学校针对多数教师提出的在几个方面有不同要求的基本考核标准，"特殊标准"是指学校针对少数在某方面突出的教师提出的高水平的单项考核标准。这样既肯定教师全面发展，更鼓励教师有所专长，为具有专长的教师营造政策空间，鼓励教师在学术和业务上纵深发展，向特长、特色、拔尖的单项突出方面发展。如有的学校明确行文规定，教师因在教学、科研和学生培养方面符合"特殊标准"而考核等次确定为优，充分反映了政策的导向作用。

三、正确处理考核评价过程的各种关系

教师考核工作是一项涉及每位教师切身利益的复杂工作，也是最难做到规范、科学、合理的工作，只有坚持科学的发展观和科学的人生观，把握和处理好各种关系，才能真正发挥考核在队伍建设中的关键作用，从而提高学校的学术水平和核心竞争力，实现学校发展的战略目标。

（一）长期效果与短期效果的关系

充分发挥考核政策的长期引导作用，引导教师把科学研究作为自己的兴趣

和爱好，鼓励教师围绕国际学术前沿和国家中长期发展规划开展研究，多出反映学校实力和水平的创新性成果，鼓励优秀拔尖人才的脱颖而出，鼓励学科梯队优化建设。同时还要兼顾现实政策和学校短期发展的需要，坚持以长期效果为主，以短期效果为辅，以长期激励为主，以短期激励为辅，立足现在、放眼未来，解决好政策的长期引导性与现实性的矛盾、短期激励与长期激励的矛盾。

（二）定量与定性的关系

在当前的社会环境下，教师的考核既不能完全定性也不能完全定量。完全定性不能建立起有效的竞争机制、激励机制和约束机制，会失去考核应有的作用；完全定量容易导致急功近利，产生学术浮躁，不利于队伍的长远建设和学校整体目标的实现。另外，就考核指标而言，有些指标适宜定性，有些指标适宜定量，因此考核应采取定性和定量相结合的方式。在师德及对教师的基本要求方面以定性为主，在学术水平和个人业绩的评价方面以定量为主，只有这样才能达到考核的最佳效果。

（三）数量与质量的关系

成果的数量与质量对于学校的发展都有积极作用，从长远角度来看，成果的数量对学校的短期发展有益，成果的质量对学校的长远发展有益，而且更能反映学校的整体水平和竞争力。对某些发展阶段而言，数量往往是质量产生的基础，质量往往也需要数量上的积累，因此在数量上做适当的要求是应该的，也是定量考核所必需的。应该引导教师立足长远做事、出高水平成果、成为高水平创新人才。因此，考核在兼顾成果数量的同时，更应重视成果水平和质量。

（四）普遍性与特殊性的关系

有普遍性一定会有特殊性，有共性必然会有个性，这是事物的规律，考核上也是如此。对学校所有教师实施普遍的考核政策是建立必要的约束机制，保证学校可持续发展的基本要求。但是在考核政策的制定上不能简单地搞"一刀切"，特殊问题要特殊处理。对重点建设和发展的部位要结合学科发展和人才培养的需要，实行有利于高水平人才成长和创新性成果产生的特殊考核政策。要克服求全要求的思想，鼓励教师在一两个方面做精而深的突破，向特长、特色、拔尖的单项突出方面发展。

（五）个人与团（梯）队的关系

团（梯）队建设是实现学科可持续发展的重要手段，也是培养战略科学家、优秀的学科（学术）带头人及产生高水平研究成果的根本保证。考核中不仅要注意处理好个人与团（梯）队的关系，还要注意处理好梯队间成员的关系，更要注意处理好带头人与梯队成员的关系。要树立带头人的核心地位，发挥带头人在考核中的作用，并从整体上加强团（梯）队成员的凝聚力和向心力，从而形成强有力的富于创新的团（梯）队。

第四节　完善高等学校管理干部绩效考核评价机制

一、管理干部考核是重要环节

高等学校管理干部绩效的考核评价工作，是全面推进依法治校的重要环节，必须坚持公正公开原则和求真务实的精神。坚持公正公开原则，就是要将考核评价内容、方法、过程等全部公开，接受大众评议、监督，增强公正性和认可度。求真务实，就是要能"围绕学校中心工作，全面、客观、公正、准确地评价单位和干部的工作实绩，真正起到激励先进，改进工作"① 的目的；激励干部求真务实，真正把干部引导到依法治校、立德树人，贯彻到围绕学校工作的目标、任务而扎实工作，突出实效上来。

学校对单位和干部的考核，要有科学合理的评价体系，包括考核的制度、标准和方法。评价干部的工作成绩，既要看当前的发展，又要看发展的可持续性；既要看管理、服务、技术的或经济的效果、指标，又要看师生满意程度和社会影响进步的成效成果。在评价方法上，既要听上级领导的意见，又要听一般干部的意见；既要听机关内部的意见，又要听服务对象和相关单位的意见。

① 教育部人事司. 中国高等学校教室队伍建设研究报告［M］. 北京：高等教育出版社，1999：119.

高校管理干部的绩效考核，不仅是为确定奖酬金等级和使用干部提供科学依据，更重要的是促进干部和单位不断改进工作，纠正偏离岗位职责和工作目标的行为，不断提升干部的管理水平和增强求真务实的精神。

二、完善考核评价指标体系

建立科学全面的指标体系是做好干部考核工作的基础，也是搞好干部考核的关键。其核心是考核内容的合理确定。考核内容要能客观全面地反映出考核客体在考核工作期内的目标、任务完成及岗位职责履行情况，并能客观反映他的工作能力与水平。高校对管理干部的考核通常从德、能、勤、绩、廉五方面进行，"德"考核政治品质和道德修养，"能"考核领导能力，"勤"考核工作投入，"绩"考核工作实绩，"廉"考核清正廉洁。实际上，作风是一个人思想政治、道德人格在行为上的表现，工作实绩是一个干部的思想和能力见之于客观行为的结果，是干部的思想品德、政策水平、工作能力及努力程度等因素在实践终端的反映，因此对"德""勤""廉"的考核应重点考核思想作风、工作作风和廉洁自律情况，对"能""绩"的考核应重点考核工作业绩。

科学全面的指标体系还要把考核的内容具体化、标准化，即将考核内容描述量化。在制定考核指标体系时，应该着力做到三个结合。一是干部个人考核与单位考核相结合。考核指标要体现出干部个人业绩和班子整体业绩的联系与区别，一方面单位工作业绩不能等同于领导个人的工作业绩，另一方面充分考虑单位一把手在单位工作中发挥的主要作用，要把单位考核结果与干部业绩的考核挂钩。因此，在考核单位主要管理干部工作业绩时，应主要考核在完成年度目标任务和履行岗位职责过程中所提出的工作思路、采取的措施、发挥的作用、取得的成绩，并重点突出创新性和突破性的工作实绩，而不是简单地把单位工作的成绩都算在单位一把手头上。二是重点工作考核与一般工作考核相结合。重点工作是保证学校改革、发展阶段性的目标任务，一般性工作是维持学校正常运转的基础性管理工作。两类工作虽同等重要，但工作要求不同，考核方法也不同，前者是工作的动力源，追求工作的目标结果，后者是完成目标任务的基础，实现目标的保障，追求工作、工程的严密、规范、有序。将二者区分开来，引导干部在重视基础管理工作、提高工作效率的同时，抓住重点，实现岗位工作目标。三是共性指标和个性指标相结合。共性指标具有统一性和可比性，个性指标体现具体性和实际性。高校一般由学院、机关职能部门和若干个服务单位构成，单位工作任务、性质有很大差别，决定了不能用同一指标去考核所有干部的工作，要区别学院、校机关单位、直属单位、经营性产业单位、附属医院等不同性质工作单位，制定相应考核指标体系。而对同一性质的工作单位，可分工作类型制定同一考核指标。同时，还应注意加、减法的科学运用。为充分发挥考核的激励与控制作用，有效的鼓励创新和实施责任追究是十分重要的。但创新和工作失误是少数干部行为，不能作为普遍的要求，因此在考核指标中，除基本分以外，采取工作创新加分、工作失误责任追究减分的办法，可以有效地鼓励少数干部发挥主观能动性、开展创造性工作，警示责任心不强的干部，防止工作失误。当然，由于管理不善，给国家或学校造成重大损失的干部要加大减分力度，甚至可以一票否决。

衡量领导效能最重要的指标就是实现目标的程度，因此绩效目标的确定是做好干部绩效考核工作的基础和前提。制定绩效目标，不仅能保证组织目标的实现，而且能帮助每一位干部从岗位工作的角度理解学校的发展目标，并为之奋斗。

建立科学的目标体系应遵循三原则。一是层层支持原则。目标体系要根据学校的整体发展目标，层层分解形成目标网，学校总目标、部门目标与个人岗位目标形成上下统一的逻辑关系。二是难度适中原则。目标的设定要有适当的要求和增长幅度，既考虑学校发展的要求，又符合客观实际，难度适中。三是上下认同的原则。目标的形成要经过自下而上和自上而下的多次反复论证，听取和征求多方面的意见和建议，最终既符合学校发展总目标，又得到基层认可。

三、建立严密有效的考核组织形式

建立严密有效的组织形式，是搞好干部考核工作的保障。考核的组织工作首先是考核主体的确定，其次是考核的工作程序，二者都是为保证绩效考核的客观性和有序性服务。在高校干部绩效考核中，考核主体是指参与考评的教职工代表、有关专家以及考评小组，考核客体是指被考核的干部。考核主体对客体具有决定作用，主要表现在他们打的每一项分数都将直接影响被考核者的考核结果，所以考评主体的确定十分重要。为有效减少考核的主观性、增强考核的客观性，我们在确定考核的主体、制定考核程序时要求做到以下几点。

（一）坚持民主测评与专家考评相结合

考核主体必须具备对考核客体（人）及考核内容（工作）的熟悉与了解。如对干部"德"的考核，主要考核干部在思想作风、工作作风方面的表现，这些是周围群众看得见、体会得到的，考核的主体可以是同级、下属、服务对象。而工作业绩虽是客观存在，但考核主体不一定全面了解，不适于民主测评，宜采用组织专家进行检查和客观评价的办法。

（二）坚持同一尺度

在民主测评中，为避免不同主体对不同客体的同一项考核，应注意考核主体把握松紧程度不同而造成考核结果公正性发生偏差的问题，在确定考核主体时，要重视同一尺度原则。例如，不宜实行不同主管领导对下级考评打分，宜采取领导班子集体把关的办法。

（三）坚持组织和个人评分相结合

为了避免民主测评中由于不了解情况或感情用事，造成较大失真，应确定既了解情况又有代表性的民主测评主体，并采用集体、个人记名或不记名打分两种形式。如，对正处级干部在本单位群众中的民主测评，采取个人无记名打分的办法；在学院和机关职能部门中对校机关中层干部的民主测评，采取由单位考核小组集体打分办法。

（四）坚持主客体分离（回避）

为保证考核的客观公正性，考核客体不能同时组织或作为主体参与对自己的考评。担任考核任务单位的正处级干部不组织本单位群众对本单位干部的民主测评。

建立完善的日常考核评价机制，以发挥绩效考核评价的控制作用，日常考核是对管理过程的检查和监督，通过日常考核，一方面把握工作进度，发现问题及时纠正；另一方面为年终绩效考核提供第一手资料。

日常考核作为管理过程的"控制"环节，它的组织形式应坚持谁主管谁负责的原则，由管理部门依据各自职责的范围，列入日常管理工作记录中，通过检查工作、抽查、督办、搜集统计有关信息、收集群众意见、查看来信来访、统计投诉举报、调查分析等方式进行。担负校考核工作的专门机构负责对职能部门的日常考核工作督促检查，收集重要的日常考核记录，作为年终考核的依据。

四、注重发挥反馈机制的作用

绩效考核成功与否，不仅与考核结果是否客观、公正有关，而且与考核结果是否及时反馈及有效利用有关。被考核者不了解对自己工作绩效的评价结果，就无法达到激励先进、鞭策后进的目的。考核结果如不加以有效利用，考核工作也就失去价值。

考核结果反馈有多种形式，根据情况可以向全校公布，也可以个别谈话。对于工作中需要改进和纠正的问题，尤其适宜谈话交流的反馈方式。考核结果有效的利用能促进管理干部对绩效考核的重视，使干部的行动自觉地朝绩效提高的方向发展。绩效考核结果应充分应用于干部评优、干部的使用和任免。对那些绩效相对较差的干部，将对其进行组织上的工作谈话，对其提出改进工作的要求，给其改进工作的机会。对于那些坚持平庸度日的干部，应免去其领导干部职务。

建立科学的绩效考核评价体系是一项系统工程，建立过程中要始终坚持求真务实、客观公正的原则，坚持利于组织目标实现和干部成长发展的原则，坚持简单易行、操作性强的原则，精心设计每一个环节，做到考核有成效、工作有秩序。

第五节　完善高等学校中层单位考核评价机制

一、现行考核评价制度存在的缺陷

高校现行的内部中层单位的年度考核制度已沿用多年，虽然大部分学校在教学科研人员考核上做法不尽相同，但在管理和工勤人员的考核上，基本是大同小异，都存在着一些缺陷，使单位工作考核有些流于形式。

（一）考核个人与单位脱节

考核个人的德、能、勤、绩、廉主要体现在单位的工作状态和绩效上，现行考核办法一般只考核人不考核事，轻视单位考核，人、事考核脱节。这种考核显然不科学也不合理。现在一般高校对单位工作绩效的判断缺乏统一尺度，只有模糊印象。一个单位的工作轻重、难易、繁简，先进后进，贡献大小不易区分。"没有区别就没有政策"。表扬和批评、奖励和处罚都失去了依据。其结果是，单位之间缺乏在科学、合理制度环境下竞争，造成单位之间基本上是"干多干少一个样，干好干坏一个样"。

（二）单位好中差无法比较区分

各单位人员考核等级的比例即优秀、良好、称职和不称职的比例自然不好区分。各单位员工在考核等级的比例上，也只能是"干多干少一个样，干好干坏一个样"。

（三）考核结果失真失效

对院系和部处单位的考核，大多凭印象、靠感觉，结果造成失真、扭曲。一些人不"谋事"专"谋人"，遇到矛盾绕道走，不得罪人，当"老好人"。单位工作差，甚至一塌糊涂，领导可能给"优秀"；工作很好，很有成绩，但年度考核也可能"不称职"。那些敢于坚持原则、遇到棘手的问题不推诿、不扯皮、大胆创新改革的领导者，往往容易得罪人，给一些人的印象和感觉不好。现在各省市对所属高校领导班子成员的考核，大多用的是这种凭印象和感觉的评测方法。每年测一次，各高校的教学、科研、学科建设和师资队伍建设，人才培养和办学效益一概不问，而只根据本人述职报告，在一定范围的人群中，凭印象和感觉在"优秀""良好""称职""不称职"的栏目下画钩。这种考核方法简单、统计方便，但认可力和公信力存在质疑。由于上级对学校党政领导班子的年度考核是采取比较简单的方法，大多数高校对学校中层管理单位的年度考核也是能简尽简，缺乏考核的严谨性和实效性。

（四）考核不与利益挂钩

现行高校内部的全员考核一般与责权利不直接挂钩，与干部职工的选聘任用关系不大，使考核结果难以作为教师和员工分配、奖惩和升降的依据，考核结果只能"边缘化"。

二、构建捆绑式考核的利益共同体

针对现行考核制度存在的弊端，学校应探索完善中层单位年度考核机制：一是以单位整体考核为基础，进行员工的考核；二是考核量化，在"考核什么""谁来考核"和"如何考核"上下功夫，以求取得成效和经验。

（一）考核整体实行定量与定性结合

创新考核办法实行单位考核和个人考核相结合，以单位整体考核为基础。考核对象是处级单位，即院系和机关职能部门。考核结果分为 A、B、C 三个等级。各单位员工的考核与单位考核结果挂钩。这种"捆绑式"考核，有利于促进单位、领导和员工成为一个"利益共同体"，"一损俱损，一荣俱荣"。在实践中，应该以量化考核为主，定性考核为辅。现在有的高校不对单位进行考核，对单位整体工作状况和绩效的判断，无论是领导还是群众，都只能凭印象、靠感觉，工作状况和绩效不能排序。通常只能说某某处工作较好，某某院系工作较差。至于好、差到什么程度，在全校排名第几，无法确定。缺乏统一的量化考核制度，单位之间选不出山高水低。压力和动力、拼搏和竞争、活力和创造性自然缺乏。在机制上找不出必须"干多、干好"的依据。完善新的考核办法，首先对单位进行整体考核，这样有利于分院系和机关处室分别进行制度设计。

（二）精心组织以求实效

单位量化考核，其指标体系的科学与否，不仅直接关系到能否真实判断单位的工作绩效，而且直接关系到办学目标的实现。由于院系和机关单位的职责不同，可以将单位量化考核分为两个系统。机关各职能部门（包括党政管理部门和工会、团委）的任务、性质和职能差别很大。为了使考核标准导向正确、相对合理、便于操作、易于接受，可以设计 5 个一级指标和 10 个左右的二级指标：工作任务完成情况（年度任务、临时任务）；工作任务的性质或特点（任务轻重、难易）；创新（创新实践、创新绩效）；协作和沟通（内部团结、单位间沟通、与社会沟通）；服务情况（为教学服务、为基层和师生服务）。在权重的配置上，完成任务最为重要，为 65%。其余各项的权重相对较小。为了使考核工作与学校发展目标以及学校年度任务的完成紧密联系起来，应把学校五年发展目标以及年度党政工作要点逐项分解，纳入各单位的年度任务。这种设计，克服了学校改革发展目标和年度工作任务有时落空或无人负责的现象。同时鼓励各单位对内团结、协作，对外搞好协调沟通，积极开拓创新，努力为教学和师生员工服务，把各自的事情办好。院系是教学、科研和人才培养实施和落实的基层单位。根据院系特点，可以设计 7 个考核子系统：教学、实验实习、科研、学科建设、师资队伍建设、学生管理、党建和思想政治工作等。根据国家的有关法规和学校的实际情况，按照公正客观、导向正确、相对合理、易于操作的原则，确定考核内容，认真分配权重。在 7 项考核的基础上，配以权重、算出总分，院系总体工作的名次便可确定。

考核程序和步骤是做好考核工作的重要环节，考核结果的真实、公正、可靠，在一定程度上与"谁来考核"和"怎样考核"有关。由于教学单位的考核项目，多数可以通过数据统计（包括原始数据和部门检查、监控数据，如教授为本科生开课的比率、学生对教师教学的满意度、实验教学的开出率等）而得到，实行定量考核。考核主要由主管职能部门实施。而机关职能部门的工作情况比较复杂，难以直接量化，考核主体的确定十分重要。根据"管理就是服务"的理念，同时考虑对考核对象工作比较了解等因素，考核由院系领导、教师代表、学生代表和校级领导组成的考核委员会负责。单位先根据考核体系写出自评报告，学校的相关组织对照单位年度任务（学校分解的任务和领导交办的临时任务）逐项检查，指出哪些完成了，哪些没有完成，形成反馈意见。单位吸收反馈意见后形成正式自评报告。考核委员会在听取自评报告后进行分项打分。

按照设计的考核制度，人员考核在单位考核的基础上进行，与单位的绩效考核挂钩。若单位是 A 等（优秀），单位领导就是 A 等单位，员工 A 等的比例相比政府规定的比例提高。反之，若单位考核为 C 等，单位领导自然就是 C 等，单位员工 A 等的比例相比政府规定的比例降低。年度考核为 A 等的人员，除了表彰之外，津贴上浮，同时与评优评先、职级升降挂钩。这样，以单位的考核为基础，单位的考核和领导、员工的考核"捆在一起"："单位工作好，领导好，群众好"；"单位工作差，领导差，群众差"。大家目标一致，利益一致。

三、赋予院系更多的自治权

根据这些年来高等学校的考核实践，有以下一些共识可以供大家分享。

（一）高等学校综合改革要逐步推进

高校在解决硬件建设的同时，必须注重内涵建设，提高人才培养质量，提高办学水平和办学效益。只有充分调动全体教职工的积极性和创造性，上述目标才能实现。"机制产生的问题，只有通过机制的改革和创新，才能解决。"[1]目前，我国高校进行的内部管理体制改革，其效益在很大程度上与考核制度有关。现行的考核制度不进行系统的变革，办学水平、办学效益的进一步提高是困难的。

（二）学校领导班子要集中精力想大事、办大事

随着依法治校工作的扎实推进，高校工作的规律性、周期性、规范性越来越明显。学校内部各单位年初任务已经明确，如何改革、创新，如何开拓进取，完成任务，单位自我加压，自我调控，不需要更多的督促和鞭策。学校领导、各单位主要负责人的主要任务是集中精力谋大事、求发展，不断提升学校的育

---

[1] 李秀娟. 高等学校内部资源配置与使用的效率与公平 [J]. 哈尔滨高教探索，2004（1）：11.

人水平和办学水平。

（三）实行以单位为基础的"捆绑式"量化考核

要依法依规在机制上引导单位领导之间、领导与员工之间加强团结，协调关系，共同奋斗。摩擦和内耗不利于做好工作和争当先进，不符合大家的共同愿望，为了增强单位团结，减少矛盾，化解纠纷，单位领导干部要自觉转变工作作风，求真务实，说实话、办实事，求实效，以自身的表率行为影响全体成员共同发展。

（四）定编定岗定责

结合学校实际，本着与时俱进、管理创新精神，明确内部机构和教职工的职责，有利于科学定编定职，实行全员聘任制，强化岗位管理，使量化考核改革做到"合理""合法"。

（五）量化考核改革必须要有配套措施

院系考核办法出台后，学校要下放管理权限，赋予他们更多的自主权和调控权。同时，要有配套制度，激发大家的积极性、创造性，逐步提高岗位津贴标准。

（六）思想政治工作是搞好考核改革的基本前提

学校实行新的考核制度，对长期形成的比较保守、缺乏竞争的校园文化会产生一定的冲击。把考核与津贴、评先评优、职务升迁等挂钩，涉及单位和员工利益调整，有可能带来不少的思想认识问题，必须加强思想政治工作，转变观念，提高认识，达成共识。

高校内部考核是一门很深的学问。无论在理论还是在实践上，都值得深入研究。许多高校的实践证明，在为什么考核、考核什么、谁来考核、如何考核、考核结果使用等方面，都值得深入探讨和改革。

第八章

强化高等学校内部监督机制

第一节 高等学校内部监督机制运行概述

一、高等学校内部监督的主要成效

党的十八大以来，以习近平同志为核心的党中央以刀刃向内的勇气向党内顽瘴痼疾开刀，以雷霆万钧之势推进全面从严治党，以钉钉子精神把管党治党要求落实落细，清除了党内存在的严重隐患，化解了党面临的严重政治风险，正本清源、拨正船头，保证全党沿着正确航向前进，对党、对国家、对民族都产生了深远影响。就高等学校内部监督机制而言，首先是切实加强对人、财、物、重点项目、重大事项等决策、执行、管理权力制约和监督重要性的认识，办人民满意的高等教育，需要风清气正、公平公正、秩序井然的校园法治环境和氛围，需要健全结构配置科学、程序严密、制约有效的权力运行机制，从决策、执行和管理等各个环节切实加强对权力的监督，才能确保优良党风、校风、学风在学校得到长久发扬光大。二是切实健全高校内部监督体系和运行机制，依法依规依纪强化自身监督、组织监督、民主监督、纪律监督、巡查监督等监督格局和机制，针对师生员工普遍关注的、反映强烈的、带有共性的问题实施监督，切实加强对校、院、系、处室党政班子和人、财、物重点管理人员的制约、监督、使制约监督细化、具体化、责任化。三是切实发挥制约监督作用、体现制约监督机制成效，取信于民认可于心。无论是党内监督、组织监督、民主监督、社会监督、法律监督、纪律监督、网络舆论监督等形式，只有在充分发挥各自作用的基础上，密切配合，大力协作，相互支撑和帮助，才会形成制约监督合力，有效加强对校内人、财物权力运行的制约和监督，保障各种权力在制度笼子里运行。

二、新时代高等学校内部监督的要求和挑战

在深化改革和发展的进程中，高等学校的自治范围和权力行使也越来越具有自主性和特殊性，拥有自主制度创新和自主制度运作的权力得以逐步加大。然而，内部监督仍然是高等学校治理工作的一个短板，推行校务公开，加强对党政领导干部权力的监督又是内部监督的重点和难点。因此，在全面推进依法治校的今天，切实加强对高校的内部监督，既是为高校的可持续发展创造良好环境，也是高校治理工作亟待探讨和解决的一个重要课题。

（一）新时代的新要求

随着我国社会主义市场经济体制的逐步完善，高校必须按照教育规律和法治要求自主治理学校，真正建立面向社会依法自主办学的体制和运行机制。高等教育已进入大众化教育阶段，已经向多层次、多类型、多样化发展，形成了不同的教学质量标准以及不同的治理模式。高等教育在加强了教书育人功能的同时，在服务经济和社会发展中越来越显示出强大的促进作用。在科技创新、高新技术推广、创办科技型企业、带动传统产业开展技术改造对外交流与合作等方面发挥着越来越重要的功能。高校治理体制的改革、结构的调整、职能的定位、内涵的提升、内部管理的综合改革等新情况、新变化给高校的内部监督工作提出了新的要求。

（二）职权扩大后的新挑战

合并办学和扩大招生使高校的规模不断扩大，与此同时，学校领导、职能部门和院系负责人的职权也在扩大。多种形式的教育为加快高等教育发展开辟了新路，但同时学校招生权、自主权越来越灵活，财政经费的来源越来越宽，数量越来越大；干部竞争上岗，择优聘任调动了教学科研人员的积极性，但也

在一定程度上淡化了民主评议，给个别心术不正、弄虚作假者的竞争上岗提供了机会。发扬学术民主，重视科学研究，但个别人利用手中权力垄断学术资源，在职称评审、学位授予、项目评审、学术成果评奖等活动中拉帮结派，排斥异己，从而引发学术腐败，阻碍学风、校风建设。中外合作办学的扩展、校办产业的发展、后勤体系的剥离、基建规模的扩大、社会和民营资金的引入等从不同方面增强了高校服务社会的功能；但也都伴随着大量国有资产和巨额资金的管理问题，如果缺乏监督或监督不力，就会导致国家资金的大量浪费等。所有这些，都是高校以往的内部监督工作中未曾遇到的，即便遇到，问题之多，规模之大，范围之广却是不可同日而语的。

三、高等学校内部监督的主要问题

面对各种情况，高校内部监督工作在许多方面与形势发展不尽相适应。主要表现：

一是有少数同志对从事纪检、监察、审计在思想认识上或多或少存在对校、院、处、室领导不想监督、不敢监督，有怕"得罪人"的顾虑。

二是监督机构有待加强。有的许多高校的监督机构并没有因为学校规模的扩大而得到加强，缺乏配备得力的干部，内部监督工作难以落实到位。因此，学校发展和改革中涌现的许多新鲜事物、新的工作领域都缺乏有效的制约和监督，或难以深入进行监督。例如，多种形式教育中的招生问题、收费问题、资金使用和分配问题；校办产业的一些产权问题，利润提成和分配问题；后勤剥离过程中国有资产管理问题；基建项目招投标管理问题以及基建投资的管理问题；对外合作办学过程中的守信问题；等等。往往因为监督领域狭窄，监督人力不足和监督制度不够健全而难以开展制约和监督。

三是监督机制需要完善。现行机制中的高校纪检监察机关作为党政的监督部门，具有监督校院党政领导人的职责，但与学校党委和行政的关系是一种隶属关系。监督机构干部的任免既要受制于同级党政的领导，又要求不要考虑个人利益，凭党性去"碰硬"，监督同级党政班子。这种"既治于人，又要治人"，客观上存在着对同级党政班子"不敢监督""监督软弱无力"的现象，影响了监督的实际效果。加之现行体制是"以块为主"，监督机构对本单位的各种违纪问题和腐败现象，核实很为难。① 在这种监督体制下，监督人员都不可能无所顾忌地放手开展监督工作，所以高校现行的监督机制需要进行完善。

第二节　创新高等学校内部监督机制

高校的内部监督工作在高校改革和发展的形势面前，具有特殊地位和责无旁贷的作用。而要推进高等教育事业的健康稳步发展，需要创新健全监督机制，依法依规加强内部监督工作。

一、创新领导机制

随着高校发展加快，改革力度加大，高校监督体制也应做相应的调整和改革，以巩固发展的成果，保证发展的方向，发挥办学的效益。比如，让高校监督部门（纪委、监察、审计等处室）具有相对独立地行使监督职能的权力，争取变"同体监督"为"异体监督"，使监督部门实施监督时无后顾之忧。如果目前还难以做到这一点，可以继续保持监督部门受上级和所在学校党委双重领导的体制，实行以监督部门的上级领导为主领导的体制，该部门的干部由上级考察、提拔、任用，从而保持其相对独立性，增强其权威性。这样，才能使监督部门的干部减少受制于人的感觉，监督部门才有可能充分行使职权，高校各项内部监督工作才有可能落到实处。

二、创新工作机制

为了实行有效的监督，应对现行的职能监督体系的相互关系进行改革和调整，即便坚持现行的监督体制，也应将监督同级改为监督下一级，即高校监督部门在学校党委、行政的领导下，搞好对下一级院（系）、处、室党政班子的监

---

① 周雄文. 简论加强高等学校的内部监督［J］. 中国高教研究，2005（4）：52.

督和学校党政管理权限的党政干部的监督。要根据学校的规模和学校不断扩充的职能，确定监督机构的具体职责范围，使监督部门内部的机构设置具体化、专业化，只有这样，监督工作才可能形成稳定的机制，针对性强，并能深入展开。同时，要酌情扩大监督部门的工作职能，除了依照以往的规章或惯例进行监督外，对新的领域和新的工作都应主动地搞好监督工作。比如，随着合作办学和多种形式办学的发展，高校各类事业性收费的项目、数量、形式都大大增加，监督不力，就会出现乱收费或"以钱买分"等现象，收费单位也往往发生截留、隐瞒、挪用、私存、私分等事件。诸如此类的情况还有很多都需要学校监督部门深入实际，认真地开展监督工作。

三、创新监督教育机制

高校是培养人才的基地，监督工作在一定意义上讲也是教育人、培养人的工作，因此，要把监督工作同查处办案工作、廉政教育工作有机地结合起来。监督工作是为学校发展保驾护航的重要工作，其具体工作不是孤立的，如果只监督而不重视教育，或者只监督而不查处办案，监督工作就难免流于形式，久而久之，群众就会对监督工作失去信心，监督工作也就难以收到显著的效果。不少高校的工作经验说明，通过严格的组织生活能增强广大纪检监察干部的权利和义务意识，使他们以对党的事业高度负责的态度，敢于坚持党性原则，自觉履行监督权力。通过学校各级中心组、党校的学习教育，提高领导干部素质，解决好自觉接受监督的认识问题，使他们感受到对自己的监督正是组织的关怀和爱护。通过党内民主生活会、年度述职述廉会、保先教育总结分析会、民主评议会等形式，开展必要的批评和自我批评，以起到防微杜渐，增强免疫力的作用。高校监督工作在积极贯彻一系列监督规章制度的同时，还要努力注重廉政教育、警示教育和党员干部的表率教育的有机结合，最大限度地发挥内部监督工作在高校建设发展中的保障作用。

第三节　推行校务公开是加强内部监督的有效举措

一、认识推行校务公开的重要性

实行校务公开是新形势下推进高校民主政治建设和领导班子建设的重大举措。它可以调动广大教职员工和方方面面的人士来参与学校管理和监督的积极性，畅通民主渠道，营造民主气氛。实行校务公开是加快高校建设和发展的需要。随着高等教育改革的不断深入，群众对事关学校建设和发展的重大问题以及同他们切身利益相关问题的关心程度越来越大，他们希望知情出力，企盼公平、公正。因此，凡是与学校管理、教育改革、加快发展密切相关的事项和涉及教职员工以及学生切身利益的事项，都应在一定范围内以适当的方式和程序予以公开，使相关管理部门、管理人员自然而然地接受教职员工和学生的监督，让治校权力在公开的程序和公众的参与中接受群众的监督和制约。推行校务公开是高校实现决策民主化、科学化和法治化的需要。当前，决策民主化、科学化和法治化在高校领导班子中已经有了很大的进展。按照民主集中制原则，在高校党委和领导班子中已形成了不少有效的会议制度和议事规则。实行校务公开，可以使学校在决策时更好地发挥民主，正确决策，避免失误。民主是法治的灵魂和精髓，没有民主，就没有法治。校务公开是社会主义民主政治建设在高校发展中的必然要求，也是民主法制建设的重要组成部分，是高校管理体制、运作方式的改革和创新，是高等教育从人治到法治的重大转变过程，有利于改变过去那种传统的工作方式的程序不严格、办事效率低下、随意性大、人为性强的管理弊端，以新的管理理念、管理模式、思维方式、工作方式和工作状态来适应依法治教的要求，逐渐形成适应依法治教的内部管理体制和运行机制。

二、精准实施校务公开的内容和形式

高校校务公开的内容大体可以分成三大类。一是重大决策公开。重大决策

公开，目的是让广大教职员工参与讨论和决策，使决策更具有民主性和科学性，避免重大决策失误，同时也体现了全心全意依靠教职员工办学的方针，真正使教职员工在学校工作中拥有主人翁的地位和责任感。二是人、财、物等重要事务公开。人的问题，主要是指干部的选拔聘任、教职员工的调入调出、职称评聘、学生的录取、就业派遣原则等；财的问题，主要是指各项预算外的资金、学生缴费、各种捐资、赞助、基建资金等的管理和使用；物的问题，主要是指设备的购置和管理、校园资产、校办企业、后勤剥离过程中校有固定资产的管理等。人、财、物等重要事务公开的目的是让教职员工参与管理、参与监督，使学校有限的资源得到合理的使用，发挥最佳效益，同时防止违反人事财经纪律的事件发生。三是热点问题公开。高校热点问题包括诸如领导干部廉洁自律情况、工资晋级、子女就业、住房分配、公费出国、申报科研课题、项目招标、评先评奖等，这些热点问题公开，可以使广大教职员工参与管事、议事，发表意见，畅通民主渠道，以利把好事办实，实事办好。

高校校务公开的形式可以是多种多样的，比较成熟的做法有教代会制度、专家教授咨询委员会制度、座谈会征求意见制度、干部会议及相关会议通报情况制度、群众代表议事制度等。学校还可以设置校务公开专用橱窗、公开电话、公开网站，设立征求意见箱等。

三、确保校务公开工作落实到位

推进校务公开必须坚持做好以下工作。一是切实加强领导，健全体制和机制。建立符合高校实际的工作领导体制和运行监督机制，明确权责关系，形成强有力的领导合力，保证校务公开得以顺利推进。二是加强制度建设，强化民主管理。校务公开工作的制度化建设是开展校务公开工作的保障，是克服工作随意性、随机性的基础，是实现公开目的的保证。因此，在校务公开的过程中，必须按制度来办事，用制度来规范行为，减少人为干扰和影响，最大限度地发挥校务公开的作用，提高民主决策、民主管理、民主监督的水平，努力推动学校整体工作的开展。三是坚持公正原则，重视规范管理。校务公开是一项十分严肃的工作，既要对组织负责，又要对群众负责，因此要在学校党委的统一领导下进行，必须从实际出发，按照公开、公正办事制度的原则和要求，制定推行公开工作的具体实施方案和相关的配套措施，强化校务公开的规范管理。四是坚持以人为本，体现广大教职员工的共同意愿。依靠广大教职员工的积极支持和自觉参与，切实重视他们对校务公开内容所提出的问题、意见和建议，这是发挥校务公开作用的关键。因此，校务公开必须注重两个方面的内容。一要通过各种公开的项目、内容和形式，吸引、组织教职员工参与学校改革、发展，以及重大事务的讨论、监督、研究、论证，并在落实决策中身体力行。二要广大教职员工的聪明才智和共同意愿吸引到决策中来，党政领导和有关部门依法行使职权，将他们的监督、建议纳入议事范围，及时解决他们提出的问题，这不仅有利于领导做出正确决策，也是以人为本、实行校务公开的根本出发点和落脚点。五是坚持实事求是原则，务求工作实效。校务公开是透明形式和真实内容的统一，是"阳光"行动。因此，必须坚持做到"三要"：一要工作环节到位；二要工作实效到位；三要自觉参与到位。

第四节　重视领导班子监督是加强高校内部监督的重点

一、加强对领导班子内部监督的必要性

近几年来，少数高校发生的以权谋私、违法违纪案件中，涉及的人已不限于科、处级干部，现在已向校级干部蔓延。事实证明，注重内部监督对于加强高校领导班子及其成员廉政、勤政建设具有重要作用。一是防止重大决策失误。社会的巨大变化与高校领导班子成员知识、经验、判断力的有限性形成了强烈的反差。当今中国已由封闭走向开放，由计划经济转变为市场经济，由利益的单一化转向利益的多元化，高校成为自主办学的法人实体。这些巨大变化必然要求高校的改革发展与其相适应，然而这种适应并不是一蹴而就的，而是要在不断解决高校同社会以及高校内部的诸多矛盾中实现的。要解决好这些新的、相当复杂的矛盾，仅凭领导班子成员个人的有限智慧，拍脑袋搞决策，简单化

地使用自己手中的权力，是难以避免失误的。因此，要发挥领导班子集体智慧的作用就必须加强内部监督，防止个人专断。二是避免负面效应。市场经济的一些负面效应可能成为一种诱发剂，导致高校领导班子某些成员以权谋私，违法违纪。市场经济的竞争原则会刺激一些人的投机心理和不正当竞争行为；市场经济的等价交换原则会渗透到人际关系和党内政治生活中，诱发钱权交易；市场经济中适度投机行为的合法性也会激起某些人的投机欲望，搞投机活动；市场经济的价值取向，也容易使人滋生拜金主义、享乐主义、极端个人主义等。因此，为了避免市场经济的某些负面效应对高校领导班子产生消极影响，就需要通过内部监督对领导班子的行为加以规范和制约。三是注重个人世界观改造。高校领导班子成员虽然整体素质较高，但其个人世界观、人生观、价值观的改造是一个长期的过程，需要经常注重自我改造，修身自重，否则也可能演出"昔日功臣模范变为阶下囚"的人生悲剧。只要加强领导班子内部监督，铸起抵制腐朽思想侵袭的一道屏障，就能促进个人世界观、人生观、价值观的改造，坚持不敢腐、不想腐、不会腐的自觉性，积极防止违法违纪行为的发生。

二、切实落实加强领导班子内部监督的责任制

（一）领导班子成员必须自觉坚持做学以致用的表率

学习政治理论，学习法律法规，学习时事政策，特别是学习习近平新时代中国特色社会主义思想，是不断加强党性修养，增强内部监督和自我约束的政治思想基础。党的十八届六中全会通过的关于加强党的执政能力建设的决定和中国共产党问责条例集中体现了加强高校领导班子内部监督责任制的基本要求。高校领导班子成员只有勤奋学习，善于学习，成为学以致用的表率，才会在纷繁复杂、快速变化的形势下，始终保持清醒的头脑，牢记自己的政治责任，把握正确的办学方向；才会注重理论联系实际，认真解决办学过程中涉及方向性、全局性、前瞻性、决策性的一些重大问题，不断提高领导能力和领导水平；才会运用马克思列宁主义的立场、观点和方法，分析研究和处理工作中的各类复杂矛盾，提高从事物现象中抓住本质的能力，自觉贯彻落实党和国家加强党风廉政建设的有关纪律和规定，提高遵守党纪、党规和法律法规的自觉性，始终

保持政治上的坚定性，坚定不移地贯彻执行党的路线、方针、政策，不断提高政治鉴别力和政治敏锐性，努力继承和发扬党的优良传统和作风，不徇私情，不谋私利，克己奉公，洁身自爱，堂堂正正做人，勤勤恳恳做事，实实在在做教职员工和学生的公仆。

（二）领导班子成员必须自觉坚持做廉洁自律的表率

党政一把手肩负的责任更大，更要自觉从严要求，成为廉洁自律和自觉接受监督的标杆，这也是加强内部监督的关键。高校是立德树人的阵地，是为人师表的殿堂，高校领导班子成员一言一行都会在师生中产生影响。因此，就需要时时处处做廉洁自律的表率，凡是要求别人做到的，自己首先要做到；严禁别人做的，自己坚决不做。要时刻想着党和人民的利益，想着自己肩负的责任，管好自己，管好配偶和子女，管好身边的工作人员，自觉地把自己置于组织的监督和制度的约束之下，管好、用好、约束手中的权力，为高校的改革发展添砖加瓦。

（三）领导班子成员必须坚持做遵章守规的表率

高校领导班子成员只有讲规矩、立规矩、守规矩，才能使监督工作落实到位。邓小平同志说过："制度问题更带有根本性、全局性、稳定性和长期性。"①建立、完善和落实各种廉政制度，才能为高校领导班子提供内部监督的依据和保证。这几年的实践表明，下述制度比较有效。一是坚持民主生活会制度。它是加强高校领导班子内部监督的一种最直接的形式和有效途径，是领导干部自我教育、自我提高、自我解决问题的重要措施。二是坚持民主集中制原则。它既是加强党的建设的根本制度，又是对权力加以约束，加强内部监督的最有力的措施。凡涉及高校改革与发展的重大问题，都必须经过领导班子集体讨论决定。三是建立事前、事中、事后监督相结合的制度，使内部监督贯串于领导班子活动的全过程。事前防范监督体系是指加强领导班子对某一重大问题决策的监督，保证决策不失误；事中跟踪体系是指班子成员在贯彻落实某一重大决策过程中，要及时就工作情况与领导班子沟通，及时校正偏差；事后检查监督体

---

① 邓小平. 邓小平文选：第 2 卷［M］. 北京：人民出版社，1994：333.

系是指对完成某一重大决策的情况进行认真检查，对班子成员行为的结果进行监督。四是从高校的实际出发，对容易出现腐败现象的部位和环节进行重点治理，并制定一系列可操作性的规定，使领导班子成员能自觉从严规范自己的用权行为，并接受其他成员的监督。

只有深入探讨在新阶段、新形势下强化高校内部自治权监督的新思路、新办法，建立全方位、多层次的监督网络，并通过各方面的努力，把内部监督落到实处，才能从根本上遏制腐败现象和不正之风的滋生和蔓延，从而发挥内部监督在高校建设中的重要作用，把高校的教育改革和持续发展不断推向前进，真正办好让人民群众满意的高等教育。

第九章

保障高等学校师生权利救济机制

第一节　权利救济的法理依据与现实基础

一、师生权利救济的法理依据

师生权利救济机制是高校法治机制创新的重要内容，也是保障师生主体地位，构建自由、平等、公正、平安、优美校园环境的客观要求。在学校治理关系中，涉及的全部治理活动都与相对人的权利权益有关联，它在治理过程中的违法、违规或不当的行为必将给相对人的合法权益带来一定损失或损害。特别是教师和学生，他们虽然依教育法律、法规享有特定的权利，但他们权利的运用有时也不能直接制止某种侵害行为的发生。在这种情况下，就非常需要通过法律救济或纠纷化解来平衡教育法律实施中教育行政部门、学校与相对一方因明显法律地位不对等带来的反差。教育法律救济机制最根本的作用在于保护教师、学生及学校的合法权益，保证依法治校和依法维权。

我国很早就认识到了救济制度的重要性。早在 1957 年 10 月 26 日发布的国务院《关于国家行政机关工作人员的奖惩暂行规定》第 12 条规定："国家行政机关工作人员对所受法律处分不服的时候，应该在接到通知后一个月内，向处理机关要求复议，并且有权直接向上级机关申诉。国家行政机关对于受处分人的申诉，应该认真处理。对于受处分人给上级机关的申诉书，必须迅速转递，不得扣押。但是在复议或申诉期间，不停止处分的执行。"这一规定虽然只明确了"申诉"这种行政机关内部救济的渠道，且只是行政处分行为，但它却为国家工作人员包括学校教职员工提供了一条行政救济的渠道。

我国行政诉讼法、行政复议法及行政复议条例的施行，基本确立了我国的行政法律救济和矛盾纠纷化解制度。相关教育法律法规明确规定了教师、受教育者享有申诉、复议、诉讼等权利，初步建立了我国教育行政救济和矛盾纠纷化解制度的基本框架。如《教师法》第 39 条规定："教师对学校或者其他教育机构侵犯其合法权益的，或者对学校或者对其他教育机构做出的处理不服的，可以向教育行政部门提出申诉，教育行政部门应当在接到申诉的 30 日内，做出处理。教师认为当地人民政府有关行政部门侵犯其根据本法规定享有的权利的，可以向同级人民政府或者上一级人民政府有关部门提出申诉，同级人民政府或者上一级人民政府有关部门应当做出处理。"这一规定为教师通过申诉获得救济提供了基本的法律依据。该法第 42 条关于受教育者享有的权利第 4 项规定："对学校给予的处分不服向有关部门提出申诉，对学校、教师侵犯其人身权、财产权等合法权益，提出申诉或者依法提起诉讼。"这就为受教育者获得行政救济提供了法律保障。

教育部于 2005 年 3 月 29 日颁布的《普通高等学校学生管理规定》第 56 条明确："学校在对学生做出处分决定之前，应当听取学生或者其代理人的陈述和申辩。"第 61 条明确："学生对处分决定有异议的，在接到学校处分决定书之日起 5 个工作日内，可以向学校学生申诉委员会提出书面申诉。"第 63 条明确："学生对复查决定有异议的，在接到学校复查决定书之日起 15 个工作日内，可以向学校所在地省级教育行政部门提出申诉。省级教育行政部门在接到学生书面申诉之日起 30 个工作日内，应当对申诉人的问题给予处理答复。"教育部于 2012 年 11 月 22 日印发的《全面推进依法治校实施纲要》第 6 条明确规定"健全学校权利救济和纠纷解决机制，有效化解矛盾纠纷"，对如何完善教师学生权利救济制度和依法健全校内纠纷解决机制，提出了具体要求和实施意见。2014年 10 月 23 日党的十八届四中全会通过的关于全面推进依法治国若干重大问题的决定强调，"完善法律援助制度，扩大援助范围，健全司法救助体系，保证人民群众在遇到法律问题或者权利受到侵害时获得及时有效法律帮助。健全依法维权和化解纠纷机制。强化法律在维护群众权益、化解社会矛盾中的权威地位，引导和支持人们理性表达诉求、依法维护权益，解决好群众最关心最直接最现实的利益问题。健全社会矛盾纠纷预防化解机制，完善调解、仲裁、行政裁决、行政复议、诉讼等有机衔接、相互协调的多元化纠纷解决机制。"2016 年 3 月 19 日公布的《十三五规划纲要》要求"完善法律援助制度，健全司法救助体系"。这些都为教师学生权利救济和纠纷解决提供了法律法规依据。以上法律法规充分表明，高校教育行政救济和纠纷解决制度在我国正逐步建立和形成，师生合法权利切实得到保障的条件已经基本具备。

二、高校教育行政救济的主要特点

法律救济制度的产生，是民主政治和法治发展的结果。宪法确立的民主制度和法治原则，为法律救济提供了存在的基础和依据。宪法的规定使一切可以影响到他人的权利、权力或权益的行为都处在法律的控制和制约之下。对于在高校工作学习生活中的任何违法、违规、侵权、损害行为，都应受到法律法规的矫正和追究，对于其合法权益受到损害的人，都应获得法律法规上的救济。

高校行政救济是指高校教育管理活动的相对当事人，因高校行政管理部门或其他管理部门的违法或不当行为，致使其合法权益受到侵害时，请求高校有关部门予以补救的法律制度。高校行政救济是针对行政主体行使行政权力所产生的消极后果进行的一种法律补救，它是高校教育行政相对人在受到高校教育行政主体可能的不法侵害时所享有的全部救济途径和救济手段。由我国教育法律所确定和规范的高等学校行政救济，就构成了我国高等学校教育行政救济法律制度。高校教育行政救济的内容决定了高校教育行政救济具有如下三个特点。一是高校教育行政救济具有因行政相对人提起的补救性。依据我国教育法律法规的有关规定，高校教育行政救济一般必须由教育行政相对人提起，由有行政救济权的高校或高校管理部门依法对高校教育行政主体的具体行政行为进行审查，才能实行对高校教育行政相对人的补救。高校教育行政救济主管部门的审查和补救行为是在相对人提起补救申请之后发生的。二是高校教育行政救济具有争讼性。高校教育行政救济是高校或高校管理部门依法处理和裁决教育行政争议的过程。高校教育行政争议是高校教育行政相对人认为高校行政主体的具体行政行为违法或不当而侵害其合法权益，因而不服行政行为所形成的法律争议。究竟其行政行为是否违法违规或不当，仅是教育行政相对人一方的主观认定，因而表现为法律纠纷。高校或高校管理部门处理与裁决教育行政争议，成为高校教育行政救济制度的核心内容。因此，高校教育行政救济的整个过程体现了行政争讼的解决过程。三是高校教育行政救济具有程序性。由于高校教育行政救济所要撤销或变更的行为是曾经具有法律公定力的行为，因此法律法规往往对行政救济都规定了严格的程序。通常做法是将行政机关救济程序与司法机关行政救济程序予以分离，我国行政诉讼法和行政复议法的制定实施正表明了行政救济的程序性，高校教育行政救济就须依据法律规定执行。

三、高校教育行政救济的现实基础

根据我国现行的教育法律法规的规定，我国高校教育行政救济的途径主要有申诉、行政复议、行政诉讼。申诉制度，通常是指师生在其合法权益受到损害时，向学校或学校管理部门申诉理由，请求处理或重新处理的制度。申诉作为解决行政争议的制度，并没有严格的法律程序。但教育申诉却是我国高校当前的一条解决教育行政争议、提供教育行政救济的行之有效的途径。我国的教育法、教师法、高等教育法都规定了教师申诉制度和受教育者申诉制度。行政复议是指师生、法人或者其他组织认为具体行政行为侵害其合法权益，向学校或学校行政管理部门提出行政复议申请，学校或学校行政管理部门受理行政复议申请，做出行政复议决定的活动。同样，当学校或学校行政管理部门相对人认为上级教育行政机关做出的具体行政行为侵害其合法权益的，也可依法依规提出行政复议以寻求行政救济。我国的行政复议法对行政复议的救济制度做出了明确具体的规定。行政诉讼是指高校行政相对人认为行政主体的具体行政行为侵犯其合法权益，向司法机关提起诉讼，人民法院依法对其具体行政行为的合法性进行审查并做出裁决的一种制度。法院可以依法采取多种经济手段来补救行政相对人。高校教育行政诉讼也是教育行政救济的最终途径。近年来，我国高校在推进依法治校实践中通过行政诉讼形式来寻求救济的情形也在逐步增加，说明师生的权利意识也在逐步增强。

四、完善高校救济机制的重要意义

高校或高校行政管理部门针对权益侵害的不同性质，依法依规采用不同的救济原则、方法、途径，但对于主体权利的尊重与维护是共同的宗旨，这就需要明确救济机制对全面推进依法治校，切实保障师生权益具有的重要意义。

救济权的合理配置是保障主体权利的基础。有权利必有救济，无救济则无权利。缺乏有效救济的权利是虚伪的、无意义的。高校依法依规合理配置救济权，首先要坚持以师生为本的理念和执法的服务性、责任性和程序性。其次要构建对维护师生利益具有重要作用的制度体系，建立健全师生矛盾预警机制、利益表达机制、协商沟通机制，畅通师生利益协调、权益保障、法律法规和校规校纪渠道，保障师生合理合法诉求，依照法律法规及校规校纪和程序就能得到合理、合法、合规的结果。

救济权的及时启动是保障主体权利的前提。救济权的即时启动，不仅补救了主体受损的合法权益，而且也会安抚主体受伤害的心灵。救济权是高校法治水平和师生权利保障水平的测量器。随着全面推进依法治校进程的加快，关于救济权的及时启动问题还有待进一步规范和落实，但保障师生的申诉权、陈述权、辩护权，让主体参与人能说话、敢说话、说真话、说实话的救济通道是越来越畅通的，和谐与良好的校园法治氛围正在逐步形成。

救济权的有效补充是权利保障的关键。高校校园的立规、执规、守规不至于偏离合法轨道，救济机制的重要性不言而喻。救济机制不仅是权利的有效补充，而且也是对违法性、违规性行为的确认，责任追究机制也必然会附随其后。对合法合规救济权的有效补充是师生权利保障的关键。高校或高校管理部门要及时兑现，防止救济权利虚置。对不服生效决定的救济，要逐步实行法律顾问或律师代理制度，将其纳入法律救助范围，切实解决师生权益保障问题。

救济权的真正实现是权利保障的目标。高校学生权利救济权切实到位，才能使理想层面转化为具体的实践层面，实现权利维护、尊重与权力制衡的目标。

实践证明，有效的救济往往能够有效地定纷止争、化解危机、解决纠纷和矛盾，防范侵害后果的扩大，形成高校治理环境的优化，促使校园秩序的良性互动。

第二节 高等学校法律救济存在的主要问题

高校法律救济问题作为师生权利保障研究的内容，一直以来都受到教育学、教育法学和行政法学研究的关注，且随着依法治校进程的加快而成为高校和社会热点问题。早在 2003 年教育部关于加强依法治校工作的若干意见下发后，各高校开展了依法治校的实践，着力进行了建章立制、规范管理和创建示范学校建设的工作。高校师生的权利保障与权利救济也相应提到日程上来，而高校师生权利侵害往往是高校管理理念、方式不正确、不合法、不妥当所致。高校管理因其具有教育行政行为典型的公定力、确定力、拘束力与执行力等效力，必然会涉及限制、损害到师生群体或个体的基本权利；在无法保证依法依规、执法执规的前提下，师生权利或权益就会遭受到侵害。因此，对于师生基本权利的有效救济就应成为高校管理中不应忽视的问题。目前，就高校师生权益的法律救济机制而言，存在以下问题。

一、法律法规制度有些滞后

法律法规救济制度滞后，操作性不强，权利诉求难以到位。例如，我国教师法、教育法、高等教育法规定的申诉机制存在制度缺陷，对于教师申诉的管辖问题，教育法、教师法只是做出原则的规定，关于受教育者申诉的法律依据仅限于教育法关于"学生权利"的规定，对于学生申诉的管辖问题没有明确具体规定，申请管辖、时限、受理机构等方面存在立法模糊，导致实践中的申诉制度很难实施。又如师生权益受到校方侵害时，存在侵权责任主体不明、法律关系性质不清、行政主管部门或司法机关出现管辖真空的局面。师生申诉制度是维护师生合法权益的保障，但由于其规定缺乏可操作性，申诉程序缺少具体规定等问题，行政管理部门在处理师生申诉案件时有较大的随意性，申诉案件久拖不决或不能公正解决的现象时有出现。虽然我国教师法实施意见就教师申诉制度有一些补充说明，但仍显不足。我国教师法仅仅规定了申诉的救济途径，而没有规定提起行政复议和行政诉讼的途径。在聘任制实施过程中，教师对教育行政部门的侵权行为、对行政机关就申诉处理不服的，是否可以选择行政复议或者行政诉讼等途径来维护其权利，缺乏直接的法律法规依据。

二、师生的受教育权不够明晰

高校师生的受教育权的法律规范界定不明，救济权流于形式。现行的教育法、教师法、高等教育法中关于教师与学生权利的规定过于笼统和宽泛。如《高等教育法》第 37 条："高等学校根据实际需要和精简、效能的原则，自主确定教学、科学研究、行政职能部门等内部组织机构的设置和人员配备。"这样对高校内部管理权的规定，由于没有具体规定其权限和运行的程序性要求，在实践中就非常含糊，很容易发生被管理者被侵害时无法可依的情况。高校行政权力更贴近权力的运行逻辑，学术权力则更符合知识系统的品性，二者之间由于具有不同性质，但却又同时存在于一起，在诸多场合发生交叉，因而冲突难免。因此，只有首先明确主体的权利，才能做到相应的救济，否则只会无的放矢。近些年来，教师因职称评聘，学生因学籍、安全等权利问题与学校管理权发生冲突，由于缺乏相应的法律救济，违反师生基本公民权利的事件屡有发生。

三、救济渠道不够通畅

目前，我国用来解决学校与师生间法律纠纷的非诉讼救济渠道有师生申诉和行政复议两种，这两种救济方式还存在功能不够健全、不到位的问题。如何和解、调解、仲裁等适宜于平等主体之间法律纠纷的权利救济渠道缺失，致使原本可以通过和解、调解、仲裁等方式解决的纠纷只能通过申诉来进行。这在客观上加大了教育行政部门受理师生申诉的压力。针对救济程序不完善、不规范的问题，虽然我国《教师法》实施意见第 8 条对教师申诉案件的管辖、受理条件、处理程序、法律救济措施等方面做出了简要的规定，但教师申诉制度依然存在程序规范上的缺失。如申诉部门审查教师申诉并决定是否受理的时间、时限，教师对处理决定不服申请复核所适用的程序，申诉部门在处理教师申诉时应当适用的说明理由制度、回避制度、听证制度等程序制度的相应规范等，都存在严重缺陷，认识模糊、程序简化、手段匮乏。总体来看，对师生义务规定多，权利规定少；纲领性的规定多，具体可操作性的少；程序性规范少，具体操作难；可塑性弱，配套立法滞后，下层位规范与上层位规范抵触现象比较严重，这已成为由来已久的问题。①

第三节　构建有效的权利救济和纠纷解决机制

党的十八届四中全会决定强调要构建对维护群众利益有重大作用的制度体系，建立健全社会矛盾预警机制、利益表达机制、协商沟通机制、救济救助机制，畅通群众利益协调、权益保护法律渠道。教育部颁发的实施纲要要求完善教师学生权利救济制度，依法健全校内纠纷解决机制。权利救济和矛盾化解制度是依法治校机制创新的重要内容，也是保障师生主体地位，构建自由、平等、公正、法治、平安校园环境的客观要求。无救济则无权利。为维护教育教学秩序和校园环境，学校有权依法依规教育、培训、管理师生，同时学校也有义务保护师生的合法权利，并为师生保护合法权利提供必要的保障和途径，否则师生的合法权利就会受到侵害。在学校与师生的法律关系中，师生在一定程度上处于弱势地位，其原因主要是他们的一些权益得不到有效的救济和保障。对此，目前高校师生的法律救济和纠纷解决机制应从以下几方面加以完善。

一、完善师生申诉处理机制

（一）完善聘任制

高校要设立或完善教师申诉或者调解委员会，委员会成员应具有广泛的代

---

① 湛中乐，李风英. 高等教育与行政诉讼法 [M]. 北京：北京大学出版社，2003：67.

表性和权威性，经民主协商后提请教职工代表大会认可。教师因职责权利、职务评聘、教学科研、考核评价、相关待遇及奖惩等事项与学校及有关职能部门之间发生纠纷，或者对学校决定、治理制度、规范性文件提出的意见，都应及时进行调处，做出申诉结论或者形成调解意见。目前，要尽快完善以教师聘任制为核心的，保障教师权利的法规、章程。因法律制度建设不完善是影响教师聘任制顺利实施的一个核心因素。为了确保真正意义上的教师聘任制的健康运行，有效维护聘任制下教师的合法权益，必须对包括聘任合同、聘任程序、聘后管理、辞聘解聘、聘用监督、聘任纠纷等在内的诸多问题做出统一明确、具体细致的法律规定。为此，国家应尽快出台规范聘任制施行的相关具体法律法规，教育行政部门应当在教育法律相关原则性规范的指导下制定实施教师聘任制的具体细则和配套的规章文件，以引导和规范学校的聘任行为，切实维护聘任制下教师的合法权益。这要求国务院及教育部要在近年来各高等学校试行聘任制的基础上，总结经验，制定统一的行政法规和部门规章。

（二）完善解聘制

建立规范的解聘制度并使之法定化和科学化，构建教师身份的保障机制，是聘任制下教师合法权益维护的重要方面。在规范化的解聘制度的具体过程中，实体与程序的内容都是不可或缺的。因为解聘教师的实体性规范必须要明确教师被解聘的具体原因。"解聘的法律理由是强制性的、排他的。错误解聘将构成违约。"① 为此，我国相关的教育立法应当从实体上明确教师被解聘的原因，如师德不合格、违反国家政策法律、严重违反学校工作纪律、弄虚作假、剽窃他人成果、造成重大教学事故或给学校造成重大损失等。

解聘教师除了必须符合相关的实体性规范外，还必须经过正当的解聘程序，这一点尤为重要。借鉴美国高等学校有关聘任教师解聘的合理做法，对于教师解聘制度应从如下几个方面来完善。一是预警制度，即学校在监督、考核教师的过程中，发现教师存在可能导致被解聘的行为时，应给予口头或书面警告，责令其在合理的期限内予以改进。二是告知与说明理由制度，即学校在做出解

---

① 赵杰宏，严妍. 教师聘任合同之法律性质 [J]. 国家教育行政学院学报，2006（4）：79.

聘决定前，应当把决定的内容通过书面形式告知利害关系人，并说明做出该决定所基于的事实根据和法律依据。三是听证制度，即学校在做出正式解聘教师的决定之前，如果被解聘教师提出听证请求，学校应当举行听证会，为教师提供表达意见和自我辩护的正式机会，确保被解聘教师陈述权和申辩权的行使，学校解聘决定的最终形成应充分考虑听证过程中的相关意见。从实体和程序两个方面规范学校行使解聘权，建立法定化、科学化的解聘制度，目的在于最大限度地保证学校解聘教师行为的合法性和正当性，构建教师身份的保障机制，尽可能地避免教师的合法身份及其正当权益遭受侵犯。

（三）完善学生申诉制

高校要完善相对独立的学生申诉处理机构，对人员组成、受理时间、程序及处理规则，应当符合正当程序原则的要求，并允许学生聘请代理人参加申诉。学校要以育人为本的价值标准构建校内学生管理制度。学校在做出一个可能影响学生权利义务的具体行为时，须遵守五项原则：学校的处理应当与学生行为的性质、过错程度相适应；决定做出前要听取学生或其代理人的陈述和申辩；做出的决定要程序正当、证据充足、依据明确、定性准确、处分恰当；决定做出后既要把决定书送达学生也要告知申诉权；学生启动申诉机制后，要在 15 个工作日内做出申诉决定。学生申诉处理机构在正式受理学生申诉后的 30 个工作日内做出处理意见。

二、明晰司法审查的正当性

高等学校的性质及法律定位的模糊，导致对高校自治与司法审查关系的争论长期不休。因此，要阐明司法审查的法理依据，探讨高校权力司法监督问题，应从剖析高校的性质入手，首先要弄清楚高校权力的性质、构成及其相互关系。教育法明确规定了我国高校的权利，包括招生权、学籍管理、奖励、处分、颁发相应的毕业证和学位证书等。这些权力具有明显的单方面意志性和强制性，符合公共权力的特征。由此我们认为高校权力属于公共权力的范畴，同时高校是行使国家行政权和公共管理权力的法律法规授权组织，具备行政主体资格。大学自治也就等同于大学的内部管理，实质上体现一种行政权力的运作过程。

为了减少权力的负面效应，司法审查介入高等学校自治，意味着高校的内部管理权力必须受到法律的制约，使高校管理者更加审慎地行使手中的权力，减少人治的任意性，增添法治的科学性。

我国沿袭大陆法系传统，高校性质多为公立性，国家授予其一定的行政权力对学生、教师进行管理，学生、教师承担认可和服从学校管理的义务，双方的主体地位是不平等的。这已被海淀区人民法院在"田永诉北京科技大学拒绝颁发毕业证学位证行政诉讼案"中的判词所证明。也就是说，在我国目前情况下，某些事业单位、社会团体虽然不具有行政机关的资格，但是法律赋予它行使一定的行政管理职权。这些单位、团体与管理相对人之间不是平等的民事法律关系，而是特殊的行政管理关系。他们之间因管理行为而发生的争议，不是民事诉讼而是行政诉讼。尽管《中华人民共和国行政诉讼法》第25条所指的被告是行政机关，但是为了维护管理相对人的合法权益，监督事业单位、社会团体依法行使国家所赋予的行政管理职权，将其列为行政诉讼的被告，适用于行政诉讼来解决它们与管理相对人之间的行政争议，有利于化解社会矛盾，维护社会稳定。田永案作为对大学内部管理行为进行司法审查的先例，其影响是深远的，不仅被收入最高人民法院公报，以指导今后各级人民法院的审判实践，而且还波及此后的司法解释。1999年11月24日最高人民法院关于执行《中华人民共和国行政诉讼法》若干问题的解释第12条规定：与具体行政行为有法律利害关系的公民、法人或者其他组织者对该行为不服，可以依法提起行政诉讼。

司法对高等学校自治的审查作为中国法治进程的一部分，正有力地推动高等学校内部管理秩序的完善。这也是今日世界的通例："全世界的教育都由成文的法律法规来调整"，但"法律化的概念并不是指存在着对教育的成文法律约束。它是指对教育方面的决议进行司法审查"。① 实际上，正是由于高等学校内部管理秩序存在问题，才引发了管理相对人维护自身权利的诉讼，导致了对高等学校自治领域实行司法审查的现实需要。

---

① 吴庚. 行政法之理论与实用 [M]. 北京：中国人民大学出版社，2005：110-111.

（一）司法审查的现实需要

司法审查的现实需要首先是由于高等学校规章存在瑕疵。教育法明确规定，学校及其他教育机构"依照章程自主管理""依法接受监督"。高等学校规章对高等学校内部的机构活动具有明确的规范性，是高等学校自主管理、自律及接受监督的基本依据，也是我国教育法制体系的延伸和组成部分，自主的管理权的行使必须遵循法治原则。但由于高等学校在规章制度过程中，片面追求管理效率，缺乏民主参与渠道，其瑕疵是有目共睹的，主要表现在三个方面。一是不适当地扩大规章的适用范围，不适当地增加学校规章的调整手段，不适当地限制或剥夺教职工和学生的正当合法权益。二是规范之间相互抵触，下阶位规范与上阶位规范不相一致。三是规章的形式不严谨，即管理规章不是以规范性法律文件的形式出台，而是以"通知""意见"等形式来命名。

高等学校内部管理失范是司法审查介入高等学校自治的另一个重要原因，司法审查可以促进高等学校内部管理的有序化。前述田永案中学校败诉的原因之一，就是学校对田永的退学处理决定实际并未执行。田永被学校认定考试作弊并依据学校规定按退学处理后，除了学校编印和签发的"期末考试工作简报""学生学籍变动通知单"外，并未给其理退学手续。在此后的两年中，田永仍以一名正常学生的身份继续参加学校安排的各种活动。因此，面对司法审查，学校的败诉就在情理之中。

高等学校在对管理相对人做出处罚或不利决定时，缺乏符合法治精神的正当程序是司法审查介入的又一重要原因。正当程序的普遍形态是：按照某种标准的条件陈述争论点，公平地听取各方意见，在当事人可以理解或认可的情况下做出决定。在高等学校自治中，诸如管理相对人的举报、申诉、辩解程度，学校管理部门的调查程序，专门委员会听证与处罚建议的程序，校长的裁决及做出行政决定的程序以及实施具体处罚的程序等均应遵循法治原则。如果没有正当程度，高等学校可以借自治之名随意选择实施管理行为的动机、方式、方法和步骤，可以通过滥设程序壁垒或拖延执法取消教师、学生的法定权益，也可通过选择缺乏正当性的用权方法加重教师、学生义务。在这种情况下，高等学校可以轻而易举地摆脱法律的控制和约束，使管理规章蜕变力单方面管制教师、学生的工具。程度正当，一方面可增强大学管理的透明度，限制大学管理人员的恣意妄为，减少自治权侵犯个体合法权利的危险性；另一方面，又可保留一定的选择空间，以保证自治管理高等学校事务的活力。高等学校自主管理的合法性，不等于其具体管理行为的合法性。高等学校自主管理权能否得到公正、合理的行驶，还必须有与之相应的正当程序做保障。刘燕文告北大案的一审判词有力地证明了上述论点："本案被告校学位委员会在做出不批准授予刘燕文学位前，未听取刘燕文的申辩意见；在做出决定之后，也未将决定向刘燕文实际送达，影响了刘燕文向有关部门提出申诉或提起诉讼权利的行使，该决定应予撤销。"①

总之，有权力（利）的地方，就必须有救济。高校的自治管理，从一定意义上来讲，它既是一种权利，又是一种权力，是权力就可能对公民的权利造成侵害，而宪法、法律赋予公民的权利是任何国家机关、社会组织和个人不能恣意侵犯的。现代社会里，高校也是众多社会组织的一种，高校管理即使具有特殊性，但也要遵守法治社会尊重人权的最基本要求。而在法治社会，公民权利的司法保障最具权威性，缺乏司法救济，公民权利就失去了意义，司法的介入是公民权利保障的逻辑结果，拒绝司法介入，实际上也就放弃了该领域对公民权利的保障，也就可能放任了高校对公民权利保障的草率行事。

（二）司法救济的限度

我们应当认识，高校自治虽然不排除司法的介入，但高校毕竟是一种学术性社会组织，有其自身发展特有的内在逻辑，唯有遵循尊重和维护这条内在逻辑，高校才能繁荣兴旺，因而司法的介入是有限的。司法介入应当坚持以下两个原则。

1. 学术问题不审查原则

审判机关在介入高校自治管理时，不得就高校自治过程中所涉及的相关学术问题进行审查。"学术问题归高校，法律问题归法官"，司法机关无权也无能力决定学术问题。因而，对于高校发生的涉及学术性的纠纷，司法机关的审查主要是程序性审查而非实体审查，不能干预所涉及的学术问题。如司法机关可

---

① 马怀德. 中国行政法的崛起［M］. 北京：北京大学出版社，2005：103.

以就专家委员会的组成、专家如何投票以及如何计算计票等问题进行审查，但对于专家就论文所做的认定、学位标准的要求应当是退避三舍的，学术是学者们的自由领地，法院必须对此予以尊重。

2. 申诉程序前置原则

申诉从本质而言，是一种内部处理纠纷的方式，由于其程序简单、操作方便、成本相对低廉，尤其是体现了"内部的纠纷内部处理"的世俗规则，因而广泛应用于社会生活之中。在高校的自治中，也应当建立起申诉机制，以回应高校这种管理过程中发生的各种纠纷，只有在高校拒绝处理各种纠纷或处理不公平的情况下，穷尽高校内的救济，才交由司法机关做最终裁决。申诉程序前置原则在一些国家和地区的司法实践中得到确认。我国台湾地区司法机构在1995 年关于学校与学生关系的"382 号解释文与解释理由书"中申明："各级学校依有关学籍规则或惩处规定，对学生视为退学或类似之处分行为，足以改变其学生身份并损及其受教育机会，自属对人民宪法之上受教育之权力有重大影响，次种处分行为应为诉愿法及行政诉讼法上之行政处分。受处分之学生于用尽校内申诉途径，未获救济者，自得依法提起诉愿或行政诉讼。"

三、建构教育仲裁救济机制

（一）构建教育仲裁机制的法理基础

任何一项新的制度的建构，必须建立在相应的理论基础之上，而教育仲裁制度作为一项法律救济制度，必然要有其建构的法理基础与现实需要。对其建构的法理基础，我们认为可以从以下几个方面进行分析。

1. 高校办学具有行政权和学术权

高校作为独立教育机构的公法人，一方面依法享有"按照章程自主管理"的自主权，另一方面法律也明确规定，高校自主权的行使要"依法接受监督"。从高校自主权产生的过程性质来看，高校的自主权不是一项民事权利，而是政府下放给高校行使的具有行使权性质的一种特殊权力。因此，高校自主权具有行政权力特性，是国家教育权的重要组成部分。由于高校的社会角色具有多重性，即多重身份，一方面根据法律法规的授权，高校是行使国家教育行政权力的教育机构，具有行政主体的资格，另一方面，根据"大学自治"的原则和自身章程，高校又是具有独立法人资格的学术机构，行使着高校及科研机构特有的学术权力。缘此，高校办学自主权主要包括两个方面：一是行政权力（行政性的自主权），二是学术权力（学术性的自主权）。前者主要表现在对师生员工的日常管理中，如违纪处分等；后者主要表现在对教师、学生的学术水平和资格评定上。根据高校办学自主权内容的性质，目前常见的高校教育纠纷可以分为两大类：一类是高校在管理处分活动中行使的行政权力与学生、教师权利之间发生的冲突纠纷，即没有涉及高校教学研究专业知识的纠纷，如违纪处分、学籍管理、勒令退学、开除学籍、拒绝颁发学业证书或学位证书等决定引起的纠纷；另一类是高校在学术管理活动中行使的学术权力与学生、教师权利之间发生的冲突纠纷，即涉及高校教学研究专业知识的纠纷，如学生考试成绩评定、学位（毕业）论文专业水准的评定、教师的导师资格授予和职称评定等引起的纠纷。

在高校的行政权力与学生（教师）权利之间的冲突纠纷中，高校具有行政主体资格，行使着特定的行政权力或公共管理权力。高校与学生（或教师）是处于管理者与被管理者的地位，其中既有"隶属型"的法律关系，又有"平权型"的法律关系。基于"平权型"的法律关系而发生的纠纷，完全可纳入民事纠纷处理程序之中，基于"隶属型"的法律关系的纠纷，其中高校对学生做出的涉及宪法基本权利（即"基础关系"）的处分行为（如开除学籍、勒令退学、拒绝颁发相应学历证书或学位证书等），以及其他一些严重影响学生（或教师）基本权利的行为，均应纳入行政行为的范畴。学生（或教师）认为学校管理行为侵犯其合法权益而引发的纠纷，可诉诸各种行之有效的解决机制以获得救济（包括接受司法审查和救济）。而没有涉及学生（或教师）"重要性"的权利（即"工作关系"）的处分行为，如警告、通报批评、记过等，应通过校内申诉途径来获得救济，而不宜通过校外的其他途径来救济。

在高校的学术权力与学生（或教师）权利的冲突纠纷中，学术本身的纷繁复杂性、多样性与不确定性以及高度专业性，决定了学术管理的特殊性，也构成了学术权力的特殊性。正是由于学术权力有别于行政权力的特殊性质，学术权力一般难以接受司法审查，而且也不适宜通过司法救济来保护受损害或侵犯的合法权益。因为学术评定委员会中的专家、学者在行使学术权力过程中尽管可能会存在以"学术背景"为遮掩的武断和专制，但往往更容易受到学术道德和良心以及个人偏好等非正当因素的影响，而对评定结果起到十分关键的作用。学术权力在学术活动中作为一种管理手段，特别是当其借助或通过行政权力发挥作用时，学术权力亦会成为一种存在于教育者和受教育者以及教育者之间的学术支配关系。因此，学术权力作为一种权力，在制度设计上与行政权力一样需要约束和规制，根据"无救济则无权利"的法治原则，学术权力也需要相应的法律救济途径。由此可见，因学术权力行使而引起学术纠纷的这一特殊的教育纠纷，其特殊性鲜明地表现为高度的专业性与技术性。法院显然不能胜任对学术纠纷的审查。因此，学术纠纷这种教育就更不应纳入司法审查的范畴。考虑到高校的学术评定权是高校自治的一项重要权利，也是高校自主权的主要组成部分，司法审查的不适当介入会对高校学术研究产生负面影响，从而损害高校办学自主与自主权。鉴于此，解决这类高校教育纠纷的理想途径就是要设立由具有专业背景和专长的专家学者作为中立的裁判员组成的机构对纠纷做出公正的裁决，这才能妥善地处理好司法介入的尴尬与困窘的局面，同时也有利于及时有效地保护高校和学生（或教师）的正当权益，尤其是后者的正当权益。

2. 现行救济制度存在不足

我国目前教育领域中现有的救济制度包括申诉制度、行政复议制度、司法救济制度等都存在许多不足之处。

申诉制度包括行政申诉制度和校内申诉制度。教育法及其实施意见均规定，学生对学校给予的处分不服可以向有关部门提出申诉，对学校、教师侵犯其人身权、财产权等合法权益也可以提出申诉。但由于办理申诉案件被安排在信访部门，申诉并不必然引起法律程序，学生的申诉往往石沉大海。申诉机制和处理程序又相对不完善，缺乏双方当事人的参与性，其公正性和公平性都得不到保障。同时，我们应当认识到，行政申诉制度从本质上讲是一种行政救济途径，而行政救济从专业性和时效性来讲比不上高校内部申诉的救济优越，从公正性和权力保障上来说又比不上司法救济优越，而且行政申诉救济还可能为政府干预高校打开便利之门，因而这种救济制度存在的时效性是值得怀疑的。

行政复议是由上一级国家行政机关对具体行政行为进行复查并做出决定的一种救济方式。行政复议法仅明确将行政机关没有履行相对人申请保护受教育权的法定职责的情况纳入行政复议的受理范围。教育法及其实施意见亦没有明确规定可以提起行政复议就如同人民银行那样规定一个具体的实施细则。是否可能是主管部门出于对高等学校自主权的尊重的考虑呢？但本着"有权利就救济"的原则，应及时完善教育纠纷的复议制度。当然，由于审查高等学校的主管部门，其公正性和公平性仍显不足。

一般说来，如果行政行为不纳入司法审查就不足以保护公民的合法权益。或者就不利于监督行政法实施，所以应该将其纳入司法审查的范围，实现司法的最终救济。我国法院已受理了大量的教育纠纷案件，为扩大教育纠纷的司法保护提供了司法实践经验。但由于现行的诉讼法以及特殊特点的教育纠纷的受理范围有限；受学生与教师特殊关系的影响，学生很难做出与学校对簿公堂的决定；标的琐碎且审限太长等原因，许多争议不可能通过司法途径得到有效的解决。

（二）构建教育仲裁制度

本书所称的教育仲裁是指根据教育法律的规定，当高等学校学生对高等学校做出的处理和处分不服或认为高等学校侵犯了其人身权、财产权，与高等学校发生纠纷时，依法向专门设置的教育仲裁机构申请仲裁，由教育仲裁委员会依据教育法律规定对其进行调解、裁决的一系列活动。教育仲裁具有行政和司法双重特征。行政特征是指仲裁机构是教育仲裁委员会，仲裁机构的办事机构设在教育行政部门，同时具有行政职能；司法特征是指教育仲裁具有一定的裁决权，仲裁机构所做出的裁决书在当事人未于法定期间起诉的情况下即产生法律效力。教育仲裁具有如下特征。

1. 实行混合性

教育纠纷处理实行混合体制，即"裁审选择自由，司法最终"的体制。为给予学生充分的保护和打消学生对仲裁终局的顾虑，给予学生充分选择权，学生在未能或不愿通过申诉解决纠纷时，可以在申请和提起诉讼之间选择，对仲裁裁决不服仍可以提起诉讼。

2. 实行三方制

教育仲裁委员会由教育行政主管部门的代表、高等学校代表和学生联合组织的代表组成,即机构组成具有"三方性"。仲裁机构的办事机构设在教育行政部门,其具有双重身份和双重职能,它既是仲裁委员会的日常办事机构,组织仲裁事宜,又是教育行政部门的职能机构,督促高等学校履行生效裁决。教育仲裁应有专门的仲裁规则,以宪法、法律和教育类法规为裁决依据。

3. 具有行政和司法双重性

鉴于仲裁的非司法性质和国家对高等学校授权的法定性以及教育行政部门监督管理的职权性,国家教委于1995年8月28日在其发布的关于开展加强教育执法及监督试点工作的意见中把可提请教育仲裁的高等学校与学生的纠纷范围限定为只能将前文所述以民事权关系为主的领域里发生的纠纷纳入教育仲裁的范围。教育仲裁具有的行政和司法双重特征、教育仲裁机构常设机构的行政职能机构性质、学生对纠纷处理方式享有充分的选择权和教育仲裁解决纠纷的优越性,使仲裁与诉讼接轨,并在一定程度上被纳入国家的司法制度,使仲裁成为一项契约因素和司法因素交织在一起的解决争议的特殊制度。

由于教育仲裁具有行政和司法双重特征,其合法性与商事仲裁有所区别。教育仲裁的合法性应来源于法律的授权和学生的请求权。基于教育活动和学术活动的特殊性,教育法授权高等学校依法行使自治权和履行教育法规定的落实学生受教育权等义务,教育行政部门则依法代表国家实行规范化管理和监督。同时,学生享有宪法和法律规定的受教育权和其他合法权益以及要求国家保障权利的请求权。为弥补现行救济体制的结构缺陷,在不违反司法最终原则的前提下,教育争议处理通过代表各方的机构——教育仲裁委员会来进行,具备合宪法和合理性。既维护了国家权力的完整性和受限制性,又充分体现了现代法治对学生以受教育权为核心的受教育权益的维护。

(三)教育仲裁的价值目标

1. 教育仲裁具有效益性

遵循教育活动本身固有的价值目标,探索和建构教育活动中纠纷的低成本、高效率的解决机制，是构建教育仲裁的初衷。一是除了程序上的可预见性和可操作性外，仲裁还具有灵活性，可以避免很多复杂的诉讼程序。二是由于学生在校就读时间一般是四年左右，如其间产生纠纷，采用漫长的诉讼途径会给学生的学习和就业带来消极影响和难以承受的心理压力。三是采用仲裁可以避免太多的教育纠纷进入诉讼程序，从而节约了有限的司法资源。

2. 教育仲裁具有公正、公平性

保障程序上和实体上的公平、公正是任何法律救济途径应有的价值目标。一是教育仲裁委员会在构成上吸收了三方代表，能考虑各方之诉求，避免了申诉和复议的单方性的缺陷。二是仲裁委员是来自各方的专家并保持独立性，能促进裁决的公正。三是采用仲裁是学生的自愿选择，其结果更能被学生接受。

3. 教育仲裁具有灵活性

一是教育仲裁不是"对簿公堂"，不具有诉讼那样强的对抗性，但具有保密性。仲裁是召集各方专家、学者在一起，就争议事项进行法、理、情的论证，在保证程序的可预见性的前提下，对当事人晓之以理、动之以情，可谓是温情脉脉。二是仲裁机构的办事机构是行政职能机构，有权监督学校履行生效裁决。这样，在保持师生关系（学校与学生的关系往往表现为师生关系）不受伤害的前提下促成纠纷的有效解决既符合中华民族尊师重道的优良传统，又符合现代民主教育对师生关系平等的要求，具有一定的灵活性。

第三篇 **03**

理顺高等学校外部法治机制

按照新发展理念要求，依法依规优化高校与政府的协调机制，加强与社会市场的联系机制，创新与产学研密切结合机制，扩大对外合作办学机制，构建高校与政府、社会、企业、外方学校间的协调、和谐、合作共享关系，有利于政府简政放权，管办评分离，给高校更多的自主权；有利于高校面向社会和市场需要培养人才，服务经济社会发展；有利于产学研协同合作，发挥各自优势，促进技术创新和产业转型升级；有利于借鉴国外成功经验，促进对外办学在更高层次实现优质教育资源的交流与互动。

第十章

优化高等学校与政府关系机制

第一节　优化高等学校与政府关系的重要性

一、政府是高校发展的巨大推动力量

中华人民共和国成立初期，我国学习和借鉴苏联高度中央集权的政治体制和行政管理体制，在高校实行直接的集权管理，政府与高校之间是领导与被领导、控制与被控制的关系。这种体制与国家计划制度相适应，曾发挥过积极有效的巨大作用。改革开放以来，我国开始由高度集中的计划经济向市场经济过渡，发展了公有制以外的多种经济成分，扩展了高等教育的融资渠道，出现了多元化的投资主体。1985公布中共中央关于教育体制改革的决定后，使高等教育的发展进入了全新的变革时期，在改革的广度、影响的深度、持续的时间和涉及的范围等方面都远远超过中华人民共和国成立初期，使得高校发展迅速，规模扩大，学生人数不断增长，高校所有制结构日趋多样。在高等教育经费的来源方面，政府财政投入、社会力量出资、受益者成本分担的多元渠道结构逐步形成。1993年3月，中共中央、国务院颁发的中国教育改革和发展纲要对政府与高校关系进行了明确规范，提出要逐步建立政府宏观管理、学校自主办学的体制，形成以中央、省（自治区、直辖市）两级政府办学为主、社会各界积极参与的新格局。要通过立法立规规范高校的权利和义务，明确高校的法人实

体地位，进一步扩大其办学自主权，促使高校建立起主动适应经济建设和社会发展需要的自我发展、自我约束的运行机制。政府要转变职能，运用立法、拨款、规划、信息服务、政策指导和必要的行政手段，变直接行政管理为宏观调控。该纲要是在我国政治体制、经济体制、科技体制、教育体制改革全面推进的历史背景下产生的，是指导20世纪90年代至21世纪初我国教育改革和发展的纲领性文件，在跨越世纪的教育改革发展进程中，具有非常重要的历史地位。1999年，中国高等教育管理体制改革和布局结构调整迈出关键步伐，高校开始扩招学生，高等教育开始大跨步发展。当年，国务院批转教育部面向21世纪教育振兴行动计划，明确提出为了实现跨世纪教育改革和发展的施工蓝图和发展目标，必须进一步理顺政府与高校的关系，政府要加强对高校的监督和办学质量检查，逐步形成对学校办学行为和教育质量的监督机制以及评价体系；高校要完善自我约束、自我管理机制。进入21世纪后，教育部于2002年提出了全国教育事业第十个五年计划和2003—2007年教育振兴行动计划，这两个计划的付诸实施，是实施科教兴国、人才强国战略的基础性工程，为理顺政府与高校的关系、发挥各自作用积累了经验。2010年7月中共中央、国务院正式发表了国家中长期教育改革和发展规划纲要（2010—2020年）提出建设现代大学制度的战略任务，要求政府及其部门要减少和规范对学校的行政审批事项，依法保障学校充分行使办学自主权并承担相应责任。到此，国务院部门所属高校管理体制改革任务基本完成，布局结构调整实现重大突破，部门办学、条块分割的局面得到了根本性扭转。政府与高校关系在很大程度上得到了理顺，依法治教、依法办学、依法行政、依法管理有了明显加强。党的十八大以来，在以习近平同志为核心的党中央坚强领导下，高等教育事业全面发展，教育质量和治理水平显著提高，教育领域综合改革不断深化，教育公平保障水平稳步提升。党的十八届三中全会吹响了全面深化改革的号角，也对深化我国高等教育改革提出了明确要求和具体战略任务。党的十九届四中全会审议通过的《中共中央关于坚持和完善中国特色社会主义制度，推进国家治理体系和治理能力现代化若干重大问题的决定》，突出坚持和完善党的领导制度，抓住了国家治理的关键和根本，体现了我们党对中国特色社会主义制度的坚定自信，对我国国家制度和国家治理体系演进方向和规律的深刻把握，为优化政府与高等学校关系提供了根本遵循。党的十九届五中全会是在两个百年奋斗目标的历史交汇点、交汇期召开的一次重要会议，全会通过的决议是指导"十四五"规划和2035年远景目标纲领的重要文献和行动指南。2021年是国家经济社会发展"十四五"计划 的开局之年，推动高等教育高质量发展是适应我国社会主要矛盾变化和全面建设社会主义现代化国家的必然要求。我国高等教育要全面把握中华民族伟大复兴战略全局和世界百年未有之大变局，按照党的十九届五中全会作出的"建设高质量教育体系"的战略部署，优化政府与高校关系，围绕构建新发展格局迈好步、开好局，以优异成绩庆祝中国共产党成立100周年，意义非常重大，影响非常深远。

优化政府与高校关系是贯彻落实"建设高质量教育体系"的基本要求和具体行动，也是高等教育管理体制中的核心问题之一。从政府的角度而言，政府与高校关系可以理解为在特定的高等教育管理体制之下，政府在对高等教育机构实施行政管理的过程中形成的行政主体和行政相对人之间的关系。从高校的角度而言，"高校办学自主权是两者关系中重要的内容，它与西方学者提出的'学术自由''大学自治'有着基本的历史联系"。① 基于政府与高校关系的表述，可以认为是在具体的历史发展过程中，政府与高校在特定的社会活动中所产生的一系列权利义务关系，包括两者的行政关系、经济关系、法律关系等各个方面，其核心是如何协调权利与义务的关系。优化政府与高校关系的实质应归结于高校组织服务社会功能的实现上。"因为国家教育权利无论归属于政府还是大学，其最核心的问题涉及的都是如何最大限度地发挥大学组织的功能，使其更好地服务于社会。"② 政府和高校作为两个社会组织，在一定时间和空间范围内相互联系、共同发展，就形成了一种处于动态变化发展过程中的社会关系。这种社会关系的实质，集中体现为以权力配置和利益分配为主导的社会关系。

---

① 李泽彧. 关于我国高等学校自主权的探讨历史与特征 ［J］. 人大复印资料：高等教育学，2001（7）：66.

② 周建民，陈令霞. 试析近十年我国政府与高校关系问题 ［J］. 沈阳教育学院学报，2005，（4）：68.

因为我国制度特色的优势，政府始终是高校持续稳步发展的强大推动力量。现在政府强调简政放权，建立政府权力清单制度，优化政府与高校的关系，让高校有更多的自主权，其目的是提高政府对高校的管理绩效，促进高校在研究高深学问、培养高素质创新型人才以及为社会服务等各方面充分发挥自身潜能，以加快我国向高等教育强国和人力资源强国发展的步伐。

二、以新发展理念优化政府与高校的关系

习近平总书记强调："理念是行动的先导，一定的发展实践都是由一定的发展理念来引领的。发展理念是否对头，从根本上决定着发展成效乃至成败。发展理念是战略性、纲领性、引领性的东西，是发展思路、发展方向、发展着力点的集中体现。发展理念搞对了，目标任务就好定了，政策举措跟着也就好定了。"[1] 按照坚持创新、协调、绿色、开放、共享五大发展理念的要求，切合高等教育领域实际，优化政府与高校关系，既要充分认识政府组织的关键作用，又要注重发挥其他参与主体的积极性。如志愿团体、非政府机构、非营利性组织、社会企业、社区互助组织等，在维持秩序、参加政治经济与社会事务的管理与调节方面发挥着自己的作用，致力于种种社会和经济问题的解决，从而形成多中心治理的格局，这对于高等教育领域的高效治理也有着重要的启示。因此，对于高校的治理主要涉及"如何处理政府与大学之间的关系；如何明确大学法人的权限和责任；如何理顺大学内部学术权力和行政权力之间的关系；学生、校友以及其他社会力量如何参与大学事务，等等"。[2] 我们应该充分调动校友、企业、用人单位、社区代表等多元化的治理主体和与高校利益息息相关的各种力量广泛参与高校治理的积极性和主动性，使他们之间通过政策法规、资金支持、董事会研讨、大学校长的选派或聘用等途径和方式向高校传达自身的意愿和需求，并通过责任分担、权力分割和利益分享，共同推进高教事业的发展和高校教学科研目标的实现。与此同时，高校行政管理人员和师生员工应该

---

① 习近平. 习近平谈治国理政：第二卷［M］. 北京：外文出版社，2017：197.
② 方妍. 高等教育强国背景下政府与大学关系重构研究［M］. 武汉：武汉大学出版社，2012：177-179.

以积极主动的姿态直接或者间接的参与高校专业设置、人才培养、学科建设、政策和校规校纪制定等等，以加强学校与社会的相互联系。正如1998年的世界高等教育大会宣言第17条所指出的"以共同利益、相互尊重和相互信任为基础的合作伙伴关系，应成为改革高等教育的主要方式"。① 政府从管理走向治理与服务，不仅引起了高等教育领域权力格局的变化，而且也促成了高等教育管理方式的变革。"恰当地处理政府与高校关系实际上就是在政府与高校之间保持必要的张力，以维持两者之间的动态平衡。"② 政府应该承认高校作为一种学术和教育机构的独立存在，这是其对高校进行治理和服务的前提；高校的发展需要遵循教育和自身运行的规律，但也必须接受政府和社会的监督。

近年来，联合国教科文组织发布的一系列关于高等教育的文件揭示了高校自治内涵的变化，"各国政府开始重新考虑对高校的管理，并在高校与社会、政府之间以及高校系统内部尝试建立多方合作的伙伴关系，整个高校理念开始于无意识之中从自治走向治理，从独立自治走向合作伙伴关系"。③ 从各国高等教育体制改革的发展来看，建立多方参与的合作伙伴关系已经是时代大势所趋。

在我国高等教育领域坚持新发展理念，意味着政府应该重视提升对高校构建新发展格局、优化彼此关系宏观能力的治理，将一定的职权转移、下放给高校及其他社会组织，放弃"不该管"和"管不好"的事情。具体来说，"在举办权方面，政府不再是唯一的举办者；在办学权方面，政府应当将它交给高等学校，使之成为一个独立的法人实体；在管理权方面，政府应更多地依靠行政条例、合同而不是行政手段、行政命令来管理学校。"④ 同时，为了更好地满足社会发展对于高等教育和高素质人才的需求，政府、高校和社会应当进行合作，以协商、谈判、共建、共享等方式更好地提供公共产品或服务。"高等教育作为公共管理的重要部分，应不失时机地进行体制创新和改革，调整、共建、合并

---

① 胡赤弟. 高等教育中的利益相关者分析［J］教育研究，2005.（3）：67.

② 胡建华. 必要的张力：构建现代大学与政府关系的基本原则［J］. 高等教育研究，2004（1）：79.

③ 王建华. 从自治到合作——联合国教科文组织关于大学理念的新观点［J］. 高等教育研究，2004（1）：79.

④ 冯向东. 高等教育结构：博弈中东建构［J］. 高等教育研究，2005（5）：43-45.

高校，吸引社会资本开设民办高校，实行后勤社会化，鼓励毕业生自主择业创业，等等。"① 这些举措均体现了新发展理念要求，即政府、高校等多元主体通过合作协商共享等方法优化政府与高校、高校与市场、高校与高校之间的关系，针对各种事务问题，精准施策，精准治理，目的是提高学校的治理效率，节约办学成本，提高人才培养的质量，不断增强学校的发展力。因此，按照新发展理念要求，优化政府与高校之间的关系，构建新发展格局，推进高质量教育体系建设，有利于我国向高等教育强国不断推进提供坚实的治理制度保障。

三、正确认识政府与高校关系优化的原则

（一）坚持进行合理的制度创新设计

新发展理念是优化政府与高校关系进行制度创新设计的前提，因为在公共治理过程中，多元行动主体本身所具有的不同的文化背景、不同的价值观、不同的道德理念以及不同的利益要求，容易导致一些分歧和矛盾，甚至难以达成共识。新发展理念主张通过协商来确定社会目标或集体行动的目标，但并不是任何事情都可以通过协商来达成一致的意见。各个行动主体都可能从自身立场和利益要求出发，提出有利于实现自身利益最大化的政策方案和路径选择；当彼此发生分歧或者目标产生矛盾冲突时，各方如果都固执己见、互不妥协，就会使公共政策过程陷于无休止的协商、谈判甚至纷争的死循环，无法达成一致的意见。因此，为了避免多元主体的集体行动失效，我们需要进行合理的制度创新设计，因制度和规则具有规范、约束、稳定等特点，通过民主协商、广开言路、博采众长、广集民智、增进共识形成的制度、规则，比较严谨、科学、规范、管用，对政府、高校、社会组织等各个主体都具有平等约束力和规范力，这样就能起到制度创新设计的实际作用。

---

① 徐银燕.治理理论对我国高效管理体制改革的启示［J］.北京：消费导刊，2009（8）：129.

（二）坚持实行共治共享原则

新发展理念强调要始终坚持以人民为中心的发展思想。习近平总书记指出："教育是提高人民综合素质、促进人的全面发展的重要途径，是民族振兴、社会进步的重要基石，是对中华民族伟大复兴具有决定性意义的事业。建设教育强国是中华民族伟大复兴的基础工程，必须把教育事业放在优先位置，深化教育改革，加快教育现代化，办好人民满意的教育。"① 这既是改革开放以来我们党一以贯之的政策基点，也是习近平新时代中国特色社会主义思想的重要体现，是向全党全社会发出的动员令。因为教育发展周期长，教育现代化步伐需要适度超前于国家现代化。高等教育要认真贯彻习近平教育思想，更好地适应新发展理念要求，就必须优先加以部署，提前做好准备，在大力提高国民素质特别是提高新增劳动力受教育水平，提供更为坚实的人才资源和人力资源支持，在增强综合国力和国际竞争力、增进民生福祉方面迈上新台阶。高等教育要坚持共治共享原则，一是各方主体依法依规参与，各施其权，各尽其责，各得其所。二是共治才能共享，共治过程也是共享过程，只有励精图治，相互共治，精准施治，持续善治，就能保持奋发进取的昂扬状态，各方都有创新感、获得感、成就感。三是坚持共治共享的层次性、渐进性，立足实情，注重实际，结合各方主体实况，紧密联系教学、科研、服务等各方面的现实需要，扎扎实实推进各项工作不断前行。

（三）坚持"管办评分离"的职能定位

党的十八大以后，党中央、国务院明确以"管办评分离"作为深化高等教育管理体制改造的突破口，注重厘清政府宏观管理、高校自主办学、社会评估评价之间的关系，构建新发展格局，搭建新的高等教育治理体制框架，为高校内外部质量保障体系建设营造全新的依法治校环境。按照国家法律法规的有关规定，政府在领导和管理全国教育事业方面的权利主要包括其作为高校主办者所享有的国有资产所有权以及作为全国教育事业管理者的管理职能。其义务主要是为政府举办的高校提供稳定的经费来源、制定相关的教育政策和法律法规、

① 习近平. 习近平谈治国理政：第三卷［M］. 北京：外文出版社，2020：36.

为各级各类高校的发展创设公平竞争与稳定发展的良好制度环境等。法律法规赋予公立高校法人实体地位，规定其依法享有国家资产处分权、教育教学权、科学研究权、招生权、学校内部管理权和经费使用权等。依法依规探索完善社会评估评审组织的公正职责定位等。近些年来，政府大量消减教育审批管理权限，积极探索高等教育实行"法治化、标准化、科学化、信息化"的宏观管理，成效明显，受到各类高校以及社会各届广泛认可和赞同。政府教育行政部门本着践行新发展理念要求，注重承担更多组织协调、服务提供、标准审核、宏观调控的职能，其工作的复杂性、科学性、专业化程度随之有了大幅提高，这是新时代高等教育管理体制深化改革的必然趋势。然而，在全面推进依法治校的实施过程中，高校的办学自主权还有得需要到充分落实的空间，以科研服务为例，在开展科学研究与提供社会服务方面，高校的科研自主权仍然过多受制于政府方面，其科研项目和科研经费绝大部份来自政府部门或"准政府性"的科研团体，一般是由领导直接或间接控制，高校一线教师要申请到科研项目都比较困难。诸如类似现象在管理、办学、评估评价等方面都有不同程度的存在。造成这种现状的原因是多方面的，既有我国高等教育法律法规体系不够完备和健全的问题，也有依法治校进程中的法律责任和法律义务不够具体明晰的问题，还有监督、制约、权利救济途径、方法方式等缺乏明确规定而又难以操作的问题。当前，我国政府与高校的关系存在的一些现实问题，这与高校起源与发展历程方面的历史渊源有关，也与计划经济体制下政府高度集权、文化传承官本位和高等教育法治制度建设滞后等多方面因素有关。这就需要政府和高校注重践行新发展理念，不断提高认识，采取切实举措，高度重视并有针对性地构建"管办评分离"的职能定位格局和机制，政府注重宏观管理，学校独立自主办学，相关督导机构履行教育职责、成效评价。抓紧落实编制各自权责清单，实施对各自权责运行的保障、制约和监督，营造风清气正的良好办学育人生态和环境，为促进我国社会政治、经济、科技、文化等各方面的持续性健康发展作出贡献。

第二节　优化政府与高等学校的权责关系

一、依法依规健全权责明晰的法律关系

优化政府与高校的关系，既是当务之急，又是形势所趋。究其目的，这是因为我国要建设社会主义国家，推进经济发展和社会进步，必须依靠雄厚的人力资源基础，而教育是开发人力资源的根本途径。坚持把教育放在优先发展的位置，始终是我国不变的基本战略与国策。目前，教育在我国经济社会发展中的战略地位日益提高，坚持教育优先发展，全面推进教育改革，加快教育现代化，办好人民满意的教育，已成为新时代我国经济社会发展必须坚持的"硬道理"。为此，一要切实转变政府职能，提高政府对高校和高等教育的治理和服务绩效，促进高等教育资源的优化配置和人才培养质量的提高；二要凸显大学精神，提升高校的人文生产力与科学创造力，使高校创造出的物质成果与精神成果得以造福于社会和全人类。要达到这个目的，首先就要求我们健全权责明晰的法律关系，使政府与高校的协调共享关系建立在权责规范的法治基础之上。

根据国外教育发达国家经验，从法律法规的层面切入，政府与高校的关系就在于明确各自的权利和义务。由于国情所需，从 1949 年到 20 世纪 80 年代初，我国的高等教育始终处于中央集权的统一管理之下，教育法律法规中对于政府与高校权利义务关系的规定，多半是强调政府对高等教育事业的管理职能，而缺乏对于高校自主办学的授权。我国实行改革开放以后，社会主义市场经济体制逐步建立，高等教育管理体制才由政府的集中管理逐渐向政府转变职能和下放高校办学自主权过渡。进入新时代，贯彻落实新发展理念，优化政府与高校的协调、服务关系，必须强调和规范政府与高校之间建立起责权利明晰的法律关系就显得尤为紧迫和重要。政府的管理和服务职能应主要体现在高等教育事业的发展方向和质量标准方面，而不是对高校内部运作环节和过程直接控制和过多干预，或是在学术领域滥用行政命令和长官意志。具体而言，中央政府的

权限职责应该是践行新发展理念，通过规范和立法、执法，协调、指导、引领全国高等教育的发展，确保教育公平和效益的统一；制定有关高等教育的大政方针，明晰规范细化高等学校的权利义务，依法依规管理少数体现国家水平的特殊性质的大学；制定各级各类高等院校的设置标准和审批程序，审批设立普通高等院校，确保高等教育自主办学主体的资格和适切性，切实加强执法执规和监督体系建设，使高等教育对教育消费者负责，对国家和社会发展尽责，对各种违法违规行为问责。省级政府则应该承担主要的治理职能，包括通过对教育经费的划拨和控制体现国家意志并发挥政府的导向作用，开拓高等院校向社会筹措办学经费的新渠道；组织有关社会组织对高等院校的办学方向和办学水平进行各方面的评估，落实监督职责，依法依规协调地方政府与高校的关系；同时，还应有权自行批准设立和撤销高等职业学院和技术学院。

目前，我国政府与高校的关系正朝着法律化的方向发展，这不仅在法律上保障高校的自主地位，而且还意味着对政府和高校在高校设置、治理、办学、服务等方面的权限职责进行明确规定，从法律层面规范、优化政府与高校关系。事实上，我国在高等教育领域中政府与高校的关系主要包括以权力明晰为基本原则、以对高校的行政管理为主要内容的行政法律关系和以平等有偿为基本原则、以财产所有和财产流转为主要内容的民事法律关系。前者涉及政府对高等教育活动的领导、组织和管理，政府以国家名义行使法律赋予的权利。如果高校没有履行法律规定的义务，则政府可以用强制力量要求执行。但如果是政府没有履行其职责，则高校却只能向上级部门请求履行、向有关国家机关提出申诉或向司法机关提出行政诉讼。政府在行政法律关系中占据主导地位，其行为会对高校产生直接的促进或限制作用。后者则涉及政府与高校在平等、自愿、等价和有偿的基础上进行的交易活动，双方地位平等。因此，为了健全和完善我国的高等教育法律法规体系，保护公民受教育权不受侵犯，确保高校拥有法律规定的自主办学权，我们需要健全明晰的中央政府和省级政府与公立高等院校的权利义务关系，真正做到依法治教、依法治校、依法履职、执法必严、违法必究，使政府与高校的权责关系明晰具体、切实可行。

二、依法依规理顺管办评分离的行政关系

长期以来，由于我国国情特点，政府与高校之间的行政关系是以高度集权为基本特征的上下级关系，这种关系曾在我国的政治经济文化状态下，支撑了我国高校过去的持续发展，取得了举世瞩目的巨大成就。但是随着社会主义市场经济的发展，时至今日新时代的高等教育，一方面，经济社会形态的发展变化引致行政型治理的弊端有些凸显，我国教育进入高质量发展阶段，高校改革发展的内外部环境和宏观政策环境都已发生深刻变化，面临着新形势、新阶段、新理念、新格局、新目标、新要求，高校推进改革治理正处于关键的阶段性，加快人才培养的目标任务非常紧迫繁重；另一方面，从政府到高校再到社会公众，要求对标国家总体战略和宏伟蓝图，制定 2035 年建成教育强国、实现教育现代化的长远目标，社会各界各个阶层对于我国高校进一步改革发展充满期待，坚持教育公平，不断深化改革发展正在成为人们的共识与信念。因此，高校作为学术组织，应该崇尚"守正创新"和"学术至上"的办学理念，充分发挥学术育人的作用，切实保障代表学术发展方向且奋战在教学科研第一线的教师的根本利益；通过学术委员会来决定学科设置和研究方向，而不是以行政权力过度去干扰和限制学术权力，切实崇尚学术权力的和地位。目前，正处于我国高校构建新发展格局最佳时期，改革发展的重要动因是切实加强和改善党的领导，坚持立德树人和以高校自治与学术自由为目标，科学匹配高校的行政权力与学术权力，实现行政型治理向学术型治理转型。高校的历史使命和根本任务应该是教学、科研、培养人才和服务社会。所以，对高校教学质量和科研水平的评价评审，应有教学科研的专门管理部门及师生来评判，而不是仅仅依靠行政判断和行政手段来决定。我国要建设成为高等教育强国和人力资源强国，要创建世界一流大学，就必须完善高质量教育体系，建立现代大学制度，崇尚守正创新、自主办学、学术自治和教授治校，充分发挥教授在学校治理中的作用，改变目前我国高校过于行政化治理模式。

就政府管理而言，就是要按照党中央、国务院的战略部署，依法依规理顺管理、指导、服务教育的运行机制，切实构建管理、办学、评判三者相对分离

而又相互支持配合的行政治理体系，实现管理者管理高效，服务到位；办学者追求真理，严谨治学；评判者实事求是，客观公正。政府对于高等教育的管理应该实现三个转变：由直接管理转变为间接管理，由具体微观管理转变为整体宏观管理，由刚性管理转变为柔性管理。管理就是服务，在高等教育领域，首先，政府应该成为"服务型政府"，即政府由原来对高校的控制者转变为高校的组织者和服务者，政府对高校的管理由"政府控制模式"转变为"政府监督模式"。① 这样一来，政府应该分离其作为高校的行政管理者、高校举办者与高校办学者的角色。这就意味着政府应逐步从对高校内外部事务的过度控制和干预中解脱出来，回归其应有的角色职能。其次，政府还应该成为"分权型政府"，一方面，政府要与高校合理分权，实现政校分开，解决"不该管"的问题，让办学自主权充分回归高校，使高校真正成为一个享有办学权且独立承担法律责任的法人实体；另一方面，政府要与社会合理分权，引入多元化的办学主体，积极培育和扶持社会各种非政府组织及非营利性组织，并鼓励其参与到高校的管理中去，并对高校进行宏观层面的监督与指导，以行政合同、协商、共建、共享的方式来管理高校，解决"管不好"的问题。这样，政府就不是高等教育产品的唯一提供者。

三、依法依规配置高等教育资源的经济关系

政府与高校之间的经济关系指的是两者基于各自利益，对所拥有的不同资源进行交换、选择、配置和利用，进而形成的资源互动关系。它与市场中各经营实体或经济实体之间的经济关系不同，不是单纯的商品交换，而是政府与高校之间在社会资源方面的流动和转换，注重社会公益性相普惠性。在高等教育领域，这主要是指高等教育财政体制，即政府在发展高等教育事业中，作为主要的投资主体，通过财政拨款、调控资源配置以及行政法律手段等参与高等教育资源的管理和分配，以此与高校之间形成的一种组织运行方式和分配关系。

---

① 方妍. 高等教育强国背景下政府与大学关系重构研究［M］. 武汉：武汉大学出版社，2012：171-172.

而高等教育资源的最优化配置，就是使高等教育资源能够在最大程度上促进高等教育公平与效率的结合，切实体现公益性、普惠性、实效性，依法依规交换、选择、配置和利用。

当前，我国高等教育财政体制已基本形成政府财政拨款、高校收取学费、校办企业收入、科研项目经费、银行贷款、基金和校友捐款、产学研合作等渠道多元化的格局。虽然财政拨款仍然是高校办学经费的主要来源，但其在整个高校经费中所占的比例正在逐步减少。与此同时，学费收入在我高校的经费来源中的比例逐渐增大。因此，高等教育资源要实现最优化配置，就必须构建完善的政府、行业、企业、社会多元力量的政策支持体系和教育经费资源筹措机制，不断加大政府财政投入的力度，并在高校财政拨款中充分考虑不同高校的定位、特色以及市场在高等教育资源配置中的作用。完善税收制度，促进高校间的良性竞争，增强高等教育资源分配的公平性和科学性，提高高校经费的使用效益。另外，为了保证高等教育规模、质量和效益的协调发展，我们还需要加强对高等教育经费分配和使用过程的监督，最大限度增强政府财政拨款的透明度，防止高教资源配置过程中长官意志和权力寻租行为的产生。同时，也要进一步扩大高校在高等教育资源配置中的灵活性和自主性，以财政审计和效益评估取代对高校经费使用过多过细的种种限制，实现规范性和科学性。优化政府与高校、社会市场之间的经济关系，切实确保高等教育资源的最优化配置和公平效益的共赢，就能保障我国高校教学科研工作的正常运行，促进高等教育自身良性循环和持续健康发展，为我国经济社会长远发展提供必不可少的资源支持。

第三节　优化政府与高校关系的路径选择

一、切实优化政府职能

根据新发展理念要求，高校必须从单一政府治理向多元主体共同参与治理转变。这些相关主体除了政府之外，还包括社会、公民以及高校本身。"这种制度安排不仅有利于减轻政府负担、弥补政府力量的不足、提高政府治理能力，而且通过还权于高校，可以增强高校办学自主权和办学活力，通过让权于社会，能够增强社会参与高校管理的积极性和主动性。"① 因此，为了创设公平竞争的外部环境，促进高校间的良性竞争和持续稳步发展，政府的工作重心应该是加强对高等教育的宏观管理和调控，制定高等教育中长期发展规划，增加对高等教育的财政投入，积极发挥市场在高等教育资源配置中的作用，规范和维护良好的市场秩序，并提供全面和充分的信息资源，等等。同时，政府还应该依法依规进一步下放高校办学自主权，促进高校责权利统一，建立健全自行承担办学风险的自律与他律机制，使高校在竞争中获得生存与发展，真正成为法治的办学主体。前述关于多个主体参与的创新、协商、共建、共享机制和完善高校党委领导、校长负责、教授治学、民主管理的现代大学制度，正是践行新发展理念、构建新发展格局在我国高校治理方面的积极探索与运用。"从治理角度来看，大学的外部治理急需政府明确高校的性质、定位、社会责任范围、投资体系、资源配置模式等，使高校在一种规范的政府管理和社会环境下行使其独立法人权力。"② 在制度层面上，政府应健全和完善高等教育法律法规建设，注重对高校管理和教学科研质量的监督和评价机制的完善，并合理运用财政机制和经济奖惩机制进行宏观调控，全面推进高校法治机制的规范有序运行。

二、切实促进办学主体的多元化

在践行新发展理念的进程中，我们可以运用主体多元化、共建共享、参与合作等治理与善治的理念作为分析维度，在建构和谐的政府与高校关系方面展开思考与探索。在理念层面，政府应当摒弃以往管理思想中的权力二元对立的观点，不再把自身视为唯一的权威或权力核心，而是将自己当作是权力的一元；转变过去的自上而下的行政命令方式，通过沟通、共建、协商以及与其他社会组织和机构的上下互动来达成一致的决议和追求共同的目标，与社会其他主体

---

① 龙献忠. 论高等教育治理视野下的政府角色转变 [J]. 现代大学教育，2004（1）：74.
② 杨纳名. 大学治理的必要性与可能：治理理论的大学实践 [J]. 河南师范大学学报（哲学社会科学版），2009（11）：239-240.

建构一种平等合作的权力关系以促进协作和发展。只有这样，才能真正体现治理中的平等、服务、共享、共赢理念与实效，促使政府与高校建立起完整的信息反馈渠道及权利双向、多向运行轨道。在实践层面，要实现办学主体的多元化，就必须将市场竞争机制引入公办高校系统，拓宽办学资金来源渠道，促进高等教育资源的优化配置，同时，也要注重引入民间资本发展民办高校。作为高等教育和高校的管理者，政府应当加强制度和诚信体系建设，打破公立高校特别是著名高校的垄断地位，抑制高校的恶性竞争、垄断竞争和逐利倾向，维护高等教育市场的良性竞争秩序，建立起高校激励与约束机制以激发高校的有效和有序竞争，体现法治、善治、良治的形象与严谨，是社会进步发展的标杆。如果高校办学层次较低、专业设置不对路、教学质量低劣或是不遵守竞争规则、治理能力差、缺乏应有的公信力和认可度等现象，则政府和国家应当遵照竞争法则实行"关、停、并、转"，而不是一味加以庇护和照顾，以求维护高校稳定为代价影响高校发展。

三、切实发挥中介组织的联系与沟通作用

要优化政府职能、培养社会的自治与自律能力、建立政府与社会相互依赖和相互协作的关系，我们就必须要培育和发展高等教育中介组织、完善社会的自治组织结构。"中介组织作为经济运行的协调者、公共政策的建议者、行业企业的服务者、社会利益的维护者，对于建构政府与市场的良好关系，促进经济高速运转有着举足轻重的作用。"[①] 事实上，高等教育中介组织能起到有效沟通、交流和协调的作用，能协助政府和交易各方减少交易中的摩擦和降低交易费用，促进教育资源的优化配置和生产要素的合理流动。有了高等教育中介组织从中协调和沟通，政府与高校的关系无疑也能得到良好的改善和优化。它不仅有利于增强政府的责任感以及制定政策制度的透明度和合法性，使政府得以从对高校的一些内部事务的干预中解脱出来，真正实现政府宏观、间接、多元管理的目标；而且也有利于促进高校积极参与公共事务，增强其在政府制定高

---

① 徐磊. 治理理论与我国政府管理创新 [J]. 北京：理论前沿，2009 (12)：32-33.

等教育政策法规方面的发言权，在一定程度上制约和限制公共权力的滥用。当前，

我国高等教育中介机构的发展已经起步。鉴于我国的国情和现实发展情况，已经建立的高等教育中介机构多半具有半政府的性质，这势必会使其作用和功能大打折扣，甚至有可能使教育中介机构蜕变为政府的附属机构。因此，为了保证高等教育中介组织的透明性和公正性，防止政府和其他行政主管部门制约垄断某些高等教育中介服务，我们最终需要构建的高等教育中介组织应该是真正独立于政府和高校之外，以真正中立的原则和姿态依法依规对双方进行监督和协作的机构，具有名副其实的社会认可度和公信力。

四、切实引领正确的办学导向

在新时代的高校外部质量保障体系中，政府将本着贯彻新发展理念的要求，对高等教育实行"标准化、科学化、信息化"的宏观管理。政府教育行政部门会承担更多组织协调、服务提供、标准审核、宏观调控职能，其工作的复杂性、科学性、专业化程度会大幅提高，这是新时代高等教育管理体制深化改革的必然方向。回顾近二十多年前的精英高等教育时代传承下来的高等教育质量管理手段，带有一定的模糊性、随意性、不规范性。依据传统经验进行管理以及政府强势治理高校等特征，政府教育职能部门习惯采取的手段包括不断设置的各种创优计划、项目、工程、平台，试图通过"奖优罚劣"和"先进带后进"来实现教育质量的提升，这些做法在当时的形势和背景状态下是起了一定的作用。但这种"经验管理"和带有行为主义心理学特征的"激励强化"的传统管理手段，在过去的高等教育管理实践中也导致了某些偏向，难以适应目前高等教育大众化时代高校自主办学、依法办学、多样发展、特色发展的现实。以办学导向有些偏移为例，目前，在我国高校内部存在"重科研、轻教学"的倾向。高校往往将科研成果作为教师职称晋升和收入分配的重要乃至唯一依据，忽视了高校教育和培养人才的根本任务所在。因此，很多教师和学者一味地关注通过科研成果和申请科研项目来提高个人的知名度和增加晋升的砝码。于是，就连教授给本科生授课这本来是天经地义的事情也需要教育部下达红头文件来保证

其贯彻实施。高校重科研而轻教学，使得很多教师在教学理念和教学方法方面不思进取，上课照本宣科，教案讲义多年不变，忽视重大基础理论创新以及先进文化和价值观念的引领。这就造成了教学方法的陈旧落后、人才培养模式的单一、人文教育受到一些漠视、学生的实践能力和创新意识得不到很好的锻炼和提升等诸多问题。有鉴于此，贯彻新发展理念，构建新发展格局，面向经济社会和学校发展实际，争创办学特色，优化办学导向应是当务之急。我们不能一味讲究办学和招生规模的扩大而忽视办学特色和人才培养的质量，而是应该走规模和质量协调发展、外延和内涵并举的发展道路；根据自身发展状况和教学特色因时因地制宜，以特色取胜，以质量说话。在办学导向方面，我们应该清醒地认识到教学工作和培养人才工作是重中之重和根本任务，把培养高素质的创新人才作为历史使命和高等教育改革深化发展的最终目标，重点培养学生的创新精神和创新能力，并根据高校的类型和定位来配置高等教育资源和办学资源，重视基础理论研究和应用技术研究特别是原创新前沿研究，在培养模式、课程体系、专业设置、教学内容和方式方法、评价评审等多方面深化改革，以正确的办学导向引领学校持续健康发展。

第四节　优化政府与高校关系的制度保障

一、健全社会参与制度

根据新发展理念共建共享原则要求，高校在治理过程中的社会参与既包括社会公民对共同利益的积极参与和自觉维护，也涉及公民对政府所制定的公共政策和法规的认可与监督。"从国家治理的角度出发，社会治理的有效性要体现在治理成本最小和治理绩效的最优，体现在对多元利益主体的社会诉求和公民责、权、利的重视与满足，体现在对于公共权力运用的有效监督和节制，体现在对社会力量的科学聚集等方面。"① 在高等教育领域，这就意味着在高等教育管理方面要改变以往过度由政府主导的办学机制、决策机制、高等教育质量评价和保障机制以及高等教育资源配置机制等，建立由政府、高校、市场和社会共同参与的多边治理机制。有关政府、高校的决策者和行政技术人员、教学人员、研究人员、学生、职业界和社会团体之间的合作伙伴与联盟关系是进行改革的一支强大的力量。高校的发展，应该由多元治理主体共同发挥力量和作用，而不能只是政府的"一言堂"或者是政府政策的"一刀切"。在高等教育领域推行多边治理的社会参与制度，不仅是我国由高等教育大众化向普及化发展的需要，而且更是社会配套制度完善以提高治理体系和治理能力的必然要求。自改革开放特别是进入 21 世纪以来，随着政治体制和经济体制改革的深入推进，教育领域相配套的制度，如高等教育财政投资体制、高等教育管理体制和毕业生就业制度等也发生了根本性变革。首先，是拓宽高等教育经费来源渠道。除了仍然发挥主渠道作用的政府财政拨款之外，根据成本分担原则收取学费已经成为高校收入的重要来源，还有校办企业的产值、校友的捐资和民间资本的注入等。这就要求高校要面向广大消费者、市场和社会办学，要培养出适应社会发展需要的高素质的创新型人才。其次，是高等教育管理体制转变为中央和省两级管理、以省级管理为主。这就要求高校要根据社会经济发展需要的变化，更好地为国家和地方建设服务，做出更大的贡献以求得自身更大的生存和发展空间以及地方政府在财政投入和政策方面的支持。

我国政府在制定有关高等教育的方针政策、法律法规和发展战略规划时，应该建立起类似的机构吸纳社会各界专家代表参与咨询、审议、评估乃至宏观决策，以此保证决策的民主性和科学性，同时，也有利于高等教育决策的贯彻实施。"政府应组织社会力量直接参与高等教育的高校排名、课程设置、质量评估和证书认可，要充分发挥社会中介组织（包括教育决策咨询研究机构、高等学校设置和学位评议与咨询机构、教育评估机构、教育考试机构等）参与高等

---

① 蔡志强. 社会参与：危机处理范式的一种解读 [J]. 北京：中共中央党校学报，2006 (12)：112.

教育管理的作用，提高他们参与教育决策、办学、评估、咨询、学校管理等的能力。"① 事实上，目前我国许多高校已经建立董事会制度，组织热心于教育事业的社会各界知名人士、企业代表和行会组织等参与高校内部事务的治理和决策，如为高校管理者提供咨询、对教学水平和人才培养的质量进行监督，或是为高校办学筹措经费等。总之，社会参与成为一种制度和管理方式，应该渗透到高等教育治理的各个方面和各个环节，并扩大社会公民参与高等教育治理的范围，有利于政府、高校和社会各方的协调，促进高等教育事业的持续健康发展。

二、构建高等教育中介制度

高等教育中介组织指的是"介于高等学校和政府及教育行政部门之间的独立的合法组织，其主要职责就在于通过综合发挥学术、政府、高校以及社会的力量，来更好地行使教育公权力，以促进高等教育事业的健康发展"。② 它不仅是社会主义市场经济发展和高等教育管理体制改革的必然要求，而且也是政府优化行政职能和下放部分管理权限的必然选择。当前，我国高等教育需求日益多样化、高等教育规模不断扩大、国家教育权进一步转移和分化、高校与外部环境的联系和互动日益频繁和广泛、高校之间的竞争和合作也进一步加强。因此，建立高等教育中介组织是大势所趋。它对于提高高校的办学水平、促进高校健康发展、降低政府管理成本和提高管理绩效都有着突出的作用。高等教育中介组织作为协调政府与高校关系的缓冲剂和润滑剂，不仅可以作为政府的助手，使政府在赋予高校相应责权利的同时增强高校的行业自律，而且也可以作为高校的代言人，帮助政府了解高校的实际发展状况和具体需求，并在政府制定高等教育决策时提出有针对性的建议。因此，要加速建设高等教育强国，优化政府与高校关系的健康发展，就必须建立起高等教育中介组织，充分发挥其

---

① 侯卫伟，孙健. 浅论高等教育管理中的社会参与问题 [J]. 河南社会科学，2000（1）：100.

② 祁占勇，陈鹏. 治理理论语境下政府与高校管理的"善治" [J]. 北京：中国高教研究，2008（5）：37.

参与决策职能、协调职能、维权职能和服务职能。它既可以在维护高校办学自主权的同时促使其恰如其分地履行社会职责，也可以防止因政府权力逐渐下放而出现"权力真空"现象，防止因权力滥用而导致"寻租行为"和"灰色现象"的产生。① 客观来说，我国的高等教育中介组织起步较晚，在数量、规模、独立性、权威性、专业性等方面都远逊于西方高等教育强国，与之相符合的政治、经济、科技、教育和文化环境还有待健全和完善，人们对其的认识和重视程度也需提高与加强。这对于发挥高等教育中介组织的功效和优化协调我国政府和高校的关系而言是非常必要的。因此，我们有必要根据新发展理念的要求，切实按照我国国情和高等教育的现实发展情况，借鉴西方高等教育强国的普遍做法，建立、健全由专家、学者组成的高等教育咨询委员会、高等教育拨款委员会、高等教育质量评估委员会、高等教育申诉委员会等高等教育中介机构，对我国高校的教学水平、科研能力、社会服务以及人才培养的质量进行评估和监督，解决政府在对高等教育实施管理时存在的财政不平衡和信息不对称等种种问题，提高政府在制定高等教育政策和法律法规时的科学化水平和对高等教育的管理绩效，以体现中介制度的重要性。

三、开拓高等教育经费筹措制度

建立和完善多渠道的高等教育经费筹措制度不仅是国际高等教育改革的大势所趋，而且也是我国高校在市场经济条件下扩大社会服务功能的必然结果。在我国的高校中公立高校占绝大多数，长期以来主要依靠政府财政拨款，使政府承担教育的压力不断加大，同时也养成了一些高校"等、靠、要"的依赖心理和习惯。然而，随着我国高等教育步入大众化普及化阶段，高等教育规模的迅速扩大已经超出了政府包办高等教育的能力范围。这就需要高校在努力争取政府财政投入的同时，积极扩宽吸引社会资金的渠道。政府也应出台鼓励社会投资高等教育和民间资本注入的相关政策，完善当前实施的贷款制度和教育成

---

① 方妍. 高等教育强国背景下政府与大学关系研究［M］. 武汉：武汉大学出版社，2012：246-24.7

本分担制度，进一步扩大校办企业和社会服务收入，大力发展各类私立学校和民办学校，并在社会各类教育资源之间建立相应的联系机制。除此之外，我们更要开拓其他渠道的教育经费筹措制度，如实行高等教育基金制、发行高校债券、扩大社会捐赠、发行教育彩票等。

（一）实行高等教育基金制

高等教育基金制也是在短时间内积聚社会闲散资金进行投资增值，并将收益用于资助高等教育事业的较好途径之一。目前，社会上捐赠行为日益增多。因此，高校应建立起友好捐赠基金信息系统，收集、整理并为全校提供校友、捐赠者、合作者的相关信息资料，建立沟通渠道，密切校友和学校的关系，及时把握各种可能获得捐赠的机会。在当前我国市场经济体制日益完善和人民收入水平不断提高的背景下，逐步实行高等教育基金制也势在必行。政府向高等院校的财政拨款、科研项目合同拨款以及学生资助拨款等还没有完全向基金制过渡。因此，政府应当建立高等教育基金制度，对教育基金的组建与组织、基金的筹集和使用以及保值增值等方面进行详细的规定，这必将有力促进我国高等教育事业蓬勃发展。

（二）发行高校债券和股票

在世界高等教育强国，高校发行债券和股票是一种比较常见的筹资方式。它具有筹资规模大、筹资成本和风险系数低、债务面广且分散、投资效益高、资金使用方便和回报稳定等特点，再加上以政府为依托产生的社会公信力，已经受到越来越多的社会公众和投资机构的青睐。进入 21 世纪以来，我国城乡居民收入水平大幅提高，社会闲散金融资产规模逐年增长。相应的债券市场的规模和参与主体也不断扩大，债券种类和交易品种日益多样化，交易方式和市场管理也有了很大程度的完善，其发展潜力毋庸置疑。目前，我国在债券市场上流通的只有国债、公司债券和金融证券，迄今为止我国高等教育行业还未参与到债券市场当中，地方政府和各高等院校不能作为独立的主体进入债券市场进行融资。这使得债券市场的闲散资金上不能被合理有效地运用于高等教育事业。事实上，在我国国民经济的基础性产业里已有类似先例，如已经公开发行的三峡债券、国家电力建设债券、中国铁路建设债券等。由于高等教育的准公共产品性质和高等教育债券的高度公益性，政府应当在债券利率和税收等方面制定优惠政策，并由政府或专门设置的教育担保公司担保。因此，我国政府也可以参照企业发行债券的经验，充分发挥资本市场的集资功能，由政府或国家教育部在全社会范围内公开发行用于高等教育支出的专项债券，或以具备独立法人资格的高校为主体发行股票上市流通，这对于促进我国债券市场的繁荣发展和解决高等教育经费短缺的困难都具有积极的意义，同时，也可以激励高等院校更有效地筹措和使用教育经费。

（三）扩大社会捐赠

我国的社会捐赠管理工作起步较晚。虽然在 1998 年颁布的高等教育法中已经就捐赠办学作出了相关规定："国家鼓励企业事业组织、社会团体及其他社会组织和公民等社会力量依法举办高等学校，参与和支持高等教育的改革和发展。国家鼓励企业事业组织、社会团体和个人参与高等教育的投入"，但教育捐赠免税优惠政策一直到 2004 年才开始执行。目前实行的是将捐赠额从税前所有额度中扣除，除此之外没有其他税收优惠，而且捐赠形式仅限于现金和有形资产，申请免税的手续也相当烦琐，这使得企业和个人捐赠的积极性不高。因此，我国政府应制定专门的教育捐赠法律法规，明确捐赠人的权利、对捐赠款用途的知情权以及免税待遇；完善鼓励社会捐资的税收配套政策，普及税收优惠政策知识，并简化办理免税手续的程序；制定相应的信用监督和惩戒制度，强化对教育捐资的规范化操作和使用效益。

（四）发行教育彩票

目前，我国面临着高等教育经费投入不足而政府财政压力又大的问题。在这种背景下，教育彩票作为拓展我国高等教育经费的新渠道，具有很大的可操作性和可挖掘的潜力。"高等教育具有准公共产品的性质，可以提高全社会科技开发和产品更新能力，提高社会文明程度，因此完全可以利用彩票市场的融资功能聚集社会闲散资金，扶持和发展我国高等教育事业。"[①] 这就可以把社会闲散资金更好地利用起来发展我国的高等教育事业，有效解决政府财政投入不足

---

① 祁占勇，陈鹏. 治理理论语境下政府与高校关系东"善治"[J]. 北京：中国高教研究，2008（5）：37.

的困难。我国当前在全国范围内正规发行的彩票类型只有中国体育彩票和中国福利彩票。因此，我国彩票市场还有很大的潜力可以挖掘，发行教育彩票的可能性和可行性都客观存在。但是，值得一提的是，在西方发行教育彩票的国家里，都制定了严格的彩票法并依法进行管理，以抑制其不利影响。因此，为确保教育彩票事业的规范化，我国也应对教育彩票进行具体严谨的立法立规管理规范。

四、探索公正规范的教育经费分配制度

当前，我国采用的是综合定额加专项补助的高等教育拨款机制。"这样的拨款机制，实际上是一种将教育财权和事权分离的高校经费分配体制，其最大不足是综合定额不科学和不能够较大程度地将拨款同学校的资金使用效益挂钩，难以发挥政府通过财政拨款调整教育供求关系的能力，在提高资金使用效益上更难以发挥作用。"① 在收费标准方面，我国现行的教育法律法规也未对其作出明确规定，在操作层面上存在很大的主观性和随意性。政府统一定价的学费收取标准忽视了地区之间和院校之间的差异性，不能很好地发挥市场价格机制在高等教育资源配置方面的作用，容易导致供求不均衡的状态以及高等教育资源的浪费和低效。因此，为了增强拨款程序的透明性和拨款标准的公平合理性，提高教育主管部门对高等教育事业的宏观调控能力和管理绩效，我们有必要借鉴一下几种模式来提高拨款方式的效率。

（一）合同拨款

合同拨款这种高等教育经费分配方式当前在世界范围内被广泛应用于高校的教学、科研、基建和教学设备购置等方面。它采用投标、招标、签订合同等方式，要求相关各方在享有权利的同时履行相应的义务，并对其进行某种形式的评价。其拨款并非一次到位，而是按项目进展阶段分期付款，具有很强的目标性。同时，提供经费的机构并不仅仅局限于政府的行政部门，他们一般并不

---

① 刘琨，周菁. 从高校负债读如何完善我国高等教育经费筹措机制 [J]. 南昌大学学报（人文社会科学版），2007（9）：158.

直接插手高校的内部管理，只需要高校按合同要求完成任务。这种拨款方式不仅有助于提高高校的教学和科研水平、增强高等教育机构的活力、体现大学的学术自治，又能有效缓解政府的财政危机、保证经费的使用效率、对有限的经费进行合理分配和使用，并改善了政府和高校之间的关系。"为了保证拨款的客观与公正，减少人为因素对经费拨款的影响，增加分配过程的透明度，应更多地采用新型的合同拨款方式。"① 各高校为了争取更多的合同和经费拨款，不得不使出浑身解数不断提高自己的管理绩效和办学水平。当前，我国现行的高等教育经费拨款体制基本上还是采用传统的直接拨发的方式，只有少数科研项目领域开始尝试合同拨款。其范围有待于进一步扩大。

（二）绩效拨款

所谓绩效拨款，是指根据教育经费使用的效能来进行拨款。它是把所有高校放在平等的竞争起点上，以高校的办学水平、科研成果以及对经费资助使用的评价结果等为依据来拨款，这对于政府间接控制所拨资助的分配和使用、激励高校提高高等教育经费资源的利用率都有很重要的意义，能较好地解决高等教育经费短缺的问题、促进高等院校的发展。同时，也能在一定程度上缓解高等教育需求持续增长和教育开支成本不断上升的矛盾。这种绩效拨款方式目前在英国、法国、荷兰、加拿大、新西兰和澳大利亚等国都采用。我国在高等教育事业费方面采用的是"综合定额加专项补助"的拨款方式。这种方式主要以高校的在校学生数和生均成本作为拨款依据，不仅不利于国家对高等教育的宏观调控，而且也不能有效提高高校教育经费资源的使用效益。更有一些高校为了争取更多的教育经费拨款而盲目扩招和重复建设。"解决这一问题的较好方法就是建立多政策参数的高校财政拨款公式，较好地反映出各类、各地区高校的实际成本行为，有侧重地进行拨款，防止一刀切和搞平均主义。"② 因此，我们有必要遵循公平、效率兼顾的原则，增加经费拨款的透明度，并将绩效预算管

---

① 刘琨，周菁. 从高校负债读如何完善我国高等教育经费筹措机制［J］. 南昌大学学报（人文社会科学版），2007（9）：169.

② 侯喜，张红梅，林贵涛. 国内外高校资金筹措的比较及启示［J］. 陕西科技大学学报，2006（2）：138.

理引入高等教育经费拨款模式的改革，建立如学术声誉、学校科研经费、在校生人数、学生的等级考试通过率、毕业生就业率等一系列能体现高校办学成本的多项绩效指标和参数，提高高等教育资源配置的效率。同时，也需要将政府财政拨款与高校评估密切结合，促进高校之间的良性竞争，使高等教育资源得到更为充分、更为有效地分配和使用。

（三）竞争性拨款

竞争性拨款在国外比较普遍，以英国为例，高等教育基金委员会采取公平竞争性的核心拨款、边际部款、专项拨款和科研拨款对高等院校进行资助。核心拨款是指在高校学生数保持不变的情况下，政府会拨发与上一年度相同额度的拨款，并根据对通货膨胀所做的预测做出相应调整。这对维持高校的教学科研活动的顺利进行以及财务运作的稳定性具有重要意义。边际拨款则是指为增加的学生人数提供相应的经费。专项拨款则用来资助各高等院校的特别计划和项目，如增设文凭课程、增加学生的入学机会等。科研经费主要是通过经常性科研拨款和项目拨款这种双重科研拨款机制进行的。这些拨款的分配均要求英国各高等院校通过公平竞争保持甚至增加学生人数并提高管理效能。这种竞争性拨款机制的认可度较高，公信力较强。

在我国，政府虽以原则性政策规定实行拨款依据，一般经同级人大会议年度审议后是以行政指令的方式向高校直接拨款。高校所得教育经费的多少在一定程度上取决于政府部门的意愿以及高校与相关部门关系的密切程度。这种缺乏有效竞争的拨款方式使得高校缺乏不断提高自身办学水平的动力和积极主动性。由于经费来得比较容易，高校使用起来自然也存在很大的随意性和浪费现象。我们要切实注重提高高校自身的创新能力和治理能力，提高高校对教育经费的使用效益，推动整个高等教育事业的发展和治理体制改革的深入，我们应当借鉴国外成功的经验，将竞争性拨款机制引入我国的高校经费拨款，以激励高校不断提升办学质量和效益，增强高校发展的进取力和竞争力。

第十一章

强化校企产学研紧密合作机制

第一节　高等学校与企业产学研合作的战略性意义

　　高校与企业产学研结合战略意义重大。建设创新型国家是国家发展战略的核心与使命，高校与企业进行产学研合作是服务创新型国家建设的重要举措。作为人才培养和科学研究的重要基地，面向市场和国家需要，与产业界协同合作，发挥各自优势，促进技术创新和产业升级，是摆在高校面前的重大任务，也是高校持续健康发展的必然选择。高校与企业开展产学研合作是指高校和企业为了谋求发挥各自优势，实现双方互利共赢，在优势互补、相互信任的基础上进行协同技术创新和人才培养。校企产学研合作具体表现形式是在高校和企业之间，建立资源共享、科学研究、技术开发、生产经营、管理服务以及在人才培养等许多方面的合作、协调、协作关系。

　　科技进步和信息时代的迅速发展要求高技术产业的物质能力与创新能力不断地在企业发展中转型升级。省部、地市产学研结合是推动当地经济发展模式战略性转型的重大举措。随着国内各地经济调结构、转方式的逐步深入，努力实现经济增长方式的转变，切实提升产业国际竞争力，不断向全球价值链高端攀升的任务非常紧迫。国家明确将产学研结合作为提高自主创新能力、提高产业竞争力的重要途径，大力建立健全以市场为导向，以企业为主体，以高校和科研机构为支撑，以产业化为目标的产学研合作机制已见明显成效。从高校的持续发展来看，需要其着眼于实施自主创新能力和丰富的科研知识储备能力与建设创新型国家做出自己应有的贡献。校企产学研合作应该是一种非常重要的战略决策和优势互补、相辅相成、相得益彰的机制选择。从现实条件而言，企业在研发新产品和高新技术过程中，由于科研力量的制约，不能及时提质转型，研发符合市场所需求的产能或产品，这很大程度上直接影响到企业的发展和利益最大化。而高校则聚集大量的科研力量，但由于条件所限，特别是科研人员的经费不足，导致高校大多数科研成果不能以直接的形式形成研发的产能或产品投入市场上产生效益。高校与企业相互深化产学研合作，这在很大程度上弥补了彼此之间的短板与不足，这对于贯彻党中央、国务院要求从建设创新型国家战略出发，大力推进产学研结合，要以建设企业为主体、市场为导向、产学研相结合的技术创新体系和人才培养体系具有重要的战略意义和现实意义，这些年的实践证明，这是我国产业经济、科研理论与实践相结合进步的新尝试、新途径、新模式。正是这种产学研结合的新模式，使相关高校与企业在相互之间的发展上取得了长足的进步。

一、校企产学研结合是深化高校改革和提升办学水平的强大动力

国家创新驱动发展战略纲要强调建设世界一流大学和一流学科。加快中国特色现代化大学制度建设，深入推进管、办、评分离，扩大学校办学自主权，完善学校内部治理结构，有利于引导大学加强基础研究和追求学术卓越，组建跨学科、综合交叉的科研团队，形成一批优势学科集群和高水平科技创新基地，增强原始创新能力和服务经济社会发展能力。校企产学研结合涉及国家创新驱动发展战略的实施和高等教育深层次的改革，涉及高校办学思路、理念的提升与完善，对于高校来说，这些都是具有根本性战略性的核心问题。其重要性表现在以下三个方面。一是产学研结合是高校实现社会服务功能的重要途径。以高素质的创新人才和高水平的创新成果服务国家经济建设和社会发展是高校的法定功能，也是高校义不容辞的责任。高校服务社会、经济发展的能力和水平，是高校办学实力和水平的体现。高校要实现教学、科研、社会服务协调发展，就必须重视走产学研结合之路。随着"211"工程、"985"工程的实施，国内高

校，特别是教育部所属重点高校的创新能力大幅度提高。国家重点建设高校急需探索为建设创新型国家和发展地方经济提供服务的新模式，探索将创新成果转化为经济社会效益的有效机制，探索如何走上"以服务求支持，以贡献求发展"的良性发展轨道。从这个角度说，高度重视开展产学研结合的高校，才能够真正建立起现代化的高等教育体制。二是产学研结合是高等教育改革的现实需要。一方面，产学研结合能够推动高校人才培养观念和模式的变革。目前，很多高校对地方产业和企业的人才需求信息掌握不充分，专业和课程设置不能适应市场需要，人才培养的针对性差。结果是很多企业反映高校的毕业生的适应期偏长，或者难以找到所需技能的专业人才。高校只有加强产学研结合，才能将人才培养模式（尤其是应用学科人才）的"课堂"从教室延伸到企业、工厂第一线去，才能及时调整课程设置、授课内容和专业的设置方向。另一方面，产学研结合能够推动高校进一步调整和完善科研工作思路。科技成果转化率低，一直是我国科技工作面临的老大难问题。解决这个问题的根本出路还是在于走产学研结合道路，坚持面向市场需求搞科研，尤其是应用研究，更要改变封闭式的科研开发模式。坚持以市场为导向是新时期我国科技工作应贯彻的重要方针，围绕市场需求来选定和开展科研课题，对于原来的高校科研模式来说是一个很大的突破和创新，也很有挑战性。要充分认识到，真正开发出几种被市场所认可的新产品、新技术，并不比发表几篇 SCI 甚至 *Science* 和 *Nature* 杂志的文章容易。三是产学研结合是高水平大学建设的必由之路。高水平大学的综合办学实力主要体现为学术实力、经济实力和人的凝聚力。而这些在很大程度上取决于科学研究和科技成果产业化的水平。实践表明，产学研相结合是提高科学研究和科技成果转化水平的重要途径。同时，建设现代化大学需要大量的投入。而我国还是一个发展中的国家，对高等教育的投入总是有限的，高校在争取和用好国家投入资金的同时，还要善于利用国家推动产学研相结合的历史机遇，学会将科技成果转化为现实生产力，在获得广泛的社会效益的同时获得显著的经济效益，为学校发展筹集更多的资金，增强学校的经济实力。

二、校企产学研结合是推动经济社会发展模式战略性转型的重大举措

随着国内各地持续发展的压力加大，以及劳动力、原材料、能源等价格的不稳定，不少地方企业发展传统加工制造业的劣势进一步凸显，资源环境的压力也日益增大，粗放型的经济增长方式已经难以为继。地方企业要推动经济持续健康发展，必须以习近平新时代中国特色社会主义思想为指导，积极推进供给侧结构性改革，推动经济高质量发展，贯彻落实"巩固、增强、提升、畅通"八字方针，旨在推动发展的内生动力和活力上发生根本性转变，塑造更多依靠创新驱动、更多发挥杰出优势的引领性发展，大幅增加公共科技供给，优化科研院所和研究型大学科研布局，厚实学科基础，培育新兴交叉学科生长点。为此，不少企业明确将创科驱动、产学研紧密结合作为提高自主创新能力，提高产业竞争力的重要途径，大力建立健全以市场为向导向，以企业为主体，以高校和科研机构为支撑，以产业化为目标的产学研合作机制。

三、校企产学研结合是地方企业生存和发展的内在需求

近些年地方经济发展的一个特点是中小型企业特别是民营企业发展迅速，在全部企业中所占比例巨大，约占80%。在劳动力成本、原材料价格、环境保护、国际贸易技术壁垒和单边主义等因素影响下，越来越多的地方中小企业致力于逐步抛弃依靠自然资源、廉价劳动力、低成本参与竞争的发展模式，转而更多地依靠科技驱动、技术、知识、品牌等高级要素来获取核心竞争力。而企业自身的技术、人才和科技基础条件又比较薄弱。据统计，目前全国规模以上企业开展科技活动的仅占48%，研究开发支出占企业销售收入的比重仅占2.76%，大中型企业仅为3.16%。只有3.5‰的企业拥有自主知识产权。由于规模小、实力弱，大部分地方中小企业缺乏技术创新机构和队伍，企业单靠内部力量生成自主创新能力的难度大、时间长、成本高。因此，产学研结合成为众多企业发展的最佳选择和增强企业自主创新能力的重要途径，可以达到事半功倍的效果。为了在专业方向、技术水平等方面满足各行各业企业的创新需求，

地方的企业不但需要与本省内的高校全面合作，而且需要依靠全国各地的高校提供技术和智力支持，开展跨行政区划、跨部门隶属关系的产学研合作，以便缩小企业的实际间距，增强企业的自主创新能力，提升市场竞争力。

我国校企产学研合作相对于国外发达国家而言起步比较晚，以 20 世纪 80 年代在"国家产学研工程"中北京玻璃仪器厂与清华大学获得被批准参加项目的合作为标志，紧随其后的是北京、上海、广东、河北等地的相关高校与企业建立了比较稳定、长期、全面的合作关系，涉及 100 多所高校和 40 多个地级市的企业、行业和地方政府部门签订的合作协议。根据资料统计，1997 年，我国拥有普通高校 1020 所，当年科研经费约 70.5 亿元，其中高校与企业签订的技术转让合同有 4514 项，高校与企业合作的课题经费占高校科研经费的 75%；其中产学研合作的项目总共有 16272 项，转让的费用大概 6.18 亿元。高校和国有大型企业联合建立研究开发机构或经济实体 2000 多个，转化成果共计 5 万多项。1999 年国家批准建立的"技术研究推广中心"有 30 个，其中有 15 个设在高校。到了 2000 年，我国已经有 102 所高校开始实行校企合作共同培养工程硕士。①我国校企产学研合作的模式越来越多样化，经过长期的探索与实践，主要有建立校企合作研究机构和校企合作大学科技园、参与"国家产学研工程"、高校自办科技产业、高校向企业进行技术转让、地方政府设立产学研发展基地等。在转让科技成果方面，我国许多高校通过开展双方的洽谈会或者技术交易会与企业订立合同，从而实现科技成果的转让。截至 2015 年年底，全国所有省、市、区与教育部、科技部联合成立了产学研结合协调领导小组，专门制订或修订了关于加强产学研合作提高自主创新能力的实施意见，给予很多优惠激励政策，鼓励教育部直属高校和其他国家重点建设高校与所在省、市、区产业界开展多种形式的产学研合作。省部产学研结合为高校提供了一个良好的发展机遇和平台，既为地方经济发展做出贡献，又通过产学研合作壮大高校实力，提高办学水平。以广东省为例，全省各级政府科技计划和产业化项目向高校开放，为高校参与广东关键领域科技创新和产业提质增效提供了很大的空间。在产学研合

---

① 张兴. 高等教育办学主体多元化研究 [M]. 上海：上海教育出版社，2013：278.

作项目投入方面，广东建立以省政府专项资金为引导、企业和地级市政府投入为主体、吸引社会投资的保障体系。从 2010 年以来，省政府财政作为省部产学研合作专项资金每年都在 5 亿元以上，并且以 20% 的年增长加大投入力度。各地市政府和企业也相应设立了产学研合作专项资金。全国 80 多所高校与广东企业合作近 3000 个产学研项目，重点参与装备制造、家电制造、电子产品制造、无人机制造、海洋产业、环保产业、纺织服装、建材、森工造纸、食品加工等行业的创新平台、创新基地和研发中心建设。多所高校在经济发达的珠江三角洲地区联合建设高新技术产业与特色产业科技创新基地，发展创新型产业群，逐步实现从制造到创造的升级，提高产业国际竞争力。随着粤港澳大湾区建设的战略实施，高校在广州、深圳、珠海、东莞等市联合推进创新型城市建设，提升城市的自主创新能力和辐射带动能力。高校积极与全省 168 个省级专业镇进行对接合作，根据本校的学科特点和技术成果储备情况，将科研成果和技术人才与专业镇产业发展结合起来。高校以技术和产品开发为纽带，发挥专家教授的"帮扶带"作用，培养企业实用型人才，尤其是智能设备、3D 打印、互联网、集成电路、新型显示器、新材料、电子商务等高新技术产业急需的人才。高校在企业设立研究生创新基地和博士工作站，根据合作项目实际需要，选派博士、硕士到企业进行技术攻关，在创新实践中培养在校研究生的实际工作能力；同时，结合企业技术攻关课题，招收博士、硕士，为企业培养高素质工程技术人才。上海高校深化产学研合作，主动服务于以企业为主体的技术创新体系成效显著。他们的主要结论就是全面构建以企业为需求主体、投资主体、风险承担主体、效益主体的新型产学研合作框架。在产学研合作过程中，由企业确定总体计划、提出项目需求，高校以强势学科和基地去承担其中的部分项目，再由企业进行整体整合，生产出技术含量高、市场需求旺的产品。高校及时调整战略与策略，改变以往"以我为主""闭门造车"的状态。在实施"一带一路"倡议创新驱动发展这个大背景下，全面加强校企产学研结合，是党中央、国务院在深刻分析我国经济、科技发展阶段和现状的基础上，着眼于实施自主创新战略和建设创新型国家而做出的重大战略决策。教育部、科技部和各省、市、区联合提出的省部产学研结合，具有深刻的时代内涵，承载着重大的责任和使命。其不再局限于把实验室中获得的成果推介出去这种模式，而是俯下身子甘当配角，倾听企业需求，以企业为主，为企业服务。为此，他们采取了一系列新的举措。

（一）建立成果和论坛形式的合作共赢机制

从 2010 年以来，上海交大、复旦、同济等高校由学校党政主要负责人亲自带队，组织教授、博导、长江学者、院士等科研人员 3000 多人次，以"科技成果企业行"为主题，举办科技成果展示暨合作洽谈会，让专家教授与企业家们面对面地解决企业技术难题，相继与上海、江苏、浙江等地市企业建立了全面合作关系，企业将学校科技创新活动与市、省经济社会发展的互动提高到了一个新的水平。为进一步净化学校与市、省地方、企业之间的合作驱动，为参与上海、江苏、浙江等地市经济社会发展创造更好的平台，各高校与相关地市、企业举办了"产学研合作成果论坛"，市、省党委、政府主要领导出席论坛并讲话，市、省发改委，市、省政府办公厅、教育厅、科技厅等厅局领导，市、省的区委、市委书记、区长、市长或副区长、副市长到会参加论坛，一批知名企业家、经济学家到会，共同商讨如何进一步深化产学研合作驱动，增强自主创新能力。相继坚持因地因时采取这种形式，有助于高校将最新的实用科技成果、科技信息及人才培养方面的情况及时地向地方和企业推介，对打破高校的人才封闭、高新科技和技术成果长期束之高阁、常年"养在深闺人不知"的局面起到了重要的推动作用。

（二）建立长期合作关系的校企战略联盟机制

这样一来，企业家通过与高校教授直接接触和洽谈，真正了解到教授专家们正在做什么项目、能做什么项目、想做什么项目，以及国际国内的最新科技动态，从而选择对企业最合适的科技成果进行转化，用科学技术改造传统企业或提升企业产能。与此同时，在企业合作的过程中，高校可以以任务为牵引，发挥学科集团的优势，避免"孤岛化"，与企业建立一支既稳定又动态化的产学研合作队伍。即队伍是稳定的，人员是动态的，以任务为中心随时补充与调整人员队伍，充分地将高校融入企业的创新科技和发展的体系当中，驱动校企相互融合创新发展。目前上海的多所高校与上海市、江苏省、浙江省、安徽省等

30多个区市将近200家企业建立了科技信息联络员制度，与320多家企业集团、公司、研究院、设计所等签署共建产学研基地、平台的合作协议，产生了良好的经济效益和社会效益。

（三）建立产学研合作创新驱动机制

近几年来，上海的十多所高校瞄准创业热土和创新前沿，先后与上海、江苏、浙江、安徽等地区、市人民政府签署了全面合作协议，同时成立研究所、中心和平台等。实践证明这是学校产学研面向地方、面向经济社会主战场的创新驱动发展方向，旨在贴近基层，贴近企业，了解企业所需，为企业攻关，解决重大问题，并把高层次人才培养、科技成果转化送到第一战线，取得了校企共赢的丰硕成果。就高校而言，专家教授们在从事教学、科研的过程中，自觉树立为社会服务、为企业服务的意识和行动，面向市场、企业、第一战线，了解外界实实在在的需求和动态，及时调整教学、科研方向，既能促使教育科技创新与经济社会发展有机结合，又能促使社会的动态状况及时地反馈到高校，从而为培养创新型人才奠定了坚实的基础，有效地锻炼和提高了教授、专家的科研能力、科研管理能力和自主创新能力。

第二节　高等学校与企业产学研合作面临的问题

相比以往而言，尽管我国校企产学研合作取得了一定的成效，但是也存在很多的障碍。同国外发达国家相比，我国与之存在一定的差距，并且我国很多高校与企业合作仅仅是为了解决学生就业压力或者完成科研课题、应付上级检查等高校单方面利益诉求或者是企业单方面的利益诉求而建立的产学研合作关系，缺乏战略性和持续性合作。由此我们总结了以下几方面的问题。

一、合作意识不强影响发展后劲

校企产学研结合意义重大，高校、地方政府和企业的积极性高是其良好态势，但也面临不少困难和问题。高校对企业发展重要性的认识不足，合作意识不够强，闭门造车，培养学生的理念与企业所需人才相对脱节。有的高校还没有充分认识到产学研结合的战略意义，对充分发挥高校在建设创新型国家和技术创新体系中的作用认识不够到位，对高水平大学建设应该走什么道路还有不同看法。高校中的一些人认为搞基础研究和发表论文才是做学问，轻视应用研究和科技成果产业化，看不起横向合作和产品开发与工艺创新。有些学校仍然偏向于追求纯粹的学术价值，论文导向过重，缺乏服务社会的现实关怀，习惯于自我封闭在"象牙塔"内，服务经济社会发展主战场的动力和能力匮乏。有的高校单单强调自己的"人才培养"功能，而且简单地把教学等同于人才培养，忽略了通过科学研究和社会服务来培养校内外高素质创新、创业人才的职责。大部分高校已经强调科研和教学并重，但社会服务的意识和能力还有待加强。只有少数高校能够做到人才培养、科学研究和社会服务三大功能全面协调发展。

在办学考核评价指标体系和教师聘用、晋升、分配激励制度设计方面，不少高校往往以主持项目的级别、获奖多少、论文发表多少作为考核评价标准，而长期从事技术创新、成果推广、产业化的科技人员却得不到应有的评价和鼓励，甚至有的高校将与企业合作的横向课题计入工作量的分值都比纵向项目低得多，在人事分配政策方面也往往偏重于论文导向，使得科技人员只好更多地关注纵向课题、评奖、发表论文，对工程技术项目、企业技术创新项目以及成果转化无力关注，也缺乏动力。

创新本身存在的问题主要表现为科研视角过分局限于学术技术因素，忽略市场需求对于科研的驱动作用，一些企业急需的技术没人做或者做不出来，一些市场上已经成熟的技术还在实验室里研究，一些成果技术指标很好，但是缺乏市场需求或者成本过高，没有产业化前景。这些科技成果自然就很难获得社会资本支持和市场认可。而有些企业却喜欢寻找知名度高的，对一般的高校的优势认识不清，校企双方之间很难达到合作的平衡点。企业认为发展自身就好，为缩小企业内部的科研研发成本，认为自己内部人员研发就行，没必要请高校参与合作，同时企业认为自己企业内部的研发人员比高校的科研人员更专业，进而减少了与高校合作的机会。很多企业在利益面前急于求成，认为与高校合作，短期的科研研发会给企业造成巨大的财政支出，并且合作所产生的研究成果是很难预料的，预期合作成果风险比较大，反而会给企业增加负担，从而打消跟高校合作的念头。尤其是看到有的高校与企业合作失败的个案，不少企业对于与高校合作保持保守和观望态度。有的企业在与高校合作中担心学生会进入产品研发第一现场或者生产线上影响企业生产的效率，担心高校学生会窃取企业内部科研专利等重要信息，从而忌讳与高校合作。

二、管理机制缺乏影响发展动力

缺乏健全合理的组织管理制度，是我国校企产学研合作办学的各参与主体积极性不高的主要问题。这严重阻碍了我国校企产学研的合作与发展，比如在管理规范上不够严谨、实施力度上不够给力、合作范围上不够到位等。由于法律法规保障制度的不健全，相关校企产学研合作机制不够顺畅。至今我国政府没有专门设立行政机构针对校企合作而进行管理、监督，这极大影响了我国校企产学研合作的保障力度与校企合作市场的规范运行。以高校学生实习为例，大学生实习是高校培养高质量人才的重要教学环节之一，又是大学生在进入社会从事某项具体工作前的一次"练兵"，既是一种检验，也是一种准备性的工作。因此，无论是高校还是教育行政主管部门，均将大学生实习情况作为评估教学质量的一个重要指标。然而，由于我国目前还没有建立规范的实习管理制度，缺乏相应的实习立法立规，大学生实习保障制度缺失，一些企业不愿意接收学生实习。这样使得校企合作在办学形式和内容上都受到了限制。目前大学生就业是实行双向选择，单位要求学生素质好、能力强、适应岗位快，而学校对学生培养特别是实践能力培养由于诸多因素的影响，已成为制约学生素质提升的一个瓶颈。如何规范和完善校企产学研管理制度，已是非常迫切的一个问题。一方面，高校要面向社会、面向市场、面向企业培养高质量人才。另一方面，我国高校的人事管理体制相对于国外发达国家校企产学研合作比较落后，尽管改革开放40多年来，我国高校人事管理体制进行了持续改革，但成效不是很明显。教师注重自身能力提升和职称职务晋升是非常必要的大事，但又缺乏时间和精力去企业指导培养学生的实践能力，因而会影响学生综合素质的提升。高校在管理体制上的问题与企业产学研合作存在着很多矛盾，主要表现在三个方面。一是我国校企产学研合作在管理部门设置上没有形成统一协调机制，相对单一。二是校企产学研合作在对口协调机构、培训中心等管理机构的设置上比较混乱，尽管少数院校设立了这些机构，但多数仅仅表现在形式上，主要是为了应付上级领导对其进行的检查，其形式主义比较严重，实际管理效果较差。三是认识模糊，领导重视不够，缺乏有效管理制度保障。

三、法律法规欠缺影响发展保障力

奉法者强则事业强，奉法者弱则事业弱。法律法规是校企产学研合作的基本保障。高校文化的核心是大学精神，大学自治、学术自由、民主管理是大学精神的本质。通过高校文化的熏陶，大学生的法治理念、法治意识、民主意识不断增强。企业文化的核心价值是企业精神，企业精神具有经济和文化两种属性，如果只接受理想的大学文化，不知晓企业文化，就无法面对企业实际工作的需求，缺乏对企业精神的认同，不知如何以法治思维和法治方法破解企业改革发展的难题，就会影响企业的发展力和企业文化的权威性。因此，校企产学研合作需要法律法规引领高校文化与企业文化的有机融合，一方面，要重视高校文化的科学精神、法治精神和人文精神的培育，弘扬高校的人本意识、创新意识、法治意识。另一方面，要重视企业文化的求真务实精神、改革创新精神，注重培养企业规制意识、效率意识、合作意识、市场意识，使企业能够具有面对现实的能力，融入现实的智慧，坚守积极进取的形态。我国于 1995 年颁布的《教育法》第 46 条规定，国家鼓励企事业组织、社会团体及其他社会组织与高等学校在教学、科研、技术开发和推广等方面进行多种合作，但这只是原则性的要求。2010 年我国出台的国家中长期教育改革和发展纲要强调设立"产学研联合开发工程"和"技术研究中心"，实行重点科研资助政策，建立大学科技园区，推动校企合作向产业化方向发展。这也只表明国家对校企产学研合作持重视、支持、鼓励的态度。党的十九大报告要求深化产教融合、校企合作，也是原则性的规定。基于校企产学研合作是一项事关学生素质培养和学校文化传承与持续改革发展的必然要求，也是大学文化和企业文化有机融合的关键所在。因此，校企产学研合作应该进一步规范化、程序化、法治化，需要出台相关法律法规，涵盖产学研合作的目的、原则、内容、程序、途径等具体可行性条款，明确校企产学研实施中所产生的法律关系各方的权利义务，确定校企产学研合作的管理主体及管理手段，规定校企产学研合作中各方应承担的法律责任，并建立相应的法律保障和法律救济机制，以确保校企产学研合作的保障力。

第三节　加强高等学校与企业产学研合作机制的探讨

一、切实提高对产学研结合的重视程度

产学研结合在认识上的一些误区以及考核评价政策上的偏差，对高校持续健康发展是非常不利的，会导致高校办学方向上的偏差。社会一些组织对大学的评价排名也在误导高校，例如，有的大学排名过度强调纵向科研经费占科研总经费的比例，只有承担国家和省部级项目才能参与计分排名。利用这个指标去评价一所大学，就会得出一个不够公正的结论，这与国家支持鼓励高校服务社会经济发展的政策是背道而驰的。我们认为，大学纵向项目多是好事，是大学科研能力的体现，但不要过度强调纵向项目经费在科研总经费中的比例，也不能以独此一项指标就将其确定为高水平大学或一流大学。同理，承担横向项目多，说明学校的科研实力得到了企业、市场的认可，为国家和地区经济社会发展做出了贡献，但也不能以独此一项指标作为评价的准绳。诸如此类不科学、不合理的评价指标，不利于高校办学面向企业、面向市场、面向经济社会发展主战场。

高校应该充分认识到基础研究和应用研究同等重要，科技创新与成果转化同等重要，学术价值和市场价值同等重要，既要考虑学科发展要求，也要服从、服务于国家需求。要坚持以国家利益和产业发展需求为目标，高度重视产学研的有机结合。比如在基础研究和应用研究方面，就要注意到我国现阶段的科技政策强调基础研究要量力而行，只有争取在若干关键领域取得突破，才能逐步达到世界一流水平。我们应该实事求是地分析现状，包括队伍状况、科技基础

条件等，科学地确立高校科技发展战略，合理有效配置科技创新资源，根据科技人员的特点组好队伍，适合做基础研究的鼓励做基础研究，适合做应用研究的鼓励做应用研究。我国目前科技和经济发展需要，决定了绝大多数高校都应主要面向产业和市场的需求，解决现实问题，在实践中逐步提高科技创新水平，逐步缩小与发达国家的差距。高校应该牢固树立人才培养、科学研究和社会服务三大功能全面协调发展的理念，高度重视和善于利用产学研结合，面向国家目标和社会需求，不断提高办学水平。校企产学研合作无论在理论分析还是实践论证上都具有广阔的发展空间和巨大的价值追求。由于我国国情和经济社会发展所需，校企产学研合作平台会越来越大，我们只有自觉认识和高度重视其重要性，才会有所作为，有所发展，有所成就。目前，校企产学研合作现状要求高校应该树立新的人才理念，不断创新培养方式，注重培养高素质人才，不断为企业提供优质人才资源。高校应该抛弃故步自封、闭门造车的陈旧思想观念，秉承与时俱进的校企合作精神，善于将与企业产学研合作中取得的成果及时传授给学生，以此提升学生的创新能力和实践能力，从而为社会，为企业输送大量高素质、高质量、高适合型人才。同时，企业应该扩大自己的发展视野，利用高校培养和提供人才资源的机会，发挥主观能动性加强与高校的密切联系，重视产学研成果的转化，不断提升自身实力，实现自身持续发展。

二、切实建立多元化的产学研合作投资融资渠道

要切实推动高校与企业产学研的规模化合作，必须努力拓宽融资渠道，形成以企业投入为主，政府、金融等部门积极支持的多元化产学研投入机制。政府相关部门设立技术创新和技术改造资金以及中小企业技术创新发展基金，重点支持产学研合作项目，引导企业加强与高校的密切合作。积极促进风险投资市场发展，建立地方政府、企业和金融机构等共担的风险投资机制，解决"不愿投""不敢投""无钱投"的问题。同时高校要善于发挥和利用各种融资渠道，开展产学研的深度结合，推动科技成果转化为生产力，进而从市场获得更多的资金支持。在提倡"大众创业、万众创新"的理念下，政府更应加大支持力度促进校企合作，出台相关有效政策，鼓励和支持校企产学研融资。政府对

校企产学研融资的支持要按照现行法律法规，确保融资的保值增值，必须对产学研实行专项列支制度。凡用于基础设施改造、基本建设、设备购置、研发产品、人才培训、岗位津贴补贴、行政性事务等方面的支出，校企合作部门应根据项目实施的实际需要，严格控制、合理使用、分项列支、严格审计，以确保融资使用的合法性和安全性，降低成本，提高使用效益。

三、切实为产学研结合提供机制体制保障

在转变观念的同时，要积极创新机制体制，形成有利于产学研结合的制度安排。尤其是在高校方面，要积极创新管理和激励机制。一是调整高校考核评估指标体系，形成有利于产学研结合的政策导向。在高校办学质量评估、重点学科建设评估、学位点授予和建设评估等制度体系中，应充分体现出产学研合作的地位和作用。改变用人制度和分配制度中重学术轻应用、重鉴定轻推广、重纵向课题轻横向课题的偏向。对推动高校重大自主创新成果成功转化的科技或经营人员按国家有关政策给予奖励。在办学水平评价中，增加或完善企业界对高校办学质量的评估指标等。二是优化配置高校科技资源，提高面向市场需求的科技创新能力和水平。对基础研究和应用研究进行科学规划，分类指导，优化科技创新资源配置。强化市场意识，提高成果的推广与转化等科技服务能力，改变项目立项—项目研究—成果归档及报奖这种单一的传统静态科技管理模式，将科技管理置于经济与社会发展的大体系中，建立科技合作—研究开发—推广转化动态科技管理模式。三是建立与企业的高效联系交流机制，提高人才培养水平。我国高校应该学习借鉴欧美发达国家的成功经验，出台政策，支持鼓励教师甚至是教授带着学生深入企业，依靠企业，为企业提供各种技术服务。教授经常到企业去咨询或合作创新，就可以了解产业发展的需求和技术需求，提出的课题项目就会针对性强、应用好、转化快。这不仅仅是对科研工作有益，更重要的是实现了校企合作双赢，既有利于体现高校办学功能，又有利于企业提质发展。四是构建产学研深度融合的咨询机制，实现由"知识传授"向"知识、素质与能力"三者相统一的转变。要吸收企业管理者和政府相关管理部门负责人参与学校教学委员会，参与制订教学计划和学生的培养质量评价

过程，保证培养的人才与社会企业需求对接。通过董事会、理事会、校友会等方式吸引企业参与学校教育教学实践和工作管理，提供更好的实践基地支持。学校各学院应聘请企业和当地相关部门的负责人员做顾问、督导或担任部分专业课程的教学工作，使他们成为高校与企业和当地各部门联系的纽带，建立高校、企业和政府三位一体合作培养人才模式，统筹实习基地与就业基地建设，使学生认知实习、专业实践等系列实践教学环节在企业中完成，使企业对毕业生有全面的了解，便于选用、了解和认同企业所需的合适人才，实现实习与就业联动。五是完善法律法规保障制度，促进校企产学研合作持续健康发展。纵观国外校企产学研合作成功的经验，其关键是有法律法规制度予以保障。他们认为，没有校企产学研合作的法律法规，就没有国家高等教育的发展。法律法规是最为广泛地、普遍地和极具效力地调控着政府、企业、高校的各种社会关系和社会行为，"法律法规至上"被尊为治理最高原则。借鉴国外法治经验，我国必须重视校企产学研合作的立法立规工作，通过议案的讨论、辩论、议事规则、听证、广泛听取意见等环节，扩大和提高立法立规的民主参与方式，从而使校企产学研合作的立法更好地为高校、企业和政府的各方利益关系的协调发挥作用。

第十二章

拓展高等学校中外合作办学机制

第一节　高等学校中外合作办学政策法规演变解读

一、高校中外合作办学的政策法规演变历程

中外合作办学作为国际教育交流与合作领域的一种重要形式，是经济全球化背景下我国高等教育与国际教育扩大交流合作的一种有益尝试和探索。改革开放以来，我国高校中外合作办学发展迅速，办学规模不断扩大，办学层次逐渐提高，逐步形成了多层次、全方位、宽领域的崭新格局。我国高校中外合作办学历经了 30 多年的发展历程，逐渐形成了较为完备的政策法规体系。从政策法规的完整性、配套性、执行性和权威性等方面来看，我国高校中外合作办学法规政策演变历程大体上可以分为三个阶段。

（一）中外合作办学的起始阶段

1983 年 12 月，联合国教科文组织亚太地区办事处在泰国首都曼谷召开了由亚太地区 33 个国家代表参加的国际性会议，通过了亚太地区高等教育相互承认学历、学位和文凭公约。公约文本分八个部分共 23 条，就亚太地区各国高等教育相互承认学历、学位和文凭的问题达成了共识，我国高校以此为标志，开始探索多种形式的中外合作办学。如 1984 年我国与美国福特基金会签订的"中美经济学教育项目"，宗旨便是通过中美双方少数大学的合作，加强我国高校经济

管理专业建设，类似的还有"中加大学管理教育项目""中英技术合作项目"等。这一时期，受我国发展对外关系的需要，教育交流与合作呈现出服务于国家政治关系发展的倾向，中外合作办学也服从和适应这个大局。当时我国政府开展中外合作办学的目的，主要是希望通过中外合作办学培养从事外交工作的人才。如1985年成立的"北京日本学研究中心"，1986年成立的"南京大学约翰·霍普金斯大学中美文化研究中心"，1988年成立的"德国歌德学院北京分院"等，这些机构为我国外交事业发展培养出一批批人才。1993年国家教委发布《关于境外机构和个人来华合作办学问题的通知》，通过界定中外合作办学的主体、类别以及范围，初步认可了合作办学的可能性，勾勒出了中外合作办学政策、法规的基本框架。

（二）中外合作办学的完善阶段

1995年，国家教委颁布《中外合作办学暂行规定》（以下简称《暂行规定》），这是继1993年国家教委发布通知后的一个比较完备的关键性政策法规，其中指出"中外合作办学是中国教育对外教育交流与合作的重要形式，是对中国教育事业的补充"。1996年国务院下发《关于加强中外合作办学活动中学位授予管理的通知》作为《暂行规定》的重要补充，规范了本科及以上学位的中外合作办学活动。这一时期的政策法规多以规定的形式出现，政策法规的规范性、严谨性、权威性大为加强，中外合作办学开始正式走上依法办学、依法管理的轨道。至此，中外合作办学的完整框架基本形成，为中外合作办学获得发展提供了政策、法规依据。

（三）中外合作办学的成熟阶段

2001年11月，我国正式加入世界贸易组织（WTO）。在服务贸易总协定（GATS）的规定下，中外合作办学属于教育服务贸易范畴。为了衔接GATS的相关协议，国务院在2003年3月颁发了《中华人民共和国中外合作办学条例》（以下简称《条例》），该条例成为我国规范中外合作办学活动的第一部行政法规。《条例》明确了中外合作办学"是中国教育事业的组成部分"。从《暂行规定》中"是对中国教育事业的补充"到《条例》的"是中国教育事业的组成部分"可以看出，尽管在GATS的影响下中外合作办学发展暗含经济因素推动，但其本身的教育价值不断增强、凸显。具体而言，《条例》颁布后，中外合作办学的特殊价值得到进一步强化，即在于引进优质教育资源，实现教育规划纲要中提出的目标，即"适应国家经济社会对外开放的要求，培养大批具有国际视野、通晓国际规则、能够参与国际事务和国际竞争的国际化人才"。2004年，教育部颁发《中华人民共和国中外合作办学条例实施办法》（以下简称《实施办法》），作为《条例》的配套章程和实施细则，进一步增强了中外合作办学政策的可操作性。此后，我国政府又统一制定和更新了一系列指导性规范和意见，从教育部关于做好中外合作办学机构和项目复核工作的通知（2004年）、关于当前中外合作办学若干问题的意见（2006年），到教育部关于进一步规范中外合作办学秩序的通知（2007年）、教育部关于开展中外合作办学评估工作的通知（2009年），再到中外合作办学评估方案（2009年），这些相应的政策法规不仅把中外合作办学上升到规范化、法制化层面，还构建起了包含主政策、配套政策和补充政策在内的系统性法规体系，标志着中外合作办学正式进入成熟阶段。

二、高校中外合作办学的政策法规特征分析

从我国高校中外合作办学政策法规的演变历程来看，我国高校对中外合作办学的态度由一开始的谨慎支持转为后期的积极引导，政策法规的规范性和权威性程度不断提高，政策法规内容不断细化并具有可操作性，一些原先存在较大争议的重大价值性问题也得以突破，政策法规发展成果值得肯定。

（一）高校中外合作办学由政府谨慎支持到积极引导的转变

在高校进行中外合作办学初期，我国政府在政策指导和推广宣传上表现比较谨慎，最初提出"积极慎重、以我为主、加强管理、依法办学"的方针，把中外合作办学视为"中国教育事业的补充"。随着国际文化交流的日趋频繁和高校中外合作办学的深入发展，我国政府对中外合作办学活动的态度转为支持和积极引导，在法规中明确提出"扩大开放、规范办学、依法管理、促进发展"的指导原则，高校中外合作办学的地位也上升为法规中的"中外合作办学是我国教育事业的组成部分"。

（二）高校中外合作办学政策法规的规范性和权威性程度不断提升

随着相关政策法规内容更加细化、具体化和具有可操作性，中外合作办学有了很大发展。回顾我国最早涉及高校中外合作办学的政策，《关于境外机构和个人来华合作办学问题的通知》只是一个规范性文件，且只在内部印发而不做社会宣传，政策的执行力和法律效力较低。其后出台的《中外合作办学暂行规定》属于行政部门规章，政策法规的权威性得到很大提高，但内容基本为宏观性的指导意见。而《中外合作办学条例》则是国务院行政法规，是规范高校中外合作办学活动最高层次的法规，其法律效力大大增加，而且有很多涉及微观层面的操作性指导意见，标志着高校中外合作办学正式进入法制化、规范化轨道。事后相关中外合作办学政策也比较切合实际，注重实用，有利于各方合作发展。

（三）高校中外合作办学政策法规中的一些重大价值性问题得以突破

在我国高校中外合作办学早期，高校中外合作办学的"公益性与营利性"问题备受争议，出于对教育公益性属性的考量，《暂行规定》明确"一切中外合作办学活动不得以营利为目的"。随后，我国加入世界贸易组织，民办教育促进法率先对"合理回报"问题与规章层面确认，《条例》也相应删除了"不得以营利为目的"的规定，而《实施办法》则更进一步明确举办者在确认教育公益性基础上取得"合理回报"的权利。需要注意的是，这种回报是一种奖励性而非投资性回报，是在坚持公益性前提下的回报，但仍属我国法律法规对国际非营利组织通则所做的一个重大变通，对于吸引社会资本进入教育领域是一大突破。

第二节 高等学校中外合作办学的现状

一、中外合作办学的发展趋势

经过30多年的发展，尤其是国家中长期教育改革和发展纲要（2010—2020

年）实施以来，我国高校中外合作办学总体情况良好，形成了高水平、示范性的快速发展势头。2012 年国家教育体制改革试点"中外合作办学省级政府教育统筹"项目由北京市教委、上海市教委、浙江省教育厅、云南省教育厅和广西壮族自治区教育厅五个省（市）教育厅（教委）负责承担，各省（市、区）教育部门及相关高校立足于各地区、各学校的政治经济条件、区域办学环境和各学校办学特点与特色，形成了具有自身特色的中外合作办学模式，信誉度、品牌度与社会关注度大幅提升，对促进教育改革发展、推动教育对外开放和拓宽人才培养途径的作用进一步凸显，有力地满足了人民群众日益增长的高等教育需求。

自 2010 年以来，教育部协同各省教育部门相继对各高校进行了六次本科及以上中外合作办学项目的评议和审批工作。截至 2017 年，由教育部审批或由省级政府审批并报教育部备案的中外合作办学机构和项目达 2679 个。从中外合作办学的领域来看，除义务教育和军事、宗教等领域外，涉及高等教育各个办学领域；从办学规模来看，我国目前中外合作办学高等教育阶段在校学生总数约为 58 万人，占全日制高校在校生规模的 1.65%，高等教育阶段中外合作办学毕业生人数达到 180 余万人；从地域分布来看，国家近年来支持中西部地区举办了 272 个中外合作办学项目，占教育规划纲要实施以来举办项目总数的 45%，2014 年，西藏、青海和宁夏三省（区）实现了中外合作办学项目零的突破，至此，内地 31 个省（市、区）的相关高校均有中外合作办学项目。

目前，我国已经形成了不同类型、不同层次的多样化高等教育体系。中外合作办学作为我国教育事业的组成部分，身处我国高等教育体系之中，其发展也表现出了大众化的发展特征——多样化。如中外合作办学在办学形式上的类型主要有：包括 10 所具有法人资格的中国中外合作机构（中外合作大学），56 个非法人资格的中外合作办学机构（二级学院）和 2000 多个办事项目；办学层次上，涵盖专科、本科、硕士、博士整体高等教育层次；办学类型上，形成了以经贸管理为主基本覆盖所有学科门类的办学类型格局；办学主体上，中方有"985 工程"和"211 工程"高校，也有地方本科和高职高专，外方院校既有美国杜克大学和纽约大学这样的世界一流高校，也有一般普通高校和专科职业性高校；生源群体上，有高于普通高考本科第一批次分数线几十分的考生，也有仅上专科线的考生。

二、中外合作办学的现实基础

《条例》颁布十多年来，我国中外合作办学初具规模，高水平、示范性的中外合作办学机构和项目大幅增加，在规模与效益上都取得了长足发展，并且这个势头还将持续。同时，长期以来困扰中外合作办学的深层次矛盾正在逐步得到解决。

第一，教育管理体制改革的推动，为政府和高校角色转型奠定了基础。针对传统的高校行政管理模式越来越显现出的管理理念滞后、机构职能交叉、办事流程繁杂等问题，各相关试点省（市、区）着重对教育行政管理体制和学校行政管理制度进行了有益的探索，在普通高校行政管理模式的基础上探索并逐步形成自己的独特经验，推动了高校体制机制创新和政府角色转型。

第二，高校课程改革和制度创新的推进，为中外合作办学可持续发展打下良好的基础。凭借由政府通过资金支持和政策倾斜鼓励高校在办学理念、招生办法、教师聘任、培养模式等方面积极探索和创新，给予先行先试的优惠，提升了各高校的国际化办学水平。

第三，"政府管、学校办、社会评"新格局的探索，促进了管办评分离运行框架的初步形成。通过实施深入的监督管理体制改革，各试点单位积极探索"办学单位自我质量保证、教育行政部门依法审批、社会中介组织独立评价"相结合的质量保障体系。通过加强市场、行业协会、学术组织、社会第三方机构在办学质量评价中的作用，初步形成"以行业自律辅助政府宏观管理"的"管办评"分离新格局，保证了中外合作办学的质量和良性发展。

第三节　高等学校中外合作办学存在的问题

我国高校中外合作办学在近些年的发展中积累了许多宝贵的经验，逐步走上了高水平、示范性、法制化的发展轨道，与此同时，由于配套政策缺失、法规跟进滞后，相关监管、保障和评估机制不够健全，中外合作办学中存在有的学科专业结构分布不合理、区域高校发展不均衡、办学层次偏低等诸多问题。

一、中外合作办学公私属性定位模糊

跨境教育的发展，使得"公""私"之间的界限更加模糊不清。有的高校在国内是非营利的公共机构，而在国外则变成私立机构。例如，我国厦门大学赴马来西亚开办分校，按照马来西亚政府相关法律的规定，此分校属于私立高校。作为跨境教育，尽管国际分校在输入国视野下，具有更明显的公共性，但参照服务贸易总协定，跨境教育的属性已被理所当然地认定为私立。再如，美国和澳大利亚政府将公共性的教育机构在国外的教育活动视为非公共性的活动，营利性质的高等教育服务在美国和澳大利亚高等教育中已经占据重要位置。

中外合作办学是跨境教育在我国的主要形式。按照国际上形成的普遍认识以及我国在服务贸易总协定下的承诺，中外合作办学似乎是私立性质的教育教学活动。中外合作办学有机构和项目之分，中外合作办学项目和不具有法人资格的中外合作办学机构（即二级学院）都不具有独立性，所以其性质取决于中方母体高校的性质。目前，大多数的中外合作办学项目和二级学院由公办高校举办和设立，因此，我国目前将其性质定位为公办。独立设置的中外合作办学机构在我国到底是公办高校还是民办高校，目前我国的政策、法规对此没有明确界定。

（一）管理部门无法制定具有针对性和可操作性的政策制度措施

如最为突出的问题就是"取得合理回报"的问题。《中外合作办学条例实施办法》第31条明确规定："中外合作办学者要求取得合理回报的，应当按照中华人民共和国民办教育促进法实施条例的规定执行。"但是，目前对于有关"合理回报"的管理，我国政府尚未出台科学可行的政策或具体的管理办法。从上述规定来看，关于中外合作办学是否可以取得合理回报，必须首先确定它是公办性质还是民办性质。目前我们对中外合作办学公私属性问题还未形成一致认

识，政策制度制定往往缺乏依据，审批机关并没有在中外合作办学申请过程中增加确认其是公办还是民办这个环节。同时，很多实际的办学者反映，在审批和管理过程中，"公益性"的合作办学相对于"要求取得合理回报"的合作办学来说，往往会获得更为宽松的办学环境和更多的政策支持，举办中外合作办学的高校即使希望获得一定的经济回报，也不愿提出"取得合理回报"的要求。这不仅导致"取得合理回报"成为一纸空文，更使得中外合作办学的成本难以进行"阳光核算"，经济收益更加"隐性化"，公益性原则无法得以彰显。

（二）影响中外合作办学者的办学主动性和积极性

我国教育体系以公办教育为主，办学质量高且具有社会影响力的民办高校相对较少，民办高校在办学过程中也存在受歧视的现象。世界一流大学赴海外办学面临着声誉受损等巨大风险，大多采取审慎的态度。由于对中外合作办学的公私属性定位不清，国外高水平大学对我国中外合作办学在具体的管理中是否会受歧视等问题心中无数，纵然有来华办学的热情，也不敢贸然行动。从我国中外合作办学的发展现状和未来走向来看，国家对中外合作办学的管理遵循分类指导的原则，鼓励国内"985 工程""211 工程"高校从建设高水平大学的目标出发，开展高质量、高层次的中外合作办学。但是，目前"985 工程""211 工程"高校的积极性并不高，在中方参与合作的高校中，一流的大学不多，即使有参与，其地位与作用也遭到质疑。例如，在昆山杜克大学的筹备过程中，法律专家组提出，通观合作协议，武汉大学作为中方合作者在合作办学中的地位与作用不彰显，对设立后学校的教育教学、课程设置等均缺乏主动权。一些国内知名大学校长明确表示："我们学校不缺钱，搞中外合作办学这种民办高校做什么？"由此可见，对中外合作办学公私属性的模糊认识，是影响中外高水平大学合作办学积极性的重要原因。如果这个问题得不到解决，则不利于国外优质教育资源的合理引进与有效利用，不利于中外合作办学的高水平示范性发展。

（三）容易使社会舆论导向出现偏差

社会对中外合作办学的关注度较高。2013 年开始招生的上海纽约大学，

2014 年开始运营的昆山杜克大学、香港中文大学（深圳）都引起了社会各界的广泛关注；早期建立的宁波诺丁汉大学、西交利物浦大学等也因较高的办学水平得到了社会的认可。在高水平示范性中外合作大学以及优质项目和二级学院的引领下，主流媒体传递着中外合作办学的正能量，促使中外合作办学的社会舆论向好的方向转化。但是，由于对中外合作办学公私属性定位的模糊，认识上一些社会舆论的导向还存在偏差，不利于形成促进中外合作办学可持续发展的话语体系。例如，香港中文大学（深圳）2013 年 2 月公布预计每年学费 10 万元后，就有舆论指出，此举存在借香港中文大学之名大肆"圈钱"的嫌疑。舆论普遍认为，如果香港中文大学（深圳）是一所公办高校，那么高收费便不合理；如果它是一所民办高校，昂贵的学费就可能会被理解和接受。因此，辨明中外合作大学的公私属性，对中外合作大学的发展具有实质性意义。

二、省级政府教育统筹问题有待加强

（一）地方政府要加强整体规划解决专业结构分布不合理问题

在中外合作办学过程中，不同中外合作办学机构理应形成自身不同的办学目标，构建学科专业的多元化、多层次格局。然而，从我国目前中外合作办学的学科分布来看，现有的合作项目主要集中在金融、管理、语言、信息及工程技术等实用学科上，呈现出明显的"重文、工、管，轻农、医、法"的特征。这种现象既反映出当前的社会发展对此类人才的需求，也反映出中外合作办学的专业整体布局存在的趋利性和盲从性。虽然近年来部分学科低水平重复建设的问题基本得到控制，《条例》和教育规划纲要的政策实施效用得到良好发挥，但是专业分布过于集中的问题仍需尽快解决。

根据上海市教委上报的上海市实施本科及以上学历教育中外合作办学项目的资料来看，目前上海举办最多的项目是工学，占 28.12%；管理学（26.69%）和文学（24.91%）等办学成本低的专业在合作项目中占有较高比例，从一个侧面反映了成本因素的作用；最少的是农学（0.71%）和教育学（0.71%），所占比例均在 1% 以下，且近年来从数量上看仍未得到较快发展，较其他学科差距明显。此外，在中外合作办学项目中，一些国家急需的新兴学科和政策要求的重要学科比例严重偏低，如国际法项目所占比例低于 0.2%，远不能满足我国对外开放需要大批精通国际法律人才的新情况。从政策执行复杂度的向度来看，要解决这一问题，如果没有各级政府部门的整体把控和宏观引导，单凭市场主体单方面的作用往往难以解决。在当前，学科专业的低水平、重复性建设已成为制约中外合作办学工作深入推进的主要因素，办学主体在自由市场环境下的盲从性扎堆与趋利行为始终是中外合作办学保持健康持续发展的一大隐忧。

（二）教育行政部门要解决行政因素过度渗入问题

相对于传统的学校教育管理体系而言，中外合作办学具有特殊性。在与各级政府的关系上，它既不同于公立大学与政府之间的高度监管关系，又不同于民办高校与政府、市场的三方关系。审视我国政府在中外合作办学管理中的角色定位，主要存在两个突出问题。一是在中外合作办学的入口审批和日常监管上，缺乏专门的独立机构，以致中外合作办学的各项事务必须经过省、市、国家各级层层上报、逐次审批，造成很多中外合作办学项目报批时间过长，损伤了中外合作办学双方的积极性。二是在对中外合作办学项目内部运行的管理上，往往延续计划经济时代的指令性管理模式，导致政府的行政因素过度渗入。例如，我国在对中外合作办学的招生和审批中多采用行政监控管理，这明显与中外合作办学的主体地位和由此产生的管理关系不相适应，影响了中外合作办学的可持续发展。

根据对课题组"中外高校合作办学试点改革模式调查问卷"的分析，对于受访者对当前政府在运行管理上存在不足的看法，有 23.5% 的受访者认为，应减少政府对中外合作办学日常运行的指令性管理与不必要的行政干涉；有 29.4% 的受访者认为政府应简政放权，给予高校充分的办学自主权。中外合作办学是一个复杂且具有高度权变性的教育形式，加之我国教育执行依靠行政体制、教育管理体制层级设置过多、缺乏跨部门合作、延伸性政策出台不够等种种问题，使得政府对中外合作办学的管理难度加大。中外合作办学教育主管部门应如何体现自身的职能定位，使管理体制与灵活的新办学形式相适应，并进一步理顺"组织权与管理权、结果导向与过程控制、绩效管理与目标引导"等基本关系，是政府在中外合作办学中所需探讨的重要问题。

（三）教育主管部门要解决质量监督与处罚机制跟进滞后问题

在审批期正确判断待引进教育资源的优异程度，在办学期间定期对合作办学质量进行监控评估是中外合作办学能够健康发展的重要保障。目前，我国中外合作办学层次多样，审批的项目千差万别，情况比较复杂，各试点普遍存在三个问题。一是政府虽然十分重视对中外合作办学的审批与把关，但对于国外优质教育资源引进之后如何有效利用和本土化，缺乏完善的配套机制，存在"重文件审批而轻后续管理"的现象。二是由于现阶段对中外合作办学的质量监督缺乏系统的评估体系和可操作化的程序，因而在目前国内的各类评估中，中外合作办学往往没有被纳入正式的高校质量评估体系。这样，中外合作办学就失去了传统教育管理中的质量监督机制，维持办学质量完全依赖于办学机构自身的职业素养和道德约束。三是政府行政部门监管的权力过于集中，对社会第三方监管力量的运用又存在不足，导致监管部门行政处罚的成本太大，由于缺乏足够的专业化监管人员，政府对违法办学、胡乱收费等现象未形成强有力的震慑力和约束力。

此次，中外高校合作办学试点改革模式调查问卷显示，对于政府在办学质量监督评估方面的不足，有41.2%的受访者认为，主要原因是未形成有效的评价体系或组织；有29.4%的受访者把中外合作办学的诸多弊端归结于相关监管评估机制不到位。随着中外合作办学规模的扩大和合作程度的不断加深，如何从专业设置、师资力量、教学环境乃至就业质量等方面对中外合作办学成果进行综合评价，迫切需要政府部门建立起"多主体、多维度、全过程、立体化"的监管体系与可操作的评估程序，否则中外合作办学中的非实质引进和低水平重复办学等现象就难以得到彻底解决。

（四）教育行政部门要解决中外办学机构和项目的误导误传问题

当前中外合作办学实践中呈现出两种倾向。一是大多机构和项目的办学主体秉承"西方发达国家至上"的观念，造成外方合作国过于集中于少数几个国家，专业设置低水平重复。截至2015年3月，全国高等教育本科及以上的中外合作办学项目852个，外方合作国中英国、美国、澳大利亚三国占比达到近60%，其中工学类项目346个，占40.3%，管理学类项目161个，占18.7%。二是不少机构和项目，尤其是专科项目，在招生中以提升学历、全英文教学等为宣传噱头，引入外方实质教育资源过少，教育教学过程中以帮助学生赴外深造为导向，给社会造成中外合作办学是"留学预科"的不良影响。近年来，社会上对中外合作办学的种种舆论误读，一定程度上与这些办学机构和项目的误导宣传有关。

这两种倾向反映的实质问题是当前中外合作办学实践缺乏科学合理的质量观指导，实践中评判中外合作办学质量高低的潜意识标准往往是外方合作高校越是世界名校越好，获得学历越高越好，造成当前中外合作办学形成了以"唯欧美""唯学历"为代表的质量观。"唯欧美""唯学历"的中外合作办学质量观形成的原因在于人们对中外合作办学的认识仍然存在误区，对中外合作办学发展的生态环境缺乏思考。纠正当前中外合作办学实践中存在偏差的质量观，形成科学合理的中外合作办学质量观，首先需要从中外合作办学的发展中透析出其特殊价值所在，深刻理解中外合作办学与国内传统教育的价值区别。

第四节　依法拓展高校中外合作办学机制的探讨

目前，我国高校中外合作办学依然处在由粗放型向质量型转变的探索阶段。由于发展时间短、开放幅度大、生源逐年增多，我国高校的中外合作办学不可避免地存在着一些问题，发生了一些争议，这是正常自然的现实问题。对此，高校应有清醒的认识，既要以国际视野和发展的视角认真思考中外合作办学的定位，探索拓展高校办学机制，又要着力积极主动地进行战略谋划和政策法规建设，推动中外合作办学规模、成效、健康、有序发展。

一、依法依规界定中外合作办学的性质

关于"公办"与"民办"高校的划分问题，有学者指出，应搁置举办主体、投资主体、所有权、管理权、经营权、产权等相互间复杂的关系之争，即避开关于公立和私立划分标准之争，而单从政府办学与民间办学的"办"字的

实际内涵角度来划分。具体而言，包括谁"举办"和谁"营办"这两个问题。

从举办主体来看，中外合作办学的举办者除了中外方教育机构外，实际上还包括了地方政府，办学经费中也包含国家财政性经费。按照《条例》的规定，"外国教育机构同中国教育机构在中国境内举办以中国公民为主要招生对象的教育机构的活动，适用本条例"。顾名思义，中外合作办学的办学主体是中外双方高校。显然，中外高校的非政府组织性质决定了中外合作高校不同于由政府主办的公办高校。需要强调的是，我国《民办教育促进法实施条例》第 2 章第 6条中明确规定，"公办学校参与举办民办学校，不得利用国家财政性经费"。但从现实看，举办中外合作办学的有关中方公办高校，大都有经费投入，而投入的经费则来自国家财政性经费。因此，如果将中外合作办学认定为民办高校，则不符合上述规定。再则，将《条例》有关办学主体的规定，理解为只能是中国教育机构和外国教育机构，不包括任何第三方，是对立法原意的教条性理解。从字面上看，条例没有对中外合作办学进行直接的定义，只是框定了一定的办学活动范围，只要有中外教育机构参与，就适用《条例》。同时，从实际办学情况来看，地方政府在中外合作办学中发挥着越来越具主导性的作用。例如，在上海纽约大学的筹建中，除了华东师范大学和纽约大学的合作协议外，还有一份华东师范大学、纽约大学、上海市教委和上海浦东区政府的四方协议。上海市教委代表上海市政府对上海纽约大学的筹建给予资金支持，浦东区政府是上海纽约大学的土地提供方。此外，很多中外合作办学的后期运营保障也在很大程度上依赖地方政府的投入。也就是说，地方政府参与了中外合作高校的举办，而且并未与《条例》的规定相冲突。

从运营主体来看，中外合作办学的管理体制和治理机构并没有排除政府的参与。根据《条例》规定，中外合作办学采用的是理事会或董事会领导下的校长负责制，这明显不同于一般公办高校所采用的党委领导下的校长负责制。理事会或董事会主要负责学校运行过程中重大决策的制定。与民办高校不同的是，中外合作办学的理事会中，大多数有地方政府代表，如昆山杜克大学、温州肯恩大学就有昆山市政府、温州市政府的人员作为理事会的成员。《中外合作办学条例实施办法》第 8 条规定："经评估，确系引进外国优质教育资源的，中外合作办学者乙方可以与其他社会组织或个人签订协议，引入办学资金。该社会组织或者个人可以作为与其签订协议的中外合作办学者乙方的代表，参加拟设立的中外合作办学机构的理事会、董事会或者联合管理委员会，但不得担任理事长、董事长或者主任，不得参与中外合作办学机构的教育教学活动。"上文已经论及，地方政府不只是资金投入，而实际上已经扮演了举办者的角色。因此，该条文是否可以限制地方政府参与教育教学，目前并不明确。

中外合作办学是一个政策性、规范性很强的领域，其发展与繁荣离不开政策法规的引导和规范。事实上，赋予任何活动以法律化内涵，都对于我国具有积极而长远的意义。《条例》是中外合作办学领域直接适用的法律条文，受历史和现实条件的限制，其中的一些条款客观上存在诸多不足；同时，由于受上位法的制约，当与上位法发生矛盾时，《条例》因为法律效力不足，难以为中外合作办学提供宽松、灵活的发展环境。因此，建议加快推进中外合作高校办学相关法律法规的立法进程，将中外合作办学定位为独立于公办高校、民办高校以外的第三种高校类型，有利于推进中外合作办学的相关法律制度建设。在我国高校境外办学取得突破性进展的同时，其"政策真空"问题日益突出。公办高校在境外分校的公私属性问题的模糊不清，给办学者和教育行政部门带来了一系列的麻烦与困惑。可将高校境外办学纳入中外合作办学的理论视野和法律框架，全面考虑"引进来"与"走出去"的中外合作办学的公私属性问题，适时修订《条例》及其《实施办法》，抑或制定新的立法，为中外合作办学搭建更为广阔的平台，促使教育的对外开放向更深层次和更宽领域的方向推进。

将中外合作办学定位为独立于公办高校、民办高校以外的第三种高校类型，有利于其更好地发挥办学特色，也有利于我国高等教育机构的多样化发展和高等教育系统的整体优化。作为独立设置的中外合作办学机构，办学经费是影响其可持续发展的重要因素。将中外合作办学定位为独立于公办高校、民办高校以外的第三种高校类型，不但可以消除中外合作办学合作双方的顾虑，提高其办学积极性，还可以重新理顺关系，拓宽其经费来源。对于中方合作高校而言，丢下"中外合作大学是民办高校"这个心理包袱，化解了"不得利用国家财政经费"的矛盾；通过经费投入、知识产权投入等切实发挥中方母体高校的作用，回应"无实质性参与"的质疑,并推动母体高校国际化发展战略得以真正实现。外方高校也有筹措经费投入办学的实践活动,如美国杜克大学邀请了与其合作的基金会为昆山杜克大学投入了 1800 万美元。确认中外合作大学的非公办、非民办性质后,在维护中外合作办学的公益性原则和教育主权的前提下,统筹外汇、财政等部门,进一步考虑外资的收益问题,可以充分调动外方的积极性,促进中外合作大学的可持续发展。

二、依法依规健全中外合作办学质量保障机制

（一）适时把握中外合作办学发展的现状趋势

树立正确的中外合作办学质量观,首先应着眼于中外合作办学的现实,即当前我国高等教育处于大众化、普及化发展转型阶段,发展理念、思想、要求、目标、路径等都在发生新的变化。改革开放至今的 40 多年,我国高等教育发展实现了从精英阶段到大众化阶段过渡。按照美国学者马丁·特罗的高等教育三段论观点,高等教育进入大众化发展阶段,大学不再是少数精英追求"闲逸的好奇"而远离社会的"象牙塔",而是大学生为大多数社会成员按其需求实现自我发展和社会发展的"动力机"。社会和个体发展存在的差异化需求,是大众化的高等教育多样化发展的必然,院校类型、办学层次、生源群体均会多元化。这是由教育目的和各级各类学校的培养目标而决定的。但大众化发展并非是对传统精英教育的完全否定,"在大众化阶段,精英高等教育机构不仅存在而且很繁荣"。① 高等教育大众化发展主要是要求随着经济社会发展需要而快速增长的各种非精英教育类的高等教育,转变精英教育思想下的办学理念、办学思路、办学定位和教育教学体制、机制、模式、方法等。为此,必须依法依规健全相关培养体制、机制,采用多种模式,创新方法、拓展途径,确保培养质量。

（二）努力探索中外合作办学的基本规律

有关专家学者认为,中外合作办学有两条基本规律,即中外合作办学必须适应和服务于国家改革发展的大局;中外合作办学必须适应和服务于学生的发

---

① 夏立宪. 长沙市早期民办大学研究 [J]. 高等教育研究, 2001 (1): 43.

展和成长。"两条规律互为保障，说明了中外合作办学存在的依据和发展的目标所在。"① 其原因就在于，这两条基本规律揭示了中外合作办学的特殊价值所在和在我国高等教育大众化背景下的办学现实要求。培养出大批高素质的国际化人才是国家改革和发展所需要的，中外合作办学必须适应和服务这个大局；进入中外合作办学机构和项目的学生知识和能力结构存在差异，每个办学机构和项目必须在适应这种差异的基础上做到"因生制宜"办学，以适应和服务于学生的成长和发展。这就需要在深入探索两条基本规律的基础上依法施教、依人施教、依规办学，运用法律思维和法治方法解决办学环节和过程中所面临的各种问题和挑战。

（三）切实建立统一与多样相结合的质量标准

高等教育的精英阶段与大众化阶段"两者由于培养目标与规格不同、社会适应面不同，因而其质量的标准也就不同"。因此，精英化教育思维下的质量关，是难以指导目前数量如此之多的机构、项目和类型如此之多的办学主体，并将知识水平差别如此之大的生源群体，均培养成适应和服务于国家改革发展大局所需的高素质国际化人才，更难以适应和服务于学生发展和成长的多样化现实要求。当前中外合作办学实践中所出现的不良办学倾向，就是在于对中外合作办学独特价值认识不到位，对中外合作办学所处的高等教育大众化阶段多样化发展的现实要求把握得不够好，对构建统一与多样相结合的质量标准构建不切实。深刻认识中外合作办学的独特价值，切实转变中外合作办学实践中秉持的单一精英化办学思想，是在高等教育大众化发展阶段构建科学合理中外合作办学质量关的关键。

对高素质国际化人才的培养是中外合作办学适应和服务于国家改革发展大局的独特价值所在，要求中外合作办学无论何种类型、层次，培养出的学生必须具备明显的国际化素质和能力，具有国际意识、开阔国际视野、掌握国际语言、通晓国际规则、熟悉国际事务、能够参与国际竞争等基本素质与能力，这是中外合作办学质量的统一要求。多样化发展是中外合作办学在高等教育大众

---

① 王淑娟. 中美大学问责异同分析 [J]. 清华大学教育研究，2010 (5)：71-73.

化阶段适应和服务于学生发展和成长的现实要求，需要中外合作办学的每个机构和项目依据自身的办学定位、层次、类型和生源群体，量身定制适合自身的质量标准和能力标准。因此，中外合作办学需要依章依规，切实建立统一与多样相结合的质量标准，并接受利益各方和社会的监督与评价。

三、依法依规坚持中外合作办学的基本原则

坚持统一与多样相结合的中外合作办学质量标准，是基于中外合作办学特殊价值和办学现实要求与遵循中外合作办学规律而提出的办学目的和育人方针。因此，坚持以统一和多样相结合的质量标准指导中外合作办学实践发展需要依法依规把握以下四个基本原则。

（一）坚持辩证统一性原则，依据自身条件合理培养高素质国际化人才

高素质国际化的人才规格是中外合作办学质量的统一标准，但这种统一是辩证的统一，是结合大众化阶段中外合作办学多样化发展现实要求的统一。即无论各种机构和项目培养出的人才，相比于其他国内传统教育培养出的人才都应具有明显的国际化素质和能力，但这种国际化的素质和能力在不同办学层次、类型上呈现出的层次和方面应有所不同。具体而言，中方"985 工程"和"211工程"院校举办的中外合作办学机构和项目，尤其是中外合作大学，一般中外双方教育资源雄厚，办学各方面条件好，社会认可度较高，在办学层次上大多是本科教育及以上，不少还开展硕士和博士教育。这一中外合作办学机构和项目人应坚持精英化的办学趋向，继续"在国内新兴和急需的学科专业开展合作办学"，融汇中西教育优势，积极探索创新教育教学模式，培养具有全球竞争力的顶尖人才。对于大量地方本科高校和高职高专院校开展的中外合作办学机构和项目，应坚持大众化的办学取向。这类高校是我国应用型人才培养的主力军，其举办的中外合作办学机构和项目也需要把握住这个大局并有所贡献，树立为地方经济和社会发展服务的办学意识，结合地区产业结构合理设置学科专业，将人才培养定位锁定于服务地方对外经济、社会事务交往，具备一定的国际意识和外语能力，能够胜任一般性的国际事务工作是这类高校举办中外合作办学机构和项目所培养出学生的应有特征。

235

（二）坚持发展性原则，强化以学生的发展为根本办学导向

中外合作办学基本规律要求中外合作办学必须适应和服务于学生的发展，学生能否获得发展是衡量中外合作办学质量的基本原则之一。学生追求发展有其深刻的历史和社会根源。对于人类历史而言，追求发展不但引领着自然的进化，而且也引领着人的成长和社会的文明与进步。达尔文生物进化论用"物竞天择、适者生存、优者发展"形象而又深刻地证明了优秀和发展对自然优化的根本作用，优秀的物种会通过自然选择发展壮大，争优或者说追求发展引领着物种的进化、自然的进化。人的成长从根本上说是一个人的社会化过程，人的生理生长、能力成长、精神成长无时无刻不需要全新或发展目标的引领才能达到和完成，从而实现人的发展，只有人的发展才会有人类社会的文明和进步。正如马克思所说的，"人是一切社会关系的总和"，只有实现"人的全面发展"，才能够达到"每个人的自由发展是一切人自由发展的条件"的理想社会。① 所以只有不断追求发展，才能实现个人超越并不断成长，实现全面发展从而成就卓越人生，促进社会文明的进步。这是成长的逻辑、发展的逻辑与人生的逻辑，是人前进的动力和源泉。中外合作办学特殊价值的体现建立在对差异化生源群体的培养上，只有依据各自的办学定位和目标，合理设置专业课程和教学，积极探索创新教育教学模式和方法，让学生获得适合自己的发展、成长、进步，才能保障中外合作办学的质量与声誉。

（三）坚持主体性原则，明确办学主体是质量建设的关键

当前中外合作办学的质量建设主要以外部主体为主。一是我国教育行政部门建立了"两个平台"（中外合作办学监管工作信息平台和中外合作办学颁发证书认证工作平台）和"两个机制"（中外合作办学质量评估机制和中外合作办学执法和处罚机制），并且对中外合作办学开展定期评估工作。二是出现了一些专门针对中外合作办学质量建设的社会组织，如2012年7月中国教育国际交流协会成立的中外合作办学专业委员会。三是来自外方合作高校所属国家的专业组织评估与认证和外方合作高校的质量评估。这些来自外部的质量建设、准入

① 马克思恩格斯全集：第2卷［M］．北京：人民出版社，1995：372-373.

性资金审查、统一标准化的质量评价，以及服务于经济利益的定期检查，均不能长期有效地深入到实际日常办学过程中，难以适应差异化的办学实践，对多样化发展的中外合作办学较难做出符合办学目标的科学合理评判。只有转换思路，将了解、掌握整个办学过程的中外合作办学主体作为质量建设主体，才能建立科学有效的质量评价，推动中外合作办学整体质量的提升，更好地践行统一与多样相结合的质量观。

（四）坚持创新性原则，创新教育教学模式及立德育人机制

统一与多样相结合的质量观指导中外合作办学实践的发展，归根到底依赖于广大中外合作办学机构和项目在坚持高素质国际化人才这个统一性的人才培养目标要求下，根据自身办学条件对教育教学模式和育人机制进行多元化的创新性探索实践。实践中，中外合作办学之所以能够在较短的办学时间里就取得较高的办学质量和良好的社会声誉，无一不是对其办学模式和育人机制进行了积极创新，如西交利物浦大学的"五星育人体系"和"三位一体"导师制等。与此相反，一些中外合作办学项目之所以质量低下，遭到社会舆论非议，原因就在于对中西教育资源简单拼凑嫁接，或照搬外方合作者办学经验，忽视了对项目教育教学模式和育人机制的创新性探索。可以说，没有广大中外合作办学机构和项目办学主体对教育教学模式和育人机制因地制宜的创新探索实践，统一与多样相结合的中外合作办学质量观在实践中便是无源之水、无本之木，这一质量观是 30 多年来中外合作办学的创新成果，所以，坚持创新、立德树人是基本的质量观。

四、切实发挥政府宏观统筹调控作用

（一）切实发挥政府引导者、监管者、服务者角色作用

鉴于我国传统高度集中的管理体制所带来的办学效益不佳的问题，中外合作办学能否健康发展的关键在于政府在中外合作办学中充当何种角色。政府在对中外合作办学的管理上需转变传统的管理者观念，理顺自身与中外合作办学机构的关系，形成权责明确、统筹有力的教育管理体制，把高校从传统的多头管理、封闭办学、条块分割和政府管得过多的管理体制束缚中解放出来，"以细

致健全的法律规范替代自上而下的行政指令，以多元参与的综合监管完善主体单一的行政管理，以系统的统筹运行机制改进层层审批的集权现状，从外部行政机制上确保中外合作办学的健康发展"。①

教育部门作为管理者，应重点解决布局问题，在教育资源引进的入口环节为高校提供资质认证服务，进行质量把关。对于那些前期投资大、办学周期长但市场适应能力较弱的基础学科和新兴专业，国家应给予相应的政策优惠或进行必要的补贴。教育部门作为引导者，应着力支持一批起点高、合作基础好的试点项目先行先试，探索典型经验，通过择优扶持和典型示范打造一批高水平、示范性中外合作办学项目。当示范性项目建成后，国家对其他中外合作办学机构和项目的限制就可相应降低。也就是说，国家对中外合作办学的管理可以从直接干预转变为示范引领。

（二）切实构建有力的管理、监督、评估、执法和处罚机制

中外合作办学在我国的发展时间虽然已有 30 多年，但由于每个中外合作办学项目的运行模式千差万别，情况复杂，因此在监管和评估上不应只靠政府的行政力量，还应充分发挥市场、行业协会、学术组织、社会各界等多元主体的积极性。对政府来说要放权，改变政府的教育管理职能，更多地运用政策、法律、财政、信息服务等手段，加强和改善宏观治理。对办学机构来说，要用好权、管理好权，通过健全自主权有效行使自律机制，形成一套相互支撑、相互制约、运转协调的监管体制，确保"放而不乱"。真正形成"中央政府宏观调控、政策引导，地方政府服务监督、依法行政，市场主导资源优化配置，行业机构进行组织自律，学术组织负责质量监管，社会各界进行舆论监督，合作办学主办方依法自主办学"② 的高效运行体系。

其中，政府行政监管职能的有效发挥需依赖以下两点：一是监管要向审批前延伸，要及时改进和完善审批许可制度，设计科学合理的审批前监管程序，进一步统筹协调教育、法律、金融、财税、外事等部门，明确分工、责权相符，建立各职能部门的统筹协作与联动机制。二是监管要向审批后延伸，应加快建

---

① 马怀德. 学校法律制度研究［M］. 北京：北京大学出版社，2007：16-17.
② 张应强. 制度创新与我国建设世界一流大学［J］. 科技导报，2011（11）：33.

立中外合作办学的质量监督和认证制度。认证程序本身就是一个持续的监管程序，地方政府在加强审批监管、过程监管、信息披露等各方面措施的同时，应充分发挥社会监管力量的作用，真正做到全程、动态监管。此外，目前我国中外合作办学双方政府联合监管的机制尚未建立起来，下一步应着力拓展合作双方政府层面的交流渠道，建立中外政府合作监管的长效机制。

（三）切实推动我国对外教育交流与合作向纵深方向健康持续发展

目前的中外合作办学项目基本上是以引进国外优质教育资源为主，由于《条例》对中外合作办学概念的限制，已经"走出去"的机构和项目难以纳入中外合作办学的范畴进行管理，这在一定程度上制约了该方面合作办学活动的开展。从世界各国历史经验看，后发国家的教育国际化大都要经历"教育模式移植、本土化探索、确立教育国际化战略及发展路径、'国际本土化'及'本土国际化'协调发展"四个阶段，而随着近年来教育规划纲要中所提及"扩大教育对外开放"精神在相关政策中不断得到体现，我们有理由相信，在基本实现前两阶段任务后，政府肯定会进一步推动教育的"国际本土化"及"本土的国际化"，积极支持相应的国内优质教育资源走出去。

我国应积极借鉴中外合作办学的有益经验，尤其是教育输出国的经验，立足本国，把"盘活、整合国内优质高等教育资源""走出去"作为中外合作办学下一阶段的重点任务。教育主管部门应突破中外合作办学原有的概念限制与认识的界限，在适当的时候修订《条例》及《实施办法》，把国内优质教育资源"走出去"纳入中外合作办学的理论视野和法律框架。应通过制定相关政策法规和认证对接机制，打通我国与其他国家在学分、学位、学历互认及质量认证制度上的接口，推动我国对外教育交流与合作的纵深发展，使中外合作办学在更高层次上实现优质教育资源的交流与互动。这不仅是中外合作办学的发展趋势，也是为构建人类命运共同体事业做出努力。